# 林草保险案例评析

国家林业和草原局林业工作站管理总站组织编写

石 焱 编著

中国林业出版社
China Forestry Publishing House

**图书在版编目(CIP)数据**

林草保险案例评析／国家林业和草原局林业工作站
管理总站组织编写；石焱编著. -- 北京：中国林业出版社，
2024.12. -- ISBN 978-7-5219-3090-0

Ⅰ. F842.66

中国国家版本馆 CIP 数据核字第 2025K5R528 号

策划编辑：高红岩
责任编辑：高红岩　曹漾文
责任校对：苏　梅
封面设计：睿思视界视觉设计

出版发行　中国林业出版社
　　　　　（100009，北京市西城区刘海胡同 7 号，电话 83223120）
电子邮箱　jiaocaipublic@163.com
网　　址　www.cfph.net
印　　刷　北京盛通印刷股份有限公司
版　　次　2024 年 12 月第 1 版
印　　次　2024 年 12 月第 1 次印刷
开　　本　710mm×1000mm　1/16
印　　张　15
字　　数　278 千字
定　　价　48.00 元

# 前　言

党的十八大以来，党中央和国务院高度重视林业工作，习近平总书记站在中华民族长远发展和永续发展的高度，就生态文明建设和林业改革发展做出了一系列重要指示，强调森林关系国家生态安全，森林是水库、钱库、粮库和碳库，森林和草原对国家生态安全具有基础性、战略性作用，林草兴则生态兴。森林保险作为提升抵御林草风险能力的补偿机制，是我国绿色保险体系的重要组成部分，是深入推进集体林权制度改革的重要金融配套措施，是应用市场化机制服务林业生产和林农生活、维护生态安全的重要手段。

1982年，我国拟定了第一部《森林保险条款》，为森林保险奠定了理论基础和初步的政策依据。广西壮族自治区桂林市灵川县首次进行了我国森林保险试点工作。在国家政策影响下森林保险逐步在全国推广，受到林业生产经营者和承保机构的推崇。但从1995年起，森林保险业务发展开始停滞不前，部分地区甚至停办。2003年开始，福建等省份进行新一轮集体林权制度改革试点，森林保险发展状况逐步转好。2008年，《中共中央　国务院关于切实加强农业基础建设进一步促进农业发展农民增收的若干意见》首次提出积极推进政策性森林保险。2009年，财政部印发《关于中央财政森林保险保费补贴试点工作有关事项的通知》，将福建省、江西省和湖南省列为中央财政森林保险保费补贴首批试点省份，中央财政保费补贴型森林保险工作正式启动，并于2012年开始向全国铺开。截至2023年年底，随着我国森林保险工作的快速发展，财政补贴支持力度不断加大，政策覆盖范围从最初的3个试点省扩大到30个省份、4个计划单列市和4个森工企业，森林保险在保面积24.79亿亩，年度总保费规模39.1亿元，提供风险保障约2.03万亿元，发展规模已居全球第一。

2019年5月29日，财政部、农业农村部、银保监会、国家林草局联合发布《关于印发〈关于加快农业保险高质量发展的指导意见〉的通知》，中央全面深化改革委员会第八次会议审议并原则同意《关于加快农业保险高质量发展的指导意见》（以下简称《指导意见》）。《指导意见》全面贯彻党的十九大和十九届二中、三中全会精神，按照党中央、国务院决策部署，紧紧围绕实施乡村振兴战略和打赢脱贫攻坚战，立足深化农业供给侧结构性改革，按照适应世界贸易组织规则、保护农民利益、支持农业发展和"扩面、增品、提标"的要求,进一步完善农业保险政策,提高农业保险服务能力,优化农业保险运行机制,推动农业保险高质量发展,更好地满足"三农"领域日益增长的风险保障需求。2023年9月,《深化集体林权制度方案》出台,支持保险机构创新,开发各类林业保险产品。为贯彻落实《指导意见》,深入理解《深化集体林权制度改革方案》,引导支持农业保险发展,强调在实践中加强研究,我们扎实开展林业和草原保险创新性产品收集、效果跟踪及做法评价工作,最终形成《林草保险案例评析》这本工具书。

本书分为中国森林保险基本情况、森林火灾赔偿典型案例、森林综合保险典型案例、草原保险典型案例、其他涉林草保险典型案例、创新机制典型案例六个篇章;附录梳理了森林保险相关政策等。

本书由国家林业和草原局林业工作站管理总站组织编写,国家林业和草原局管理干部学院石焱编著,负责组织编写大纲及统稿。编写人员分工如下:刘瑾辉、罗伟强、张敏编写第一章;胡云辉、马姣玥、戴慧、塞娜编写第二章;石焱、黄沿程、郭丹编写第三章;张瑾、刘鑫、闫冬晴编写第四章;田恬、张敏、殷国华、田俊霞编写第五章;柯家辉、付孜、申飞、奚博编写第六章;附录由石焱提供思路,殷国华、马尚阳搜集整理编写。石焱、胡云辉、白雪钰、刘瑾辉、田恬老师全程均参与了本书的大纲确定、内容、案例的审核与校对工作。

在编写本书的过程中,笔者参考了大量的资料,编写大纲和思路得到国家林业和草原局工作总站陈彤副总站长、国家林业和草原局管理干部学院赵玉涛副院长、中国林业出版社有限公司高红岩社长、广西壮族自治区林业局罗伟强、内蒙古自治区林业和草原工作总站张瑾、北京林业大学秦涛等领导和专家的大力支持和有效指导,得到了各省及有关保险公司的鼎力支持,吸取了许多同仁的经验,在此谨表谢意。

由于时间仓促,作者水平有限,难免有不当之处,祈望读者指正,本书还需要不断充实和完善。笔者的E-mail为71161365@qq.com。

编 者

2024年6月

# 目　录

# 第一章 中国森林保险基本情况

森林保险作为林业草原事业发展的"减震器"和"助推器"，在生态恢复、防灾减灾、金融服务和助力脱贫等方面展现了重要作用。本章从中国森林保险发展历程、中国森林保险相关政策和典型承保主体业务开办情况三个方面，系统介绍了中国森林保险的基本情况。

## 第一节 中国森林保险发展历程

### 一、森林保险探索阶段

**(一) 森林保险试点阶段 (1984—1995 年)**

我国从 1978 年开始恢复研究森林价格，林业建设进入了一个新发展时期，林业"三定"(稳定山林权、划定自留山和确定林业生产责任制)逐步落实，林业商品生产、山区经济进一步活跃，森林保险现实需求随之显现。1981 年，中共中央、国务院通过了《关于保护森林发展林业若干问题的决定》，标志着林业"三定"改革正式在全国农村推行。在政府推动下，对林业实行林业"三定"。它要求放宽林业经济政策，颁发林权证，改变过去林权不清、界限不明、责任混乱的状况，以调动农民造林护林的积极性。为了加强森林资源管理和减少森林灾害损失，林业部与中国人民保险公司取得联系，与保险部门合作，共同研究森林保险，完成了《对我国森林保险问题的研究报告》。1982 年，林业部拟定了森林保险课题研究计划，在保险公司的配合下，于 1982—1983 年拟定了我国第一部《森林保险条款》，为森林保险奠定了理论基础和初步的政策依据。

1984 年，在中国人民保险公司配合下，广西壮族自治区桂林市灵川县首次进行了我国森林保险试点工作。中国人民保险公司湖南省分公司紧随其后，于同年推出森林火灾保险产品。1986 年，湖南省怀化地区根据《关于 1986 年农林工作的部署》中"积极开展农村保险事业"的精神，结合地区林业生产实际，制定了森林保险的规划和措施，主要开展森林火灾保险，由县林业局将县境内的用材林、防护林等统一向县保险公司投保，解决分户收保费难的问题。一旦遭受火灾，经县林业局、保险公司和乡政府联合勘查，核定损失后，保险公司按赔付标准(分树种、林龄计算)将赔款统一拨付给县林业局,由县林业局验收后赔付给造林单位或个人。1985年,在吉林省延边朝鲜族自治州汪清林业局开展了国有林区森林保险试点。1986年,福建省林业厅和中国人民保险公司福建省分公司共同合作,在邵武市开展了林业部门与保险公司共保形式的森林保险试点,邵武市森林保险的保险费率为0.234%,是在1975—1984年林木损失率为0.134%的基础上得出的。同年,在辽宁省本溪市试点林业部门自办保险的新形式,先后用五年时间进行了四种形式的试点与应用,开创了行业或部门办保险的先例。

在保险业迅速发展的形势下,中国人民保险公司于1987年在《人民日报》首次公布了本公司重点开展的业务项目,将森林保险正式列入业务范围。1989年,在国务院发布的《森林病虫害防治条例》中,把在全国重点林区开展森林保险业务列为该条例的第20条。从1984年试点到1987年,据5个试点单位的不完全统计,已投保的国有、集体和个人的森林面积在495万亩①以上,保额3亿~4亿元,收取保险费42万元,理赔34万元,赔付率为81%。1984—1989年,我国先后主要进行了四种森林保险经营类型,即保险公司主办并由林业部门配合的协保、林业部门与保险公司共保、林业部门自保和农村林木保险合作组织共济(表1-1)。截至1988年,全国已有20多个省份开展森林保险试点工作,共承保森林面积12 141.3多万亩。据不完全统计,1989—1994年,全国森林保险累计参保面积占森林总面积的4%,累计保险费达到11 860万元,实际理赔累计8340万元,平均赔付率为70.32%。实践证明,开展森林保险效果是好的。

保险品种从最初的杉木保险、柑橘保险扩展到用材林保险和经济林保险,部分地区对人工林和天然林、成熟林和中幼林做了费率和保额的区分。保险的责任范围从火灾扩展到病虫害、风灾、水灾、旱灾等主要自然灾害。保险的险种从单一险发展为综合险。

表1-1 1984—1986年我国典型地区森林保险试点情况

| 年份 | 地区 | 林权所有形式 | 森林保险组织形式 | 业务类别 |
| --- | --- | --- | --- | --- |
| 1984 | 广西桂林 | 集体林 | 保险公司主办并由林业部门配合 | 森林火灾险 |
| 1985 | 吉林汪清 | 国有林 | 保险公司主办并由林业部门配合 | 森林火灾险 |
| 1985 | 山西永济 | 集体林 | 农村林木保险合作组织共济 | — |
| 1986 | 福建邵武 | 集体林 | 林业部门与保险公司共保 | 森林火灾险 |
| 1986 | 辽宁本溪 | 集体林 | 林业部门自保 | 森林综合险 |

该阶段,虽然有一些试点取得了成果,但森林保险一直处于起步状态,主要表现为承保深度浅、投保率低、管理粗放、经济效益差等。

---

① 1亩≈666.67平方米。

**（二）森林保险停滞萎缩阶段（1995—2003 年）**

1995 年，全国人大常委会审议通过《中华人民共和国保险法》（以下简称《保险法》），在保险行业中引入市场机制，促使保险公司商业转制。对于林业等生产周期长、灾害类型多、社会公益性强的行业来说，高风险、高赔付、低收益直接导致森林综合保险业务被保险公司边缘化。1996 年，中国人民保险公司组建为中国人民保险（集团）公司（简称中国人保），森林保险由其中的中保财产保险有限责任公司经营。同年，按照《保险法》的基本精神，中保财产保险有限责任公司印发《关于目前加强种植业保险业务管理的几点意见》，修订完善森林火灾险种条款，放弃和停办规模小、效益差的森林综合险种。2003 年，人保财险公开上市，从国有政策性经营机构转变为商业化经营公司，更加关注经济效益，逐步舍弃高赔付率、低利润率的保险业务。

1999 年，湖南省浏阳市试验性地开展过森林火灾保险，投保方式和理赔手续比较简单，主要方式是在办理木材运输出境手续时，按木材销售数量每立方米收取 2~5 元的森林防火保险费。发生森林火灾后，保险公司按每亩赔偿 40 元的标准，将赔款赔付给当地林业部门，用于森林防火宣传费和火灾扑救费，以及林农用于火烧迹地更新造林的补助等。由于应保面积大、零散经营林地的管理水平低、发生火灾概率高、赔付额高等原因，保险公司亏损严重，森林保险业务被迫终止。

1983 年和 1987 年两次集体林权改革的遗留问题，即林权不明晰、林业税负过重和林地流转不规范等，使得林地经营主体的风险意识下降，从而形成了较为严重的供需"双冷"局面。这一阶段，我国的森林综合保险始终存在业务规模小、发展缓慢甚至停办等问题。

**（三）集体林权制度改革催生新一轮森林保险发展阶段（2003—2008 年）**

2003 年，中国南方集体林区开展集体林权制度改革给林业带来新的生机和活力，在明晰林权的基础上，通过政府扶持，逐步建立政策性森林保险。为充分发挥保险的功能与作用，促进林业稳定发展，福建、江西等省适时开展了新一轮的森林保险试点工作。

2005 年，福建省政府开始考虑在全省开展政策性农业保险工作。2006 年 8 月，福建省林业厅与银保监局等单位签署了《关于推进我省林业保险试点工作备忘录》和《关于建立森林保险风险准备金的备忘录》，并下发了《关于开展森林保险试点工作的通知》，在龙岩、三明、南平等地进行森林火灾保险试点。当时只是以省级以上生态公益林作为投保对象，保险种类也只有森林火灾保险。2008 年，福建省委、省政府再次将森林火灾保险列入为民办实事工作加以推进。总体来看，森林火灾保险的投保面积呈逐年增加的态势。

2007年4月，随着江西省集体林权主体制度改革接近尾声，江西省委、省政府开始全面推进集体林权配套制度改革，并明确建立政策性森林保险制度。2007年10月，江西省林业厅、财政厅、银保监局三部门联合印发《江西省林木火灾保险试点工作方案》，决定在全省选择26个县开展政策性林木火灾保险试点工作，并由人保财险江西省分公司独家承办。按照三个兼顾(兼顾林农缴费能力、兼顾财政补贴能力、兼顾保险公司风险承受能力)、两低一保(低保额、低保费、保成本)的原则，采取"政府引导、林农自愿、市场运作"的模式，确保参保者灾后能迅速恢复生产。先试点、后推广，先起步、后完善，逐步建立健全林业风险保障机制。《江西省林木火灾保险试点工作方案》明确规定了森林保险的保险内容、赔偿标准、承保方式和理赔服务，标志着江西省在全国较早启动了政策性森林保险工作。

浙江省于2006年启动政策性森林保险试点，财政给予45%的保险费补贴。截至2008年，森林保险面积达到2121.23万亩，保险费共计920.81万元，提供风险保障92.08亿元，分别为2006年的128.5倍、85.8倍和257.4倍。

2008年，《中共中央 国务院关于切实加强农业基础建设进一步促进农业发展农民增收的若干意见》提出要全面推进集体林权制度改革，并明确提出"积极推进林木采伐管理、公益林补偿、林权抵押、政策性森林保险等配套改革"。2008年年初的特大雨雪冰冻灾害给林业造成了巨大损失。从这场灾害来看，光有火灾责任保险还远远不够，林农在面对其他自然灾害时仍然无力应对。2008年6月，中共中央、国务院颁布了《关于全面推进集体林权制度改革的意见》，再次提出"加快建立政策性森林保险制度，提高农户抵御自然灾害的能力"。

这个阶段，集体林权制度改革的先行省已经推行了由地方财政补贴保险费的办法，由保险公司为林农提供保险保障。但由于林业生产周期长、林木面积大、森林植被丰富且价值难以确定，在森林保险制度建立的过程中，完全依靠保险公司的商业化运作是不现实的。国家林业局有关专家认为，森林保险制度应该是公益性、政策性补助的一项保险制度。只有通过建立政策性森林保险机制，才能有效降低林业生产风险，减轻林农损失。

## 二、中央财政森林保险保费补贴阶段(2009—至今)

自新一轮集体林权制度改革正式启动后，森林综合保险被确定为集体林权制度配套改革的主要政策措施之一，相关政策和文件密集出台。2009年，《中共中央 国务院关于2009年促进农业稳定发展农民持续增收的若干意见》明确"加大财政对集体林权制度改革的支持力度，开展政策性森林保险试点"。2009年，财政部印发《关于中央财政森林保险保费补贴试点工作有关事项的通知》，将福建、江西和湖南列为中央财政森林保险保费补贴首批试点省份。并以附件形式印发《中央财政森林保险保费补贴试点方案》，对中央财政保费补贴型森林保险的试点条件、补贴比例、保险责任和保险金额等做出了明确说明。其中，保险责任扩充了森林保险险种，除了森林火灾，还包括病虫害、冻灾、风灾、干旱等人力无法抵抗的自然灾害，近乎包含了地震之外的全部灾害；森林综合保险涉及的范围拓展至省级以上的生态公益林及商品林。

在此阶段，保险机构与林业部门积极合作，共同推进森林保险工作。2010年，人保财险与国家林业局林业工作站管理总站签订了《共同推进森林保险的合作框架协议》，约定在森林保险的宣传、培训、承保、查勘定损、防灾减损等方面开展全面合作。此后，双方联合印发了森林保险宣传产品，开展了森林保险培训，举办了森林保险座谈会，并在基层合作共建工作上进行了积极的研究和探索。各保险公司的分支机构与林业主管部门之间也建立起沟通协作机制，协同开展森林保险宣导、防灾减灾宣传教育等，研究完善森林保险的承保理赔机制，共同开展防灾减损工作等，均有力助推了森林保险的发展。2010年5月，在福建、江西和湖南省试点基础上，财政部增加了浙江、辽宁和云南省，并加大了中央财政保费补贴力度，公益林保险中央保费补贴比例由30%提高到50%，商品林保险则保持30%的比例。从2010年起，福建省委、省政府将商品林综合保险列入为民办实事项目，森林保险在商品林中全面推开。2010年8月，福建省林业厅、财政厅、人保财险福建省分公司三部门联合下发《森林保险理赔操作规程（试行）》及《森林保险灾害损失认定标准》，对森林综合保险的责任范围、保险理赔工作等方面进行明确。中国森林保险由此进入了快速发展时期。从2012年开始，中央财政森林保险保费补贴政策正式向全国推开。

2020年，中央财政森林保险保费补贴政策覆盖全国25个省（自治区、直辖市）、4个计划单列市及4家森工集团，即全国实际有33个参保地区和单位开展了中央财政森林保险保费补贴工作。黑龙江省由于地方财政调整，保费补贴配套支持受到影响，暂停了2020年政策性保险试点。截至2020年年底森林保险在保面积为24.37亿亩，总保额达15882.61亿元，年度总保费为36.41亿元，同比增幅依次为1.92%、5.43%和4.12%，保持了近五年平稳发展的总体态势。公益林和商品林参保面积均有增加，其中，商品林参保面积突破6亿亩，达到历史峰值。各级财政补贴32.23亿元，其中中央财政补贴16.40亿元。全年完成森林保险赔款9.59亿元，简单赔付率达26.35%。森林再保险市场发展稳健，再保险业务共计实现保费收入8.33亿元。内蒙古自治区先后在巴彦淖尔、赤峰、鄂尔多斯等市开展草原保险试点工作。

2021年，中央财政森林保险保费补贴地区新增宁夏回族自治区。总截至

2021年底森林面积为24.64亿亩，年度总保费为37.32亿元。提供风险保障约1.71万亿元；各级财政补贴33.09亿元，其中中央财政补贴16.79亿元。全年完成理赔7.84亿元，简单赔付率为20.99%。

2022年，中央财政森林保险保费补贴地区新增天津市。截至2022年年底，森林保险在保面积为24.65亿亩，总保额达19 913亿元，年度总保费为38.37亿元，同比增幅依次为0.04%、16.13%和2.81%，保持了近五年平稳发展的总体态势。公益林和商品林参保面积均有增加，其中，公益林参保面积18.19亿亩，商品林参保面积6.46亿亩，占比分别为73.79%和26.21%。各级财政补贴33.66亿元，其中，中央财政补贴16.84亿元，省财政补贴11.51亿元，市县财政补贴5.31亿元，分别占保费总额的44%、30%和14%。林业生产经营主体自缴保费总额为4.71亿元，占保费总额的12%。全年完成理赔12 102起，理赔面积983.25万亩，已决赔款11.05亿元，未决赔款4.38亿元，简单赔付率达28.80%。

2023年，全国有30个省（自治区、直辖市）开展森林保险工作。其中，有28个省份开展中央财政保费补贴的政策性森林保险（以下简称森林保险），新疆维吾尔自治区开展了地方特色林果业保险，中央财政给予奖补支持，上海市开展了市级财政完全支持的公益林保险。截至2023年年底，森林保险在保面积24.79亿亩，年度总保费规模39.1亿元，提供风险保障约2.03万亿元；各级财政补贴34.08亿元，其中中央财政补贴17.03亿元；全年完成已决赔款14.43亿元，未决赔款3.73亿元，简单赔付率36.92%（表1-2）。

表1-2 2009—2023年中央财政森林保险保费补贴地区和单位

| 年份 | 新增地区或单位 | 合计 |
|------|------|------|
| 2009 | 福建省、江西省、湖南省、厦门市 | 3个省份，1个计划单列市 |
| 2010 | 辽宁省、浙江省、云南省 | 6个省份，1个计划单列市 |
| 2011 | 四川省、广东省、广西壮族自治区 | 9个省份，1个计划单列市 |
| 2012 | 河北省、安徽省、河南省、湖北省、海南省、重庆市、贵州省、陕西省 | 17个省份，1个计划单列市 |
| 2013 | 山西省、内蒙古自治区、吉林省、甘肃省、青海省、大连市、宁波市、青岛市、大兴安岭林业集团公司、内蒙古森工集团 | 22个省份，4个计划单列市、2个森工集团 |
| 2014 | 北京市、山东省 | 24个省份、4个计划单列市、2个森工集团 |
| 2015 | 吉林森工集团 | 24个省份、4个计划单列市、3个森工集团 |
| 2016—2017 | — | 24个省份、4个计划单列市、3个森工集团 |
| 2018 | 长白山森工集团 | 24个省份、4个计划单列市、4个森工集团 |

（续）

| 年份 | 新增地区或单位 | 合计 |
|---|---|---|
| 2019 | 黑龙江省、江苏省 | 26 个省份、4 个计划单列市、4 个森工集团 |
| 2020 | — | 25 个省份（黑龙江省暂停）、4 个计划单列市、4 个森工集团 |
| 2021 | 宁夏回族自治区 | 27 个省份、4 个计划单列市、4 个森工集团 |
| 2022 | 天津市 | 28 个省份、4 个计划单列市和 4 个森工集团（不含新疆） |
| 2023 | 新疆维吾尔自治区、上海市 | 30 个省份、4 个计划单列市和 4 个森工集团 |

注：厦门市、大连市、宁波市、青岛市、内蒙古森工集团、吉林森工集团和长白山森工集团参考所在省森林保险政策执行。

# 第二节　中国森林保险相关政策

## 一、国家政策

森林保险是一项新事物，林木的生长特性和损失分布情况决定了森林保险相对复杂、技术性强、经营成本高，推进森林保险工作要试点先行，逐步摸索和积累经验。对于具备保险基础、森林覆盖率高、地方政府主动提供保费补贴、先行开展森林保险试点工作的地区，中央财政将提供一定比例的配套保费补贴；对于暂不具备保险条件、地方财政难以提供保费补贴支持的地区，中央财政不做硬性要求。开展森林保险试点工作的具体事项，按照《财政部关于印发〈中央财政种植业保险保费补贴管理办法〉的通知》（已废止）、《中央财政养殖业保险保费补贴管理办法》（已废止）、《财政部关于中央财政森林保险保费补贴试点工作有关事项的通知》（已废止）和 2016 年颁布的《中央财政农业保险保险费补贴管理办法》的有关规定和程序执行。森林保险管理要求高、技术复杂，试点地区应充分结合本地财政状况、林业生产状况、林农承受能力等因素，制定切实可行的森林保险试点方案。保险责任范围以人力无法抗拒的自然灾害为主。保险责任范围包括火灾、暴雨、暴风、洪水、泥石流、冰雹、霜冻、台风、暴雪、雨淞、虫灾等。

2009 年中央一号文件《中共中央　国务院关于 2009 年促进农业稳定发展农民持续增收的若干意见》中，提到要加大财政对集体林权制度改革的支持力度，并开展政策性森林保险试点。2010 年中央一号文件《中共中央　国务院关于加大统筹城乡发展力度进一步夯实农业农村发展基础的若干意见》中提出了完善适合林区特点的农业补贴政策，以及扩大森林保险范围等内容。

为认真贯彻落实中共中央、国务院关于"三农"工作的重要部署，切实做好农业保险保费补贴工作，引导支持农业保险发展，完善农村金融服务体系，2011年，财政部印发《关于 2011 年度中央财政农业保险保费补贴工作有关事项的通知》。该通知指出，中央财政森林保险保费补贴地区增加广东省、四川省和广西壮族自治区，新增加的森林保险保费补贴试点地区在制定森林保险方案时，应选择有条件、有能力、有意愿的县、市先行试点，待条件成熟后再逐步推开。

2012 年《中共中央 国务院关于加快推进农业科技创新持续增强农产品供给保障能力的若干意见》强调推进森林保险试点工作的重要性，将其视为强化林业支持保护体系的一部分。

2012 年 10 月，国务院第 222 次常务会议通过了《农业保险条例》。该条例做出如下规定：一是国家支持发展多种形式的农业保险，健全政策性农业保险制度；二是对符合规定的农业保险由财政部门给予保险费补贴，并建立财政支持的农业保险大灾风险分散机制，具体办法由国务院财政部门会同国务院有关部门制定；三是鼓励地方政府采取由地方财政给予保险费补贴、建立地方财政支持的农业保险大灾风险分散机制等措施，支持发展农业保险；四是对农业保险经营依法给予税收优惠，鼓励金融机构加大对投保农业保险的农民和农业生产经营组织的信贷支持力度。该条例的实施对充分发挥保险机制的作用、分散和转移农业风险、提高农业抗风险能力、稳定农业生产和保护农民利益等具有重要意义。

2013 年中央一号文件《中共中央 国务院关于加快发展现代农业进一步增强农村发展活力的若干意见》继续强调推进森林保险试点工作的重要性，将其视为强化林业支持保护体系的一部分。

2013 年，为支持农业保险和"三农"发展，财政部印发《关于 2013 年度中央财政农业保险保费补贴有关事项的通知》，指出中央财政森林保险保费补贴区域增加山西、内蒙古、吉林、甘肃、青海、大连、宁波、青岛，补贴单位增加大兴安岭林业集团公司和内蒙古森工集团。森林保险保费补贴比例如下：公益林在地方财政至少补贴 40% 的基础上，中央财政补贴 50%；对大兴安岭林业集团公司，中央财政补贴 90%。商品林在省级财政至少补贴 25% 的基础上，中央财政补贴30%；对大兴安岭林业集团公司，中央财政补贴 55%。2013 年 8 月，银保监会印发《关于进一步加强农业保险业务监管规范农业保险市场秩序的紧急通知》，要求各地银保监局及保险机构加大监管力度，严厉查处违法违规行为，切实抓好市场规范工作。2013 年 12 月，财政部印发《农业保险大灾风险准备金管理办法》，要求进一步完善农业保险大灾风险分散机制，规范农业保险大灾风险准备金管理，促进农业保险持续健康发展。

2015 年中央一号文件《中共中央 国务院关于加大改革创新力度加快农业现代化建设的若干意见》将主要粮食作物制种保险纳入中央财政保费补贴目录，同时继续扩大森林保险范围,这是保障农民收益权的重要举措。

2015 年,国有林区停止天然林商业性采伐后,中共中央、国务院印发《国有林场改革方案》和《国有林区改革指导意见》,要求中央财政通过适当增加天保工程财政资金予以支持,并结合当地人均收入水平,适当调整天保工程森林管护费和社会保险补助费的财政补助标准。加大中央财政的森林保险支持力度,提高国有林区森林资源抵御自然灾害的能力。

2016 年中央一号文件《中共中央 国务院关于落实发展新理念加快农业现代化实现全面小康目标的若干意见》再次提到推动金融资源向农村倾斜,积极发展林权抵押贷款,并进一步完善森林保险制度。

2016 年 12 月,财政部印发《关于印发〈中央财政农业保险保险费补贴管理办法〉的通知》,规定森林保险保费补贴仍采用《关于 2013 年度中央财政农业保险保费补贴有关事项的通知》中明确的补贴标准;补贴险种的保险责任应涵盖当地主要的自然灾害、重大病虫害和意外事故等;有条件的地方可稳步探索以价格、产量、气象的变动等作为保险责任,由此产生的保险费,可由地方财政部门给予一定比例补贴。森林保险补贴险种的保险金额,以保障农户及农业生产组织灾后恢复生产为主要目标,原则上为林木损失后的再植成本,包括灾害木清理、整地、种苗处理与施肥、挖坑、栽植、抚育管理到树木成活所需的一次性总费用。该文件要求进一步规范补贴资金预算管理和拨付流程,增加追究审批责任的内容,引入"无赔款优待"等方式鼓励农户投保。该文件的发布有利于引导保险机构降低保险费率,加强承保理赔管理,不断提高保障水平和服务质量。。

2017 年 1 月,国家发展改革委、国家林业局、国家开发银行、中国农业发展银行联合印发《关于进一步利用开发性和政策性金融推进林业生态建设的通知》,提出要建立健全林权评估、抵押、监管、收储、流转交易体系,通过林权收储担保费用补助、贷款风险准备金、购买森林保险等方式完善风险补偿机制,管控贷款风险。

2018 年《中共中央 国务院关于实施乡村振兴战略的意见》和 2019 年中央一号文件《中共中央 国务院关于坚持农业农村优先发展做好"三农"工作的若干意见》涉及的内容包括加大中央财政保费补贴力度、提升农险保障水平、扶持地方特色优势农产品保险发展、扩大森林保险范围等。

2019 年 5 月,财政部、农业农村部、银保监会、国家林草局联合印发《关于印发〈关于加快农业保险高质量发展的指导意见〉的通知》,2019 年 10 月,中央全面深化改革委员会第八次会议审议并原则同意《关于加快农业保险高质量发展的指导意见》(以下简称《指导意见》)。《指导意见》全面贯彻党的十九大和十九届二中、三中全会精神,按照中共中央、国务院决策部署,紧紧围绕实施乡村振兴战略和打赢脱贫攻坚战，立足深化农业供给侧结构性改革，按照适应世贸组织规则、保护农民利益、支持农业发展和"扩面、增品、提标"的要求，进一步完善农业保险政策，提高农业保险服务能力，优化农业保险运行机制，推动农业保险高质量发展，更好地满足"三农"领域日益增长的风险保障需求。

2019年12月，《中华人民共和国森林法》修订，首次将森林保险写入其中，第六十三条规定"国家支持发展森林保险。县级以上人民政府依法对森林保险提供保险费补贴"。

2020年《中共中央 国务院关于抓好"三农"领域重点工作确保如期实现全面小康的意见》中提到要扩大农业大灾保险试点范围，完善农业保险制度。

2020年6月，银保监会发布《关于进一步明确农业保险业务经营条件的通知》。该通知做出如下规定：一是明确农险业务经营条件，从总公司和省级分公司两个层面分别制定农险业务经营条件，凡符合经营条件的保险机构均可在本地开展农险业务，无需向监管机构提出经营资格申请；二是提高农险业务经营标准，从依法合规、风险管控能力、农险服务能力、信息化水平等方面进一步提高了农险经营标准；三是规定不具备农业保险业务经营条件的省级分公司不得以共保的形式参与当地农业保险经营；四是建立完善退出机制和农险经营综合考评机制，对保险机构农险经营管理情况进行动态评估。该文件的发布有助于进一步完善森林和草原保险业务经营条件管理机制，优化森林和草原保险机构布局，规范森林和草原保险市场秩序，从而促进森林和草原保险持续健康发展。

2020年7月，银保监会办公厅出台《关于印发推动财产保险业高质量发展三年行动方案（2020—2022年）的通知》。该通知指出，要推动行业向精细化、科技化、现代化转型发展，改进业态模式，深耕细分市场，推动服务创新，提升数字科技水平，完善公司治理体系，加快再保险市场发展，形成结构合理、功能完备、治理科学、竞争有序的财产保险市场体系。该文件的发布对于优化森林和草原保险市场，推动产品创新、技术创新、服务创新提出了更高要求。

2020年11月，《关于科学利用林地资源促进木本粮油和林下经济高质量发展的意见》印发，提出鼓励保险机构进一步扩大木本粮油和林下经济产业保险的业务范围。该文件的发布为经济林保险和林下经济保险的发展提供了政策保障。

2021年《中共中央 国务院关于全面推进乡村振兴加快农业农村现代化的意见》中强调要稳步扩大稻谷、小麦、玉米三大粮食作物完全成本保险和收入保险试点范围，同时鼓励地方因地制宜开展优势特色农产品保险，提升农业保险保障水平。

2020年12月，财政部、农业农村部印发《关于加强政策性农业保险承保机构遴选管理工作的通知》，要求各地进一步加强政策性农业保险承保机构管理，优化农业保险市场布局，提升农业保险服务质量，提高财政资金使用效益。承保机构遴选突出以服务能力、合规经营能力、风险管控能力为基本导向和前提，坚持规范有序、适度竞争。

2021 年 2 月，国务院印发《关于加快建立健全绿色低碳循环发展经济体系的指导意见》，要求大力发展绿色金融，发挥保险费率调节机制作用。该文件的发布为推动森林保险发展提供了政策机遇。

2021 年 3 月，国务院印发《关于实现巩固拓展脱贫攻坚成果同乡村振兴有效衔接的意见》，指出利用金融服务对脱贫地区提供优势特色产业信贷和保险服务，鼓励各地因地制宜开发优势特色产品保险。该文件的发布为政策性森林保险在助力乡村振兴、发展优势特色产业的方向上提供了新思路。

2021 年 3 月，国务院办公厅印发《关于加强草原保护修复的若干意见》，明确提出鼓励地方探索开展草原政策性保险试点，地方各级人民政府要把草原保护修复及相关基础设施建设纳入基本建设规划，加大投入力度，完善补助政策，鼓励金融机构创设适合草原特点的金融产品，鼓励地方探索开展草原政策性保险试点。同时，还要求以完善草原保护修复制度、推进草原治理体系和治理能力现代化为主线，加强草原保护管理，推进草原生态修复，促进草原合理利用，改善草原生态状况，推动草原地区绿色发展，到 2025 年基本建立草原保护修复制度体系。这为草原保险发展提供了政策机遇，草原保险在加强草原保护修复、加快推进生态文明建设方面将发挥更大的作用。

2021 年 4 月，国家林业和草原局发布《关于科学防控松材线虫病疫情的指导意见》。该文件提出要将疫情防控纳入地方政府防灾减灾体系，落实防控经费，加强基础设施建设，提升防控能力；优化森林保险制度，完善疫情防控保险机制，拓宽疫情防控资金投入渠道。银保监会办公厅印发《关于 2021 年银行业保险业高质量服务乡村振兴的通知》，指出：一是要优化"三农"金融服务体系和机制，鼓励开发适合乡村振兴的商业保险产品，政策性保险要积极争取财政支持政策，完善产品条款，科学拟定保险费率，更好发挥保险功能作用；二是要充分发挥保险保障作用，提高农业保险试点范围、扩大覆盖面和探索开发新型险种。

2021 年 5 月，中国人民银行、中央农办、农业农村部、财政部、银保监会、证监会联合印发《关于金融支持新型农业经营主体发展的意见》。该文件指出：一是针对新型农业经营主体提供点对点对接信贷、保险等服务，支持农村中小金融机构接入新型农业经营主体信息直报系统，加快建立新型农业经营主体名录、土地、示范、补贴、信贷、保险、监管等相关数据目录、标准以及共享和比对机制；二是积极满足新型农业经营主体的保险服务需求，发挥好中国农业再保险机构作用，健全农业再保险制度和大灾风险分散机制；三是鼓励保险机构建立健全农业保险基层服务网络。该文件的发布为森林保险发展再保险制度和大灾风险分散机制提供了新思路和技术路线。

2021年9月，中共中央办公厅、国务院办公厅印发《关于深化生态保护补偿制度改革的意见》。该文件指出：要积极发挥市场机制作用，加快推进多元化补偿，鼓励银行业金融机构提供符合绿色项目融资特点的绿色信贷服务，鼓励符合条件的非金融企业和机构发行绿色债券，鼓励保险机构开发创新绿色保险产品参与生态保护补偿。

2021年10月，国务院印发《2030年前碳达峰行动方案》。该文件指出：一是要完善绿色金融评价机制，建立健全绿色金融标准体系；二是要大力发展绿色贷款、绿色股权、绿色债券、绿色保险、绿色基金等金融工具，为碳达峰行动提供经济政策保障。该文件的发布体现出森林和草原在碳达峰行动中将扮演更重要的角色，对森林保险高质量发展提出了更高的要求。

2021年11月，国务院办公厅印发《关于鼓励和支持社会资本参与生态保护修复的意见》，提出加大生态保护金融扶持力度，拓宽投融资渠道，优化信贷评审方式，积极开发适合的金融产品，按市场化原则为项目提供中长期资金支持。推动绿色基金、绿色保险等加大对生态保护修复的投资力度；健全森林保险制度，鼓励保险机构和有条件的地方探索开展保价值、保产量、保收入的特色经济林和林木种苗保险试点，推进草原保险试点，加大保险产品创新力度。这些举措有助于弥补资金的不足，优化资本对森林保险的投入结构，提升资本使用效率，还可以借助社会各方的参与，扩大生态保护修复的社会影响。

2021年12月，财政部印发《关于印发〈中央财政农业保险保费补贴管理办法〉的通知》。《中央财政农业保险保费补贴管理办法》中，对森林保险保费补贴计算方法进行了调整，明确了中央财政对公益林、商品林的补贴比例，根据省级保费补贴情况，对公益林补贴50%，对商品林补贴30%，以维持各地森林保险保费补贴比例稳定，并优化省级财政补贴比例计算方式，给予地方财政更大自主权。采取调整后，有利于省级财政结合本省发展实际和下辖市县财政承受能力，进一步优化补贴结构，将省级财政保费补贴资金在各险种、各市县之间合理分配。

根据省级财政给予大宗农产品保费补贴的实际情况，以保费规模为权重，计算省级财政平均补贴比例的加权平均值，与平均补贴比例的差值为 $a$%，当 $a \geq 0$ 时，中央财政对各省公益林补贴50%、商品林补贴30%；当 $a < 0$ 时，中央财政对各省公益林补贴（50%+$a$%×2）、商品林补贴（30%+$a$%×1.2）。当 $b \geq 0$ 时，中央财政对大兴安岭林业集团公司公益林补贴70%、商品林补贴50%；当 $b < 0$ 时，中央财政对大兴安岭林业集团公司公益林补贴（70%+$b$%×7）、商品林补贴

（50%+$b$%×5）。

森林保险的保险金额原则上为林木损失后的再植成本，包括灾害木清理、整地、种苗处理与施肥、挖坑、栽植、抚育管理到树木成活所需的一次性总费用。鼓励各省和承保机构根据本地农户的支付能力，适当调整保险金额。对于超出上述标准的部分，应当通过适当方式予以明确，由此产生的保费，有条件的地方可以结合实际，提供一定的补贴，或由投保人承担。

农业生产总成本、单产和价格（地头价）数据，以相关部门认可的数据或发展改革委最新发布的《全国农产品成本收益资料汇编》为准。要求承保机构公平、合理拟订农业保险条款和保险费率。保险费率应当按照保本微利原则厘定，综合费用率不高于 20%。属于财政给予保费补贴险种的保险条款和保险费率，承保机构应当在充分听取各地人民政府财政、农业农村、林草部门和农户代表以及财政部各地监管局意见的基础上拟订。同时，首次将野生动物造成毁损纳入中央财政农业保险的保险责任，明确了经办保险公司的综合费用率等。有条件的地方可稳步探索将产量、气象等变动作为保险责任。

此外，《中央财政农业保险保费补贴管理办法》提出对地方优势特色农产品保险，中央财政每年安排一定数量的资金给予奖补支持，结合各省份和新疆生产建设兵团农业保险保费补贴综合绩效评价结果和地方优势特色农产品保险保费规模加权分配，这为各地进一步开发地方特色林草保险提供了重要政策支持。

2022 年 2 月，银保监会印发《农业保险承保理赔管理办法》，新增森林保险作为调整对象，将森林保险统一纳入调整范围。

2022 年 6 月，国家林业和草原局联合财政部、银保监会印发《关于在防控野猪危害综合试点省区开展野生动物致害保险工作的通知》，推动各省有效防范野生动物肇事风险。

2022 年 11 月，国家林业和草原局正式发布《森林保险查勘定损技术规程》（LY/T 3332—2022），有助于统一查勘定损标准，减少矛盾纠纷，保障林业经营主体利益，充分发挥森林保险的经济补偿功能，促进了森林保险高质量发展。

2022 年 12 月，中国保险行业协会发布《中国保险行业协会种植业保险承保理赔服务规范》《中国保险行业协会养殖业保险承保理赔服务规范》《中国保险行业协会森林保险承保理赔服务规范》三个服务规范，对种植业保险、养殖业保险和森林保险的承保理赔服务进行规范统一。

2022 年 12 月，中国保险行业协会发布《中国保险行业协会森林保险行业示范条款》等三个示范条款。这些示范条款的制定，有力保障了森林生产期内的再植成本损失风险，践行了绿水青山就是金山银山理念、促进生态文明建设的新发展要求。在这些示范条款中，考虑到被保险人的多方位风险保障需求，在火灾、雪灾等自然灾害的基础上，增加野生动物毁损责任造成的损失，并将"保险事故发生时，为防止灾害蔓延或减少灾害，被保险人采取必要、合理的施救措施造成的保险林木损失"纳入可选保险责任范围，为被保险人提供更全面的风险保障。

2023年1月，《中共中央 国务院关于做好2023年全面推进乡村振兴重点工作的意见》中提到了推动农业保险扩面增品提标，增加农业保险品种，扩大农业保险覆盖面，提高农业保险服务水平。

2023年1月，中国保险行业协会正式印发《农业保险产品开发指引》，有效规范农业保险产品开发和管理，推动提升保险业服务乡村振兴的能力。

2023年9月，中共中央办公厅、国务院办公厅印发《深化集体林权制度改革方案》，支持保险机构创新开发各类林业保险产品，鼓励地方政府将林业保险产品纳入地方优势特色农产品保险奖补政策范围。鼓励各地完善承保机构市场竞争机制，提升服务质效。

## 二、典型省级政策

中央财政森林保险保费补贴试点工作启动后，在政策引擎的强力驱动下，截至2023年，中央财政森林保险保费补贴范围已经扩展到全国30个省（自治区、直辖市）、4个计划单列市和4家森工集团，共38个实施地区和单位。各省份相继推出新的森林保险政策，一方面贯彻了中央文件的精神，另一方面也是对中央政策的创新性执行，为中央精神在各省（自治区、直辖市）的落实提供了具体的实施办法，对规范各地森林保险发展、提升保障效果发挥了重要作用。本书选取了试点较早、政策比较完善以及特色比较明显的省份进行了省级政策的梳理。

### （一）福建省

2017年3月，福建省林业厅联合省财政厅和人保财险福建省分公司印发了《2017年森林综合保险方案》。此方案与2016年的方案相比有两个较大变化：一是确定了2017年森林保险金额为680元/亩，比2016年上调80元/亩；2017年森林保险费率为0.22%，比2016年下调0.03个百分点。二是明确了承保方式。省级以上生态公益林以县为单位统一组织投保；商品林自愿投保，对经营面积较大的实行一户一保单，对经营面积较小的实行一村一保单。2017年10月，福建省林业厅联合省财政厅下发了《关于进一步做好森林综合保险工作的通知》，要求健全市场竞争机制，以设区市为单位，由设区市林业局、财政局采取公开招标或其他符合规定的方式，从具有在全省开展农业保险经营资质的保险公司中，确定本地区森林综合保险承保机构，承保公司一定三年，被确定后的承保公司不得推托、不得选择性承保，否则将承担违约责任。

2018年4月，福建省林业厅、财政厅、银保监局联合印发《2018年设施花卉种植保险方案》，继续推进设施花卉种植保险工作，促进设施花卉产业发展。设施花卉种植保险标的为花卉种植设施、棚内种植花卉，列明11种保险责任，包括火灾、风灾、雨灾、水灾、雪灾、冻灾、雹灾、雷击、山体滑坡、泥石流、空中运行物体坠落。每亩保险金额根据保险大棚的造价、新旧程度以及保险花卉在保险期间内所发生的直接物化成本和种子（苗）的成本确定，并设定浮动区间，花卉种植设施保险费率为1%~1.5%，棚内种植花卉保险费率为1.5%~2.5%。对参加设施花卉种植保险的企事业单位、合作社、种植户，县级财政给予不低于10%的保费补贴，省级财政给予20%的保费补贴，市级财政可根据财力状况给予适当补贴。

2019年4月，福建省林业局印发《关于进一步做好建档立卡贫困户林业保险工作的通知》，配合省财政厅、农业农村厅修改完善《福建省产业扶贫保险实施方案》，发挥保险在扶贫工作中的重要作用。为强化保费补贴资金监管，2019年4月，福建省林业局会同省财政厅制定出台《关于做好林业保险财政保费补贴资金管理工作的通知》，规范林业保险财政保费补贴资金管理，明确规定保费补贴资金据实结算。

2020年9月，福建省财政厅、林业局等六部门联合印发《关于加快福建省农业保险高质量发展的实施方案》，着重从三个方面强化林业保险支持力度：一是提高特色险种补贴比例。从2020年起，将设施花卉等地方特色农业保险险种的省级财政保费补贴比例提高到30%，进一步减轻花卉苗木生产经营者的保费负担。二是巩固提升保险覆盖面。生态公益林保险覆盖率保持在90%以上，探索开展天然商品林参照生态公益林保费补贴政策，稳定天然商品林保险覆盖率。三是引导开展"农业保险+"。落实灾前预警、灾中应急、灾后恢复等防灾减损救助工作，积极推广"林权抵押+森林保险"模式，为林企林农融资提供增信，促进林业稳定发展。同年，为贯彻落实《关于加快福建省农业保险高质量发展的实施方案》，进一步优化完善全省森林综合保险运行机制，提升森林保险服务水平，推动森林综合保险高质量发展，福建省林业局、福建省财政厅、福建银保监局发布《关于做好森林综合保险工作的通知》。并根据福建省实际，省林业局、省财政厅统筹制定了《福建省森林综合保险方案》，实行统一的保险责任、每亩保费、省级以上财政保费补贴政策等。各地可在该方案基础上结合本地实际进一步细化完善理赔有关规定，努力提高理赔效率，便利于民。

**（二）江西省**

2017年3月，江西省财政厅、林业厅下发《关于调整国家级和省级公益林参保方式的通知》，明确"为减轻地方和林农负担，国家级和省级公益林保费实行中央和省级财政全额补贴，中央财政和省级财政各补贴50%"。

2017年8月，江西省财政厅印发《江西省农业保险保费补贴管理办法的通知》，指出省财政厅定期或不定期对农业保险保费补贴工作进行监督检查，对农业保险保费补贴资金使用情况和效果进行评价，作为研究完善政策的参考依据。10月，江西省财政厅、金融办、农业厅、林业厅、民政厅、银保监局联合下发《关于进一步做好保费补贴型农业保险相关工作的通知》，提出建立农业保险工作联席会议制度，负责农业保险工作的组织协调和综合评价，及时通报工作进展情况，研究和解决工作中存在的问题，确保农业保险工作稳步推进。

2022年7月，江西省财政厅修订《江西省农业保险保费补贴管理办法》，从补贴政策、保险方案、预算管理、机构管理、保障措施、绩效管理等方面对农业保险保费补贴政策进行整体规范和优化。2022年10月，江西省财政厅会同省农业农村厅、省林业局印发《关于做好省级地方特色农业保险承保机构遴选工作的通知》，要求进一步做好省级地方特色农业保险试点工作，充分发挥各设区市贴近市场的优势，激发农业保险市场活力，拟从2023年起省级地方特色农业保险承保机构交由各设区市组织遴选。

2023年，结合2021与2022年试点工作实际，对油茶、中药材保险实施方案进行了修订，下发了《关于印发江西省油茶中药材蔬菜保险实施方案的通知》（赣财金〔2023〕2号）。此次修订，进一步明确了自然灾害和意外事故涵盖的范围，拓宽了虫灾的保障范围，增加了野生动物毁损责任；明确了油茶、中药材、蔬菜三大险种具体品种的保额，适当提高了部分险种的保额；保留了价格指数保险，并对保额进行规范；进一步降低了相关险种的费率。

**（三）广西壮族自治区**

2013年4月，广西壮族自治区林业厅、财政厅、银保监局联合印发《广西壮族自治区政策性森林保险实施方案（试行）》。该文件指出：一是要求探索创新政策性森林保险的运行机制和有效组织方式，完善财政补贴方式和手段，优化承保、理赔模式；二是规定了保险金额、保险费率和补贴比例，其中，公益林每亩保险金额为500元，保险费率为0.3%，保费由财政全额补贴，中央、自治区财政各补贴50%；商品林每亩保险金额为800元，保险费率为0.35%，保费补贴比例为60%，中央、自治区财政各补贴30%。

2013年7月，自治区林业厅、银保监局联合出台《广西壮族自治区政策性森林保险承保理赔业务规程》《广西壮族自治区政策性森林保险灾害损失认定标准》，一是规范森林保险的承保理赔业务和制度；二是界定保险机构的保险责任范围，规范森林火灾、雨雪冰冻、林业有害生物等灾害认定标准。2013年12月，中共广西壮族自治区委员会宣传部、自治区财政厅联合出台《关于开展政策性农业保险宣传工作的通知》，要求通过媒体和各级宣传服务站点设立专栏，向公众宣传政策性农业保险的保费补贴情况和赔付程序，做好政策性农业保险宣传普及工作。

2014年6月，自治区财政厅制定了《广西壮族自治区农业保险保费补贴资金管理办法》。该文件规定了森林保险的保险金额、保费和保费补贴等内容，其中，公益林的保险金额400元/亩，商品林600元/亩；公益林的保费1.2元/亩，由财政全额补贴；商品林的保费1.8元/亩，由农户承担20%、财政补贴80%。12月，自治区财政厅、金融办、银保监局联合编制了《关于鼓励开展地方特色农产品保险的若干指导意见》，要求开展特色农产品保险，合理确定保险保障水平，结合农户需求确定保险责任范围，由经办机构和地方政府协商确定保险条款和保险费率，将财政保费补贴资金列入年度预算，建立奖补机制，构建完善的地方特色农产品服务保障机制。

2015年4月，自治区林业厅、银保监局联合出台《关于成立政策性森林保险纠纷调解委员会的通知》，要求自治区林业厅牵头成立自治区政策性森林保险纠纷调解委员会，负责协调处理标的较小的森林保险投诉案件，受理有争议的森林保险案件，承担政策性森林保险政策的解释和宣传。

2017年6月，为提高政策性森林保险理赔的准确性，减少理赔纠纷，广西林业厅积极协调银保监局和承保机构再次共同修订《广西政策性森林保险林业有害生物灾害损失认定标准》和《广西政策性森林保险宣传手册》。2017年12月，广西壮族自治区财政印发《关于开展林木种苗保险试点工作的通知》。该文件做出如下规定：一是林木种苗保险试点品种有三个，即杉木苗、油茶苗和桉树苗，计划在11个市投保10 000亩；二是保险费率为5%；三是保费补贴，自治区财政补贴50%，县级财政补贴20%，林木种苗培育户承担30%，建档贫困户保费由自治区财政承担100%。

2018年1月，广西壮族自治区人民政府办公厅发布《关于完善集体林权制度的实施意见》，提出要提高林业保险保障能力。加强政策性森林保险服务体系建设，积极利用生态护林员和森林消防队员等渠道扩大森林保险承保队伍，建立健全森林保险案件专家理赔队伍。创新差别化森林保险产品，发展特色林业保险，拓展森林保险品种，研究探索森林保险无赔付优待政策；适时调整森林保险费率，完善森林保险灾害损失认定标准和承保理赔实施规程，扩大政策性森林保险规模。建立保险部门与林业主管部门的信息共享机制，联合开展防灾减灾、宣传培训等工作，提高抵御自然灾害风险能力。2018年6月，广西壮族自治区财政厅、中国保险监督管理委员会广西监管局联合印发《关于加大政策性农业保险扶持力度支持深度贫困地区脱贫攻坚的通知》，指出要深刻认识深度贫困地区如期完成脱贫攻坚任务的艰巨性、重要性、紧迫性，切实落实中央、自治区关于农业保险支持深度贫困地区政策要求，进一步提高农业保险覆盖率和保障水平，加大农业保险支持深度贫困地区力度，为农民脱贫致富保驾护航。2018年12月，广西壮族自治区林业局协同广西银保监局、广西林业勘测设计院、四家农险公司等相关部门研究编制《政策性森林保险桉树查勘定损技术规范》，并将其纳入了广西地方标准制定计划，制定《广西森林保险理赔专家管理办法》，提高查勘定损和理赔的可操作性，强化定损理赔的科学性与合理性，减少灾害理赔纠纷，进一步维护林农的合法权益，为依法、公正、高效、妥善化解工作出现的纠纷奠定了坚实基础。

2019年6月，中国银行保险监督管理委员会广西监管局、广西壮族自治区财政厅联合印发《关于进一步加大政策性农业保险支持脱贫攻坚工作的通知》。该通知提出，一是要高度重视深度贫困地区脱贫攻坚工作，并根据《自治区扶贫开发领导小组办公室关于印发全区深度贫困县深度贫困乡镇深度贫困村名单的通知》，确定了20个深度贫困县，分别是都安、三江、乐业、大化、那坡、融水、隆林、凤山、东兰、德保、天等、罗城、昭平、靖西、巴马、凌云、马山、忻城、田林、环江。二是调整深度贫困地区相关险种政策，降低深度贫困地区中央财政补贴型农业保险费率，持续提高保险金额。其中，商品林(中低风险区域)保险费率下调至0.18%，保额提高至1111元，保费2元/亩；商品林(高风险区域)保险费率下调至0.36%，保额提高至1111元，保费4元/亩；公益林保险费率下调至0.18%，保额提高至556元，保费1元/亩。加大深度贫困地区特色农产品创新试点支持力度，提高深度贫困地区农业保险覆盖面。其中，公益林险保险金额从500元/亩上调至625元/亩，保险费率从0.3%下调至0.24%；商品林险保险金额从800元/亩上调至1000元/亩，保险费率从0.35%下调至0.28%。该通知指出，要深刻认识深度贫困地区如期完成脱贫攻坚任务的艰巨性、重要性、紧迫性，切实落实中央、自治区关于农业保险支持深度贫困地区政策要求，进一步提高农业保险覆盖率和保障水平，加大农业保险支持深度贫困地区力度，为农民脱贫致富保驾护航。鼓励承办机构聘请建档立卡贫困户作为协保、协赔人员，扩大贫困户收入来源。2019年11月，自治区林业局印发《广西壮族自治区森林保险防灾经费管理办法》，要求保险防灾经费从承办机构政策性农业保险的防预费中列支，年度列支总额不超过上一年政策性森林保险保费总额的1.5%。其中，上一年政策性森林保险的综合赔付率超过100%的，列支保险防灾经费不超过0.5%；在70%~100%的，列支保险防灾经费不超过1.0%；在60%~70%的，列支保险防灾经费不超过1.3%；在60%以下(不含60%)的，列支保险防灾经费不超过1.5%。2019年12月，广西壮族自治区市场监督管理局将《政策性森林保险松杉竹查勘定损技术规范》纳入2020年第三批广西地方标准计划。

2020 年 4 月，广西壮族自治区财政厅、农业农村厅、银保监局、林业局、糖业办公室联合印发《关于印发广西农业保险高质量发展工作方案的通知》。该文件指出：一是明确到 2022 年，基本建成功能完善、运行规范、基础完备，与农业农村现代化发展阶段相适应、与林农风险保障需求相契合、各级各部门分工负责的多层次农业保险体系；二是到 2030 年，农业保险持续提质增效、转型升级，实现补贴有效率、产业有保障、农民得实惠、机构可持续的多赢格局。提高农业保险服务能力，优化农业保险运行机制，加强农业保险基础设施建设，做好农业保险组织实施。2020 年 7 月，广西壮族自治区财政厅、广西壮族自治区林业局联合印发《关于印发油茶收入保险试点实施方案的通知》，促进广西壮族自治区油茶产业发展，助推脱贫攻坚及乡村振兴。

2021 年 1 月，自治区人民政府办公厅印发《促进全区中药材壮瑶药材产业高质量发展实施方案的通知》，指出按照大宗农产品标准，向种植规模在 5 万亩以上的中药材壮瑶药材品种提供政策性保险；要求各市、县（市、区）人民政府负责中药材壮瑶药材产业项目谋划和实施，加大项目招商引资力度，在用地、审批、金融、科技等方面给予支持，优化营商环境，切实解决项目实施中遇到的困难和问题。2021 年 2 月，自治区林业局印发《2021 年全区油茶"双千"计划实施方案的通知》，要求支持保险机构开展油茶保险业务，探索实施油茶收入保险、价格保险、气象指数保险等符合林农利益的油茶特色保险业务，力争年内完成油茶保险面积 18 万亩，落实各个责任单位。该文件的发布明确了油茶保险的发展思路和目标，为油茶产业的发展提供了政策性的保障。2021 年 3 月，广西壮族自治区财政厅、农业农村厅、银保监局、林业局、糖业办公室联合印发《广西政策性农业保险保费补贴与业务管理平台的通知》，对农业保险投保数据、财政补贴、理赔服务等进行实时监控。2021 年 4 月，自治区人民政府办公厅印发《农村金融改革"田东模式"六大体系升级建设方案（2021—2023 年)》，要求加强保险体系建设，一是健全保险服务组织体系，二是持续提高农业保险保障水平，三是探索建立农业保险信息共享机制。该文件的发布有效提升了广西政策性森林保险的覆盖面，同时对森林保险的保额和保险费率拟定提出新要求。2021 年 5 月，广西壮族自治区人民政府印发《关于印发广西加快推进国家储备林高质量发展十条措施的通知》，提到力争将国家储备项目全面纳入政策性森林保险范围，提高保险保额，降低保险费率。2021 年 6 月，广西壮族自治区财政厅印发《关于提高部分政策性农业保险风险保障水平有关事项的通知》，将公益林每亩保额从 500 元提高至 1000 元，保险费率从 0.2% 下调至 0.1%；商品林每亩保额从 1000 元提高至 1250 元，高风险地区保险费率从 0.4% 下调至 0.32%，低风险地区保险费率从 0.2% 下调至 0.16%。2021 年 8 月，自治区财政厅、林业局等四部门联合印发《关于完善油茶收入保险试点工作的通知》，要求结合全区油茶产业发展实际及近年油茶收入保险试点情况，进一步完善油茶收入保险政策，完善具体的保险内容，并规定了保险标的、被保险人、保险责任、保险期限、保险金额和保费、保费分担比例、赔偿处理方案等。

2022 年 5 月，广西壮族自治区财政厅、林业局、发展和改革委员会、银保监局四部门再次修订印发《2022 年林木种苗保险和油茶收入保险试点方案》。2022年 11 月，广西壮族自治区财政厅、广西壮族自治区林业局等八部门联合印发《广西农业保险保费补贴管理实施细则》，要求加强农业保险保费补贴管理，完善农村金融服务体系，加快农业支持保护制度，助力乡村振兴，服务广西农业发展。2022 年政策调整后：中央补贴险种，公益林和商品林保额和保险费率没有变化，新增中央补贴油料作物保险，油茶保险金额为 1000 元/亩，保险费率为 3%，单位保费为 30 元/亩；核桃保险金额为 2000 元/亩，保险费率为 3%，单位保费为60 元/亩；澳洲坚果保险金额为 3000 元/亩，保险费率为 3%，单位保费为 90 元/亩。中央财政补贴 45%，自治区市县财政补贴 35%，个人承担 20%。

**（四）浙江省**

2017 年 12 月，浙江省林业厅与浙江省政策性农业保险共保体联合下发《关于加快推进政策性林业保险工作的通知》，要求各地通过政府主导、市场运作、分类施策、规范管理的方式，公益林保险继续实行"统一投保、统一索赔，理赔资金专户管理、封闭运行，补植造林后支付"的运作方式。同时，商品林根据各地保险需求采用统分结合的模式，逐步扩大保障范围。在经营主体自主自愿的基础上，开展特色林果保险、林权抵押保险、商业保险额叠加保障等。同时要求各地加强组织领导，协同推进，严格考核，要充分利用广播、电视、报刊等媒体，加大宣传力度，积极争取相关部门、单位的大力支持，深入基层广泛宣传林木保险功能，增强广大林农的风险意识和保险意识，提高林农对保险的信任度。

2021 年 8 月，浙江省人民政府办公厅印发《关于加快农业保险高质量发展的实施意见》，其中明确要求政策性农业保险基本覆盖全省种植业、养殖业和林业主要品种，积极鼓励开发符合区域特色、主导产业优势明显、农户投保意愿强烈的地方特色农业保险产品，丰富农业保险产品体系。保险保障基本覆盖自然灾害等基础保险责任，推广气象指数保险、价格指数保险、产值产量保险等创新险种，扩大保险覆盖面。推进公益林火灾险向综合险升级。拓展森林保险服务的广度和深度，逐步由保障生产风险向保障市场风险拓展。2023 年 8 月，浙江省林业局、财政厅、银保监局印发《关于优化政策性公益林保险的通知》，提出为更好地保护公益林资源、维护生态安全、提高灾后快速恢复能力，根据浙江省人民政府办公厅印发的《关于加快农业保险高质量发展的实施意见》和省政策性农业保险工作协调小组 2022 年第 1 次全体会议审议通过的《浙江省公益林保险优化升级方案》，决定加大对公益林的保险保障力度，将原有的单一责任林木火灾保险优化升级为公益林综合保险。保险责任也从原来的单一火灾责任，扩大到暴雨、台风、洪水、泥石流等自然风险和主要有害生物灾害的保障。同时，加大财政支持力度，按参保公益林 600 元/亩物化成本的 0.2% 给予保费补贴。

### (五)辽宁省

2017 年 5 月，辽宁省林业厅与人保财险辽宁省分公司、中华财险辽宁分公司、安华保险辽宁分公司和中航安盟辽宁分公司协商修订了《辽宁省森林综合保险条款》。该文件对森林综合保险条款进行了调整：一是取消了绝对免赔额和绝对免赔率；二是赔偿金额 = 每亩保险金额×损失程度×受损面积；三是保险林木发生保险责任范围内的事故后，以理赔专家鉴定小组出具的灾害鉴定意见作为理赔结果的依据。理赔专家鉴定小组难以现场确定损失的，可设立不超过 3 个月的观察期，以观察期后的定损结论为依据计算赔偿。重新修订后的《辽宁省森林综合保险条款》，在林木发生灾害后，赔偿金额比以前提高 10%，理赔更及时。

2021 年 11 月，辽宁省财政厅、农业农村厅、省林业和草原局、辽宁银保监局、省气象局联合出台《辽宁省加快农业保险高质量发展的实施方案》，指出要注重农业保险产品创新，加强农业保险产品和其他金融产品组合，释放各类金融资本综合效益。发挥农业保险撬动作用，积极引导各类社会资本投入"三农"领域。强化风险意识和保险意识，更好地保障农民利益。

2022 年，辽宁省印发《关于印发 2022 年辽宁省森林保险工作方案的通知》《关于印发〈辽宁省农业保险保费补贴管理实施细则〉的通知》和《关于印发辽宁省政策性农业保险承保机构绩效评价暂行办法的通知》等文件，规范森林保险行为。

### (六)云南省

2015 年 4 月，云南省人民政府《关于进一步发挥保险功能作用促进经济社会发展的意见》正式印发，要求全省推进巨灾保险和高原特色农业保险，首创人口较少民族保险，加快责任保险发展。

2016 年 2 月，云南省林业厅、财政厅联合印发《关于做好 2016 年森林火灾保险工作的通知》，对商品林保险的程序进行了严格规范，暂停了乡镇统保和政府代缴保费的做法，保险公司放弃承保全部商品林，导致 1360.5 万亩商品林未续保。

2017 年 1 月，云南省林业厅、财政厅、银保监局联合下发《关于印发云南省森林火灾保险实施方案(试行)的通知》。该实施方案一是将原方案的全省统一组织实施，调整为由各州(市)组织实施。二是将原方案公益林赔款由承保公司直接兑付各县(市、区)林业局，由各县(市、区)恢复造林，调整为公益林赔款由承保公司兑付到各林权所有者，由各级林业、财政部门监督灾后恢复造林。保证了基层林业部门能够准确把握森林火灾保险内涵、相关政策法规，掌握投保、理赔等各环节工作步骤和要求，确保工作稳步扎实推进。同年，云南省林业厅又及时下发《关于认真做好森林火灾保险和野生动物肇事公众责任保险工作的通知》《关于进一步做好森林火灾保险工作的通知》，对工作进行全面细化、强化和要求。根据工作情况，云南省防火办、云南省林业厅办公室相继印发《关于加快推进2017年森林火灾保险工作的通知》《关于2017年森林火灾保险工作进展情况的通报》《关于规范森林火灾保险工作的通知》等文件，对火灾保险工作进行强化。

2020年9月，云南省财政厅、农业农村厅、林业和草原局、银保监局联合印发《关于印发〈云南省加快农业保险高质量发展实施方案〉的通知》，要求探索开展综合森林保险，稳步提高商品林投保率，在昭通、保山两市开展森林综合保险试点，在森林火灾保险保费（0.4元/亩）不变的前提下，将滑坡、泥石流、松材线虫病、松毛虫等灾害纳入保险责任。同时将坚果、林药作为"一县一业"发展重点，纳入云南省地方优势特色农产品保险范围。

### （七）四川省

2017年12月，四川省财政厅、农业厅、林业厅和银保监局联合下发《关于调整农业保险部分保费补贴品种保险费率的通知》。将森林保险中公益林的保险费率由0.13%调整为0.118%，每亩保险金额由500元提高到550元，每亩保费保持0.65元不变；商品林的保险费率由0.16%调整为0.158%，每亩保险金额由750元提高到800元，每亩保费保持1.2元不变，并于2018年起执行。同年，四川省财政厅出台《四川省农业保险保险费补贴管理办法》。

2018年6月，四川省财政厅、农业厅、林业厅、银保监局联合出台《关于调整深度贫困地区农业保险部分保费补贴品种保险费率的通知》，决定自2018年6月1日起，对四川省部分地区农业保险部分保费补贴品种保险费率进行调整。该通知明确规定，政策性森林保险中的公益林保险费率由0.118%降至0.091%，每亩保费调整为0.5元；商品林保险费率由0.15%调整为0.116%，每亩保费相应调整为0.93元。

2020年7月，四川省林业和草原局会同银保监局、财政厅、农业农村厅等部门联合印发《四川省政策性农业保险工作费用管理办法》（试行），对保险实务中的承保、理赔、防灾减灾投入水平做出了具体规定。2020年9月，四川省林业和草原局联合银保监局发布《中国银保监会四川监管局办公室关于进一步明确辖内农业保险业务经营条件的通知》，明确规定了保险机构进入省内农业、森林保险市场的条件。2020年12月，四川省林业和草原局联合财政厅、农业农村厅、银保监局等部门联合印发《四川省2020年度中央财政优势特色农产品保险以奖代补试点实施细则》，主要涉林条款包括：一是食用菌、核桃等林业产业品种可以纳入中央财政以奖代补试点范围；二是规定了以奖代补试点保险产品的基本条款政策。

2020 年 6 月，四川省林业和草原局、四川省发展和改革委员会、四川省财政厅、四川省自然资源厅联合印发《关于印发〈四川省天然林保护修复制度实施方案〉的通知》，深化国有林场林区改革，进一步剥离森工企（事）业等单位社会化管理和公共服务职能，按照法制化、市场化原则，积极落实金融机构债务处理政策。将国有林场林区纳入"三农"金融扶持范围，合理运用林业贷款中央财政贴息政策，开发适合林场林区特点的信贷产品，拓宽林业融资渠道。完善森林保险制度，加快森林保险品种开发，提高国有林场林区森林资源抵御自然灾害的能力。

2022 年 12 月，四川省农业保险工作小组审议通过《四川省森林保险无赔款优待试点方案》。该方案创新提出了以小班为认定单位的政策，即当投保林地发生灾害时，若投保人投保面积大于 1 个小班，未受灾的小班仍可以在续保时享受到无赔付优待。该方案增强了惠农力度，扩大了惠农范围，使经营大户、林场等参保面积较大的投保人也能享受"无赔优"政策优惠。

### （八）广东省

2012 年 3 月，广东省林业厅印发《广东省人民政府办公厅转发省林业厅关于广东省政策性森林保险试点工作方案的通知》，决定在韶关、河源、梅州、湛江、肇庆、清远 6 个地级市和部分省属林场先行开展为期一年的政策性森林保险试点工作。

2020 年 3 月，广东省林业局办公室发布《关于做好森林保险到期续保有关工作的通知》，对即将到期的保单，积极督导各地市和省属国有林场按上一年度保险合约续签 2020 年度森林保险合约，为参保林木提供了持续的风险保障，有效地发挥了森林保险的防灾减损、恢复生产的保障作用。2020 年 6 月，广东省财政厅等五部门联合印发《关于大力推动农业保险高质量发展的实施意见》，在其附件《广东省农业保险高质量发展险种实施目录（2020—2022 年）》中，对森林保险发展做出了明确规定，主要政策调整包括：第一，森林保险范围全省铺开。在现行 10 个试点地市基础上，森林保险在全省范围（不含深圳市、军事管理区、广东农垦）铺开。第二，适度调高保额。在综合考虑灾后再植成本和财政负担能力的情况下，将保额由现行 500 元/亩调整为 1200 元/亩，并取消绝对免赔额。第三，保险费率分类厘定。根据沿海地区与其他地区、公益林与商品林的不同风险系数，调高了沿海地区商品林保险费率，调低其他地区公益林保险费率，沿海地区公益林和其他地区商品林保险费率保持不变。调整后，沿海地区公益林保险费率为 0.4%，即保费为 4.8 元/亩，商品林保险费率为 0.8%，即保费为 9.6 元/亩（农户负担 2.88 元/亩）；其他地区公益林保险费率为 0.2%，即保费为 2.4 元/亩，商品林保险费率为 0.4%，即保费为 4.8 元/亩（农户负担 1.44 元/亩）。2020 年 7 月，广东省发布《广东政策性农业保险示范条款（2020—2022 年）》，提出提高岭南水果等优势品种覆盖面。

2021 年，广东省财政厅、农业农村厅、地方金融监管局、银保监局和林业局陆续制定和颁布了《广东省政策性农业保险承保机构招标指引》《贯彻落实〈关于大力推动农业保险高质量发展的实施意见〉工作方案》，明确了广东省推动农业保险高质量发展工作目标，优化招投标管理，森林保险由各地级市林业主管部门自主组织单独招标，省不再统一组织招标。

### (九) 安徽省

2013 年 2 月，安徽省财政厅、政府金融办、林业厅、银保监局联合印发《关于开展森林保险试点工作的实施意见》，正式启动森林保险试点工作，保险责任涵盖水灾、火灾、风灾、雪灾、虫灾等自然灾害造成的林木损失。

2017 年 3 月，安徽省出台《关于进一步扩大森林保险试点范围的通知》，将森林保险试点进一步扩大到合肥、淮北、亳州、蚌埠、阜阳、淮南、滁州、马鞍山、芜湖、铜陵等全省范围，实现了森林保险全覆盖。此后，还连续出台了《关于全面加快推进政策性森林保险工作的通知》《关于新纳入试点市政策性森林保险实施进度月报制度的通知》两个文件，对新开展森林保险的市县提出了明确的要求。

2020 年 11 月，安徽省财政厅、林业局、地方金融监督管理局与银保监局联合印发《关于调整森林保险保额和费率的通知》，贯彻落实《安徽省加快农业保险高质量发展工作方案》。该通知规定，从 2021 年 1 月 1 日起，将公益林保额由 450 元/亩提高至 780 元/亩，将商品林保额由 550 元/亩提高至 1000 元/亩；将公益林保险费率由 0.35% 降低至 0.2%，将商品林保险费率由 0.4% 降低至 0.22%；将"旱灾"纳入森林保险责任范围，并将"虫灾"修订为"病虫害"，进一步扩展了保险责任范围。通过提高森林保险保额、降低森林保险费率、扩大森林保险责任范围，安徽省森林资源每年的总保额将从当前的约 300 亿元提高到近 500 亿元。

2022 年 10 月，安徽省财政厅、林业局等六部门联合推出《安徽省"农业保险+一揽子金融产品"行动计划试点方案》，鼓励企业投保叠加商业保险，积极开展保单质押贷款业务，进一步发挥保险的融资增信功能。

### (十) 贵州省

2013 年 6 月，贵州省林业厅、财政厅、金融办和银保监局联合出台《贵州省政策性森林保险指导意见》，在全省全面推行政策性森林保险，明确全面推进政策性森林保险工作，加快完善林业风险转移分散机制和林业生产融资体系，增强林业抵御风险和持续健康发展能力。

2018 年 4 月，贵州省人民政府金融工作办公室印发《贵州省 2018 年政策性农业保险工作实施方案》，进一步明确了森林保险责任。支持各地相关部门和经办机构对贵州省森林资源管护人员，特别是生态护林员给予多渠道、多形式的保险扶贫，以充分发挥其在森林保险防灾减损中的作用。同时，建立森林资源管护人员安全保险捐赠机制，防止生态护林员因病因灾致贫返贫，进一步加大保险扶贫政策支持力度，支持森林资源管护人员在森林管护工作中更好地发挥作用，进一步推动贵州省农业保险工作和森林资源保护工作的开展以及完善农业保险专项工作经费管理。

2019 年 4 月，《贵州省 2019 年政策性农业保险工作实施方案》中再次明确提出，支持各地相关部门和经办机构对贵州省森林资源管护人员，特别是生态护林员给予多渠道、多形式的保险扶贫，以充分发挥其在森林保险防灾减损中的作用，进一步推动贵州省森林资源保护工作的开展。

2020 年 7 月，贵州省林业局、地方金融管理局、发改委、财政厅、扶贫办、银保监局联合印发《关于开展政策性特色林业产业暨刺梨产业价格指数保险工作的通知》，提出开展政策性特色林业暨刺梨产业价格指数保险工作，充分发挥保险对脱贫攻坚的兜底保障作用，扩大涉林保险覆盖面，提高保障水平，完善政策性农业保险保障体系，助推全省按时高质量打赢脱贫攻坚战。

2021 年 6 月，贵州省林业局会、财政厅、发改委、地方金融管理局、银保监局等九个部门联合印发《贵州省 2021—2023 年政策性农业保险工作实施方案》《贵州省政策性农业保险经办机构考核管理办法》和《贵州省政策性农业保险市（州）农业保险工作小组考核管理办法》。

**（十一）陕西省**

2017 年 10 月，陕西省林业厅下发《陕西省全面做好林业有害生物森林保险灾害理赔工作的通知》，就中央财政补贴的森林保险林业有害生物灾害部分的条款进行了大幅度调整，降低了灾害赔付门槛，提高了赔付标准，实现了林业有害生物灾害全覆盖。

2018 年 6 月，陕西省政府办公厅转发《2018 年陕西省政策性农业保险工作实施方案》。该方案明确指出，保障金额按照《财政部关于印发〈中央财政农业保险保险费补贴管理办法〉的通知》相关规定执行。在各级政府保费补贴方面，森林（公益林）保险保费财政补贴 90%，森林（商品林）保险保费财政补贴 55%。各市、县（区）可根据自身财力、产业发展等情况加大财政补贴力度。深度贫困县县级保费补贴资金由省、市财政各承担 50%。

2018年11月，陕西省林业局联合银保监局筹备组（中国保险监督管理委员会陕西监督局代章）印发《关于进一步推进森林保险工作的指导意见》，从指导思想、基本原则、发展目标、健全制度、创新发展、切实抓好贯彻落实等方面对全省森林保险工作进行细化明确，推动全省森林保险工作更好发展。陕西省财政厅等六部门关于印发《陕西省关于加快农业保险高质量发展的实施意见》的通知，进一步提高农业保险服务能力，优化农业保险运行机制，加强农业保险基础设施建设。

2022年2月，陕西省财政厅会同省农业保险工作小组各成员单位出台《关于印发2022年陕西省政策性农业保险工作实施方案的通知》，将茶叶气象指数保险纳入省级支持地方特色保险品种试点范围，力争实现陕南三市茶叶气象保险愿保尽保。

### （十二）内蒙古自治区

2017年4月，内蒙古自治区财政厅、农牧业厅、林业厅、银保监局联合下发《关于财政资金支持深化自治区农业保险改革的通知》，对森林保险政策做出调整：一是自2017年开始，各保险经办机构防灾减损费的列支比例统一确定为保费的3%，且自治区财政不再奖补。二是从2017年起，森林保险大灾风险准备金，各保险经办机构的提取比例统一确定为保费收入的10%。

2019年2月，内蒙古自治区财政厅、农牧业厅联合印发《内蒙古自治区2019年农业保险保费补贴实施方案》，提出改变防灾减损资金的管理方式，即从2019年开始，停止执行内蒙古自治区财政厅、农牧业厅、林业厅、银保监局联合印发的《关于印发〈内蒙古自治区农业保险防灾减损资金管理暂行办法〉的通知》，防灾减损费不再提取。

2019年8月，内蒙古自治区财政厅、林业和草原局、银保监局、气象局、科研院校、保险经营主体等多部门确定了《内蒙古自治区草原保险试点实施方案》初稿。《内蒙古自治区草原保险试点实施方案》中，重点突出草原保险对草原生态资源保护和修复的重要促进作用，同时兼顾牧草经营企业和牧民生产生活的风险保障。在保险费率方面，依据现有的监测数据，经保险精算对灾害发生频率和灾害损失程度综合测算，将保险费率厘定为5%。在保险金额方面，依据草原的类型，结合平均牧草产量以及草原生态恢复成本等因素综合计算确定总保险金额，其中，温性草甸草原40元/亩，温性典型草原30元/亩，温性荒漠草原20元/亩。该文件于2021年6月印发。

2020年9月，内蒙古自治区财政厅、农牧厅、银保监局、林业和草原局、气象局联合印发《关于印发〈内蒙古自治区加快推进政策性农业保险高质量发展工作方案〉的通知》，指出充分发挥农业保险分散农业生产经营风险的重要功能，不断提升农业保险保障水平，保护农牧民利益，推进我区现代农牧业高质量发展。

2022 年 4 月，自治区林业和草原局与财政厅等部门联合印发《内蒙古自治区 2022 年农业保险保费补贴实施方案》《内蒙古自治区森林保险保费补贴实施方案（自 2022 年起执行）》《内蒙古自治区森林综合保险条款（2022 修正版）》，同年修订并印发《内蒙古自治区森林保险灾后治理及植被恢复管理办法》。

2023 年 2 月，内蒙古自治区财政厅印发《内蒙古自治区农业保险保费补贴资金管理办法》。

**（十三）吉林省**

2012 年 3 月，吉林省人民政府印发《关于印发吉林省现代农业推进计划的通知》，指出积极推进林业改革，深化集体林权制度改革，逐步扩大政策性森林保险试点范围，启动国有林场改革，开展国有林区管理体制和国有森林资源统一管理改革试点。吉林省人民政府印发《关于印发吉林省集体林权制度配套改革实施方案的通知》，指出积极探索建立森林保险制度。各地要遵循"政府引导、政策支持、市场运作、协同推进"的原则，设立森林保险补偿基金，通过保费补贴等政策手段引导林农、林业专业合作组织等参与森林保险，扩大森林投保面积。各保险公司在推进森林保险业务过程中，要结合不同地区、不同林种等实际需求，不断完善森林保险险种和服务创新。要以人力无法抗拒的自然灾害为主，有针对性地推出火灾、暴雨、暴风、洪水、泥石流、冰雹、霜冻、暴雪、雨凇、病虫害等基本险种和可供选择的其他险种，扩大保险覆盖面，提高林农抵御自然灾害能力。在保险费率厘定中，要充分考虑林业灾害发生的概率和强度，设置不同保险费率。在保险理赔服务中，要按照"公开、及时、透明、到户"的原则，规范理赔服务，提升保险服务质量。

2015 年 6 月，吉林省人民政府办公厅印发《关于进一步加强林业有害生物防治工作的实施意见》，指出积极拓宽投资渠道保障措施。引导森林经营者加大资金投入，对所经营森林发生的林业有害生物灾害要及时开展防治；自然保护区、风景名胜区、森林公园等经营主体也要从经营收入中提取一定比例的资金用于林业有害生物防治工作。同时，进一步推动森林保险工作，扩大森林保险试点，充分调动森林经营者保险意识和参与投保积极性，提高防范、控制和分散风险的能力。

2018 年 4 月，吉林省林业厅、财政厅、银保监局联合印发《吉林省森林保险查勘定损理赔办法（试行）》的通知，明确了森林保险责任、森林保险查勘定损理赔工作基本原则、林业保险的相关流程以及吉林省森林保险灾害损失认定标准。承保公司在取得经被保险人签字或其直系亲属认可的分户理赔清单后，于 10 日内支付赔款，以及后期会抽取一定比例对林权所有者进行回访，更有力地保障了承保经办机构和被保险人的利益。2018 年 5 月 31 日，吉林省林业厅、财政厅、银保监局联合印发《吉林省森林保险防灾减损费用管理办法》，要求保险机构防灾减损费用的列支比例原则上不高于当年森林保险保费总额的 35%，并且按照"专款专用"原则使用。

2021 年 4 月，吉林省财政厅、省农业农村厅、省林业和草原局联合出台《吉林省 2021 年政策性农业保险承保机构遴选工作方案》。该方案指出，吉林省农业保险模式由承保机构与投保地区、单位和农户自愿协商签订保险协议的方式办理保险业务，调整为按照承保机构遴选工作方案的结果，通过中选承保机构与投保地区、单位和农户协商签订保险协议的方式办理保险业务。

2021 年 12 月，吉林省财政厅和省林草局联合印发《关于调整我省森林保险政策的通知》，指出公益林、商品林保险金额由 500 元/亩提高至 800 元/亩，保险费率由 0.4%降至 0.25%。

2022 年 1 月，吉林省财政厅和省林草局联合印发《关于调整森林保险防灾防损费用标准的通知》，调整防灾减损费的支付范围为享受财政保费补贴的森林保险业务，支付标准为不超过当年实收森林保险保费收入的 15%。

**（十四）青海省**

2020 年 3 月，青海省修订了《青海省政策性森林保险灾害损失认定技术标准》《青海省林业保险理赔专家管理办法》《青海省公益林保险条款》《青海省枸杞经济林保险条款》《青海省林木种苗保险条款》并下发全省。

2021 年 8 月，青海省财政厅、农业农村厅、林业局与银保监局联合印发《青海省 2022 年—2024 年政策性农业保险承保机构遴选工作方案》，在全省以市（州）级财政部门牵头开展承保机构遴选工作，规定在有资质的 6 家竞标公司中选择 4 家保险公司开展森林保险业务。

2022 年 5 月，青海省林草局联合省财政厅制定印发的《青海省陆生野生动物造成人身财产损失保险赔偿试点方案》，确定首年度试点期间保险费为每年 300 万元，执行过程中保险费可根据实际情况协商后适当调整，试点期间保险费由省级财政负担。至此，青海省成为全国首个赔付区域最广（全省范围）、赔偿类型最全面的实施野生动物致害政府救助责任保险赔偿的省份。

# 第三节　典型承保主体业务开办情况

保险机构是森林保险的经营主体，我国森林保险的主体已有近 30 家保险机构。从承保面积来看，2023 年，我国森林保险承保面积排名前 10 位的保险机构分别是人保财险、中华财险、国寿财险、安华保险、中航安盟、国元农险、平安财险、永安财险、太平洋产险、安诚财险(表1-3),其中人保财险承接的森林保险业务量约占行业总量的一半,这10个保险机构合计承保面积为226 389.79万亩,占整个森林保险市场的97.00%;从市场结构来看,人保财险占据龙头地位,中华财险、国寿财险、平安财险和太平洋产险也占据了较高的市场份额。保险机构简称全称对照表见附录后。

表1-3 2023年政策性森林保险经营机构理承保及理赔情况

| 保险公司 | 承保面积<br>(万亩) | 保费金额<br>(万元) | 已决赔款<br>(万元) | 赔付率 |
|---|---|---|---|---|
| 人保财险 | 111439.39 | 184311.39 | 80241.66 | 43.54% |
| 中华联合 | 20695.28 | 32383.38 | 12934.96 | 39.94% |
| 国寿财险 | 24764.80 | 33595.85 | 14644.44 | 43.59% |
| 安华保险 | 5575.16 | 11081.11 | 2070.28 | 18.68% |
| 中航安盟 | 11435.32 | 8890.99 | 1800.79 | 20.25% |
| 国元保险 | 5201.59 | 10437.41 | 2757.30 | 26.42% |
| 平安财险 | 19713.63 | 31132.24 | 4215.27 | 13.54% |
| 永安财险 | 1044.99 | 1033.08 | 40.22 | 3.89% |
| 太平洋 | 25960.51 | 43783.17 | 16799.48 | 38.37% |
| 安诚财险 | 559.12 | 573.09 | 163.56 | 28.54% |
| 阳光财险 | 2606.34 | 4579.29 | 354.03 | 7.73% |
| 北部湾 | 4186.68 | 8986.05 | 2611.25 | 29.06% |
| 大地财险 | 5410.80 | 7602.85 | 2592.14 | 34.09% |
| 四川锦泰 | 578.15 | 388.61 | 13.28 | 3.42% |
| 泰山保险 | 50.61 | 202.44 | 0.00 | 0.00% |
| 中国太平 | 1544.95 | 1933.32 | 344.64 | 17.83% |
| 阳光相互 | 932.11 | 3352.34 | 1315.66 | 39.25% |
| 大家财险 | 174.55 | 287.28 | 48.95 | 17.04% |
| 中原农险 | 714.07 | 357.04 | 35.71 | 10.00% |
| 中煤财产 | 996.27 | 1782.37 | 206.90 | 11.61% |
| 紫金保险 | 618.17 | 1147.72 | 406.48 | 35.42% |
| 燕赵财险 | 353.85 | 574.28 | 233.34 | 40.63% |
| 黄河财险 | 498.17 | 498.20 | 185.13 | 37.16% |
| 诚泰财险 | 1979.00 | 791.60 | 223.07 | 28.18% |
| 长江财险 | 286.33 | 452.14 | 0.00 | 0.00% |
| 恒邦财险 | 398.10 | 689.43 | 96.97 | 14.07% |
| 国任财险 | 136.36 | 136.36 | 13.42 | 9.84% |

## 一、我国森林保险主要经营机构

人保财险业务分布区域广、集中度高，且在许多地区和单位占据优势地位或者重要地位。截至 2020 年，人保财险森林保险业务覆盖了长白山森工集团以外的 32 个地区和单位，其中，在北京市、福建省、厦门市、内蒙古森工集团 4 个地区和单位占据 100% 的市场份额，具有绝对优势；在河北省、内蒙古自治区、青岛市、江苏省、浙江省、宁波市、江西省、海南省、重庆市、甘肃省、青海省 11 个地区的市场份额均高于 50%，占据相对优势地位；在辽宁省、大连市、湖北省、湖南省、广东省、广西壮族自治区、贵州省、陕西省 8 个地区的市场份额均高于 30%，具有重要影响地位；在山西省、吉林省、河南省、四川省、云南省、大兴安岭林业集团公司、吉林森工集团 7 个地区和单位的市场份额高于 20%；在安徽省、山东省两个地区的市场份额低于 10%。

中华财险、国寿财险、平安财险和太平洋产险 4 家森林保险机构业务分布区域较广，但是在多数地区和单位市场份额不高，仅在少数地区占据优势地位。其中，中华财险的森林保险业务覆盖 18 个地区和单位，在广东省的市场份额高达 53%，占据相对优势地位；在内蒙古自治区、辽宁省、大连市、山东省、湖南省和长白山森工集团 6 个地区和单位的市场份额高于 30%，具有重要影响地位。国寿财险的森林保险业务覆盖 18 个地区和单位，在山西省、河南省和云南省 3 个地区的市场份额均超过 30%，具有重要影响地位。平安财险的森林保险业务覆盖 13 个地区和单位，在大兴安岭林业集团公司占据 56% 的市场份额，具有相对优势。太平洋产险在全国 23 个地区和单位开展森林保险业务，但是市场份额都在 30% 以下，其中，在河北省、山西省、大连市、山东省、青岛市、湖北省、湖南省、广西壮族自治区、海南省、重庆市、贵州省、云南省和宁波市 13 个地区的市场份额高于 10%。

### (一) 中国人民财产保险股份有限公司

中国人民财产保险股份有限公司（简称人保财险），自 1981 年起，在部分地区与林业部门合作，共同对我国开展森林保险业务的可行性及业务操作模式进行研究和探索，于 1984 年在广西壮族自治区桂林市首次开展森林保险业务试点。为支持集体林权制度改革和现代林业发展，自 2008 年《中共中央 国务院关于全面推进集体集体林权制度改革的意见》《中共中央 国务院关于 2009 年促进农业稳定发展农民持续增收的若干意见》明确提出要开展政策性森林保险试点以后，2009 年 7 月 1 日，中央财政森林保险保费补贴试点在福建、江西和湖南三省开始，人保财险当年承保森林面积 2560.5 万亩，保费收入 1.48 亿元。

1. 险种情况

人保财险的森林保险业务主要险种包括火灾险和综合险两种。其中，综合险是指包含火灾、暴雨、暴风、洪水、旱灾、泥石流、冰雹、霜冻、台风、暴雪、雨（雪）凇、林业有害生物等多种灾害风险的综合责任保险。

2. 政策性森林保险运作模式

政策性森林保险运作模式主要有：一是共保体，包括黑龙江省、海南省、浙江省、宁波市、青岛市、5个地区。二是多家主体划片经营，包括大连市、辽宁省、河南省、贵州省、青海省5个地区。三是招标确定承保主体，包括北京市、内蒙古自治区、山西省、吉林省、安徽省、福建省、厦门市、江西省、湖南省、湖北省、广东省、云南省、甘肃省13个地区。四是多种运作方式并存。江苏省为独家经营、共保体、划片经营共存；广西壮族自治区为共保体、划片经营共存；山东省为独家经营、共保体、招标共存；陕西省为共保体、招标共存。河北省为划片经营、独家经营、招标共存。四川省为招标、划片经营、独家经营共存。

**（二）中华联合财产保险股份有限公司**

中华联合财产保险股份有限公司（简称中华财险），其前身是1986年7月15日成立的新疆生产建设兵团农牧业生产保险公司，是我国第二家具有独立法人资格的国有独资保险公司。自2009年以来，中华财险开办政策性森林保险业务，主要以"政府主导，公司参与"形式开展。森林保险业务种类结构分为中央政策性、地方政策性以及商业性保险，以中央政策性保险为主。业务规模较大的有内蒙古自治区、湖南省、广东省、北京市、辽宁省、吉林省、四川省分公司。

截至2021年年底，中华财险共有21家分公司参与经营森林保险业务，业务范围覆盖19个省、自治区、直辖市。全年实现森林保险保费收入4.41亿元，为2620.5万亩森林提供了1550.85亿元的风险保障。截至2022年年底，中华财险共有20家分公司参与经营森林保险业务，业务范围覆盖19个省、自治区、直辖市。全年实现森林保险保费收入3.69亿元，为2.35亿亩森林提供了1865.81亿元的风险保障（数据不含草原、油茶林、林果业保险）。

1. 险种情况

中华财险由经营农险业务起家，农险一直都是公司特色经营、大力扶持的险种。在常见的自然灾害中，火灾、洪水、暴雨、泥石流、暴风、霜冻、冰雹、暴雪和林业有害生物等自然灾害发生频率高、分布范围广，成为中华财险森林保险产品责任的主要覆盖对象，政策性森林保险主要使用综合森林保险产品。

2. 承保情况

森林保险业务种类结构分为中央政策性、地方政策性以及商业性保险，其中，以中央政策性保险为主，在森林保险保费收入中占比85.44%；地方政策性保险占比12.44%；商业性保险占比2.12%。截至2022年年底，公益林承保面积

2119.5 万亩，保费收入 2.92 亿元；商品林承保面积 5089.95 万亩，保费收入 1.49 亿元。中华财险 2017—2022 年森林保险业务承保情况见表 1-4。

表 1-4 中华财险 2017—2022 年森林保险业务承保情况          %

| 业务种类结构 | 2017 年 | 2018 年 | 2019 年 | 2020 年 | 2021 年 | 2022 年 |
|---|---|---|---|---|---|---|
| 中央政策性保险 | 90.58 | 89.79 | 90.20 | 87.63 | 85.44 | 98.5 |
| 地方政策性保险 | 6.03 | 6.33 | 7.20 | 8.96 | 12.44 | 0.02 |
| 商业性保险 | 3.39 | 3.88 | 2.60 | 3.41 | 2.12 | 1.46 |

3. 理赔情况

截至 2022 年年底，中华财险森林保险产生赔款 1.58 亿元，简单赔付率 42.74%，赔付面积 184.68 万亩。主要灾害原因包括病虫害、风灾、火灾、冻害等。

2022 年，中华财险投入森林防灾减损费用 1170 余万元，主要投入在吉林省、湖南省、广东省、四川省等地。其中，广东省分公司全年累计投入森林防灾减损费用 281.65 万元，投入比例为森林保险签单保费的 3.9%，超过了当地行业规定的 1.5%。

**（三）中国人寿财产保险股份有限公司**

中国人寿财产保险股份有限公司（简称国寿财险）是经国务院同意、中国保险监督管理委员会批准，中国人寿保险（集团）公司和中国人寿保险股份有限公司共同出资设立的全国性财产保险公司。从 2013 年开始，国寿财险逐步开展森林保险业务，主要以共保的形式参与。其承保的中央财政补贴的公益林和商品林主要是通过政府招标的形式，确定承保份额后进行投保；灾害的损失核定，主要依托林业部门或第三方鉴定机构进行定损。

2022 年国寿财险林草特色产品开展情况：重点在云南省迪庆、临沧、怒江、普洱、丽江 5 个地市参与了野生动物肇事公众责任保险服务工作，累计提供风险保障 1.29 亿元，累计赔付 1822.54 万元；重点在江西、湖南两个省份开展油茶保险，承保面积 1044 万亩，为 52.35 万户农户提供超过 196.90 亿元的风险保障；在福建、安徽、广东、广西、江西、内蒙古、山东、山西、云南 9 个省份开展林业碳汇保险，为 100 余户林业经营主体提供超 1 亿元碳汇损失风险保障；在福建、湖南、安徽、广东、山西 5 个省份开展古树名木保险，涉及古树名木及后备资源树木超 1.5 万棵，提供风险保障超 2.4 亿元；在宁夏、青海、山西、西藏、内蒙古 5 个省份开展草原保险，承保面积 227.40 万亩，为 368 户农户提供超过 7000 万元的风险保障；在贵州省开展生态护林员保险，为 51 438 人次护林员提供 78.73 亿元的风险保障。

### (四)中国太平洋财产保险股份有限公司

中国太平洋财产保险股份有限公司(简称太平洋产险),从 2003 年开始,在广西、云南、江西、吉林等地陆续开展了森林保险业务,当时主要使用财产险产品承保。森林保险业务开展之初,太平洋财险主要通过银保渠道获取贷款抵押林木的商业性火灾险业务;2007 年以后,积极参加各地开展的政策性林木综合险、火灾险业务;2013 年成立农险部后,结合各地特色需求,为海南、云南等地定向开发了橡胶树风灾保险、橡胶树种植保险等森林保险特色产品。

2015 年,太平洋财险在河北、山西、吉林、黑龙江、江苏、浙江、安徽、江西、福建、山东、河南、湖北、湖南、广东、海南、广西、四川、重庆、贵州、云南、陕西、内蒙古 22 个省份共有 27 家分公司开展了森林保险业务。

**1. 险种情况**

主要险种包括:林木综合保险(中央/地方政策性、商业性)、林木火灾保险(中央/地方政策性、商业性)、橡胶树种植保险(中央政策性)、橡胶树风灾保险(中央政策性)、苗木种植保险(地方政策性)等。

**2. 承保情况**

太平洋产险积极参与推进林业保险发展。2020 年,太平洋产险林业险保费收入 4.1 亿元,分出保费 1.2 亿元,分出比例 29.5% 投入再保险。太保产险商业林险保费收入 2822 万元,为 340 万亩林业提供风险保障 92 亿元,赔款 639 万元。主要经营险种包括商品林、高价值林木以及观赏性林木产品类险种。累计赔款 1.2 亿,受益农户 5200 户次,有力保障了林业产业的健康发展。2021 年,太平洋保产险林业险保费收入 4.28 亿元,为 189 万户林业从业者、3100.5 万亩林地提供风险保障超 1665 亿元。经营险种包括公益林、商品林、橡胶、油茶、观赏林木等品类险种,如无锡、浙江、重庆等地的古树名木,浙江省的景观林木和行道树、宁夏回族自治区的苜蓿种植保险等各新兴品类险。2022 年,太平洋财险在生态环境碳汇保险、碳资产损失类保险、碳排放配额质押贷款保证保险等绿色保险创新产品 40 余款,绿色保险产品总量超过百款。推出一系列行业首创碳汇保险产品,如在包头市落地全国首单草原碳汇遥感指数保险,在厦门市落地全国首单茶园农业碳汇保险,在广西壮族自治区探索全国单株碳汇"乡村振兴+碳普惠"模式。

### (五)中国平安财产保险股份有限公司

中国平安保险(集团)股份有限公司(简称平安产险),是集保险、银行、投资三大主营业务为一体,传统金融与非传统金融并行发展的综合金融服务集团之一,其下属为中国平安财产保险股份有限公司(简称平安财险)。

2013 年,平安产险正式开办农业保险业务,积极拓展政策性森林保险业务。

公司高度重视森林保险发展，积极拓展，成效显著。政策性保险方面，平安产险独家承保 2015 年大兴安岭森林保险业务，独家承保贵州黔西南、2013—2015 年遵义森林保险业务。商业性保险方面，截至 2015 年，平安产险森林保险业务覆盖贵州、黑龙江、陕西、云南、四川、湖南、河南等 22 个省份，主要经营种类为林木火灾保险和林木综合保险。

2016 年，平安财险成功上线基于物理空间的数字化风险识别系统，又称鹰眼系统（DRS）。该系统是平安财险自主研发，融合了地理学、灾害学、保险学的综合性风险识别系统。鹰眼系统可广泛应用到单一标的风险识别、筛选与定价、防灾防损、累计风险管理、巨灾压力测试、理赔支持等方面，同时可支持卫星遥感和无人机影像技术。通过定期更新风险数据和绘制风险地图，对灾害大数据进行分析与运用，对于火灾、台风、冻灾、泥石流等自然灾害易发地区提前做出预警和风险指导。该系统支持外部对接，可与各地林业主管部门的风控系统有效衔接，帮助使用地区提高风险识别与防范能力。

2019 年，平安财险森林保险业务覆盖 18 个省、自治区、直辖市，实现森林保险保费收入 1.76 亿元，为超 136 万林企、林农的 9740.85 万亩森林提供了 686.50 亿元的风险保障。赔付方面，2019 年累计已决赔款 2690.28 万元，未决赔款 846.47 万元，简单赔付率为 20.11%。平安产险森林保险主要以中央政策性公益林、商品林为主，其中承保业务规模较大的地区是黑龙江省和贵州省，森林保险保费规模均在 6800 万元以上。

截至 2020 年 4 月，平安财险有森林保险产品 49 个，覆盖 20 个省、自治区、直辖市；主险条款 45 个，附加险条款 20 个；中央财政补贴产品 24 个，商业性产品 23 个，地方财政补贴产品 2 个。

## 二、其他典型森林保险经营机构

中航安盟和安华保险业务分布集中在特定区域，在特定区域竞争优势明显。中航安盟的森林保险业务集中在四川省、陕西省、吉林省和辽宁省 4 个地区，在四川省占据 53% 的市场份额，具有相对优势地位；在辽宁省和陕西省两个地区的市场份额高于 10%；在吉林省的市场份额在 10% 以内。安华保险覆盖了内蒙古自治区、辽宁省、吉林省、山东省、四川省、吉林森工集团和长白山森工集团 7 个地区。在吉林森工集团、长白山森工集团和吉林省分别占据 76.96%、65.10% 和 61.77% 的市场份额；在内蒙古自治区、辽宁省、山东省和四川省的市场份额均低于 10%。

其他多数森林保险经营机构业务分布区域窄且竞争优势不明显，其中表现较好的阳光财险在大兴安岭林业集团公司占有 18% 的市场份额。

**（一）中航安盟财产保险有限公司**

中航安盟财产保险有限公司（简称中航安盟），是由中国航空工业集团与法国安盟集团合资组建的一家全国性财产保险公司，也是国内唯一一家经营政策性农险业务的合资保险公司。该公司自 2012 年 3 月正式成立以来，一直积极拓展森林保险业务，2015 年开始在牧区探索发展草原保险。

1. 保险条款、保额与保险费率

各地根据自身实际，规定了政策性森林保险业务的保额、费率和保险责任。表 1-5 为 2021 年中航安盟经营政策性森林保险业务主要省份的森林保险相关内容。

表 1-5　2021 年中航安盟主要省份政策性森林保险业务

| 省份 | 区域 | 险种 | 费率（%） | 保险金额（元/亩） | 保险责任 | 保费（元/亩） |
|---|---|---|---|---|---|---|
| 四川 | 深度贫困地区 | 商品林保险 | 0.12 | 800 | 自然灾害和意外事故 | 0.928 |
| | | 公益林保险 | 0.09 | 550 | 自然灾害和意外事故 | 0.5 |
| | 其他地区 | 商品林保险 | 0.15 | 800 | 自然灾害和意外事故 | 1.2 |
| | | 公益林保险 | 0.12 | 550 | 自然灾害和意外事故 | 0.65 |
| 吉林 | 全省 | 森林险 | 0.4 | 500 | 火灾、暴雨、洪水（政府行蓄洪除外）、风灾、雹灾、冻灾、干旱、暴雪、雨（雪）凇、地震等、泥石流、山体滑坡等、林业有害生物 | 2 |
| 陕西 | 全省 | 森林险 | 0.18 | 550 | 火灾、暴雨、洪水（政府行蓄洪除外）、风灾、雹灾、冻灾、暴雪、雨（雪）凇、泥石流、山体滑坡、林业有害生物 | 0.99 |
| 辽宁 | 全省 | 森林险 | 0.3 | 500 | 火灾、暴雨、暴风、台风、洪水、泥石流、冰雹、霜冻、暴雪、雨（雪）凇、旱灾、森林病虫害 | 1.5 |

**（二）安华农业保险股份有限公司**

安华农业保险股份有限公司（简称安华保险），于 2004 年 12 月在吉林省成立。安华保险是在国家重视"三农"发展，探索建立政策性农业保险制度的大背景下成立的综合性经营、专业化运作的全国性农业保险公司。安华保险以"根植农村、安身农业、贴近农民、服务三农"为宗旨，致力于探索新形势下农业保险的发展道路，主要业务有以下三种。

1. 森林保险

为切实做好林业保险工作，2013 年，安华保险设立了林业保险部，分支机构设立或确定了业务管理部门，形成了上下贯通的条线管理体系；积极拓展新型客户服务渠道，搭建了微信公众平台，开发了微信出单系统；编制了国家重点林区 15 个省、自治区、直辖市《森林保险风险评估报告》；制定了《森林、水果保险查勘办法和定损标准》；编制了《全国主要林区森林灾害情况报告》，对全国主要林区的气象灾害、地质灾害、火灾情况、病虫害进行全面分析，对于重点灾害多发区分类型进行警示，指导各级公司开展林业防灾减损规划。

2015年，安华保险设立了互联网保险部，加强了对互联网保险的研究，积极探索符合公司实际的发展模式、保险产品、配套的业务流程、客服管理和支付方式等。2015年4月，安华保险山东分公司承保的樱桃种植保险发生倒春寒灾害，公司聘请林果站专家一同开展了查勘定损工作，最终赔款111.47万元，赔付率1290.16%。2015年5月，安华保险内蒙古分公司承保的樟子松发生风灾、旱灾双重灾害，导致樟子松大面积抽条干旱死亡，经林业专家协助指导查勘定损认定，最终赔款81.04万元，赔付率549.05%。

安华保险在吉林、内蒙古、黑龙江、四川、辽宁、山东和大连等地开展森林保险业务，2019年，森林保险实现保费收入1.70亿元，总保额469.91亿元，总赔款1457.97万元；2020年，森林保险实现保费收入1.48亿元，总保额414.29亿元；2021年，森林保险实现保费收入1.31亿元，为1.43万多户次林业企业和林农等提供366.28亿元的风险保障(表1-6)。

**表1-6　2019—2021年安华保险森林保险承保情况**

| 年份 | 保额(亿元) | 保费(亿元) |
|------|-----------|-----------|
| 2019 | 469.91 | 1.70 |
| 2020 | 414.29 | 1.48 |
| 2021 | 366.28 | 1.31 |

2. 退耕还林还草保险

2021年，内蒙古自治区林草局、财政厅和银保监局联合印发《我区大兴安岭及周边地区已垦林地草地退耕还林还草项目新造林种草工程保险方案》，明确了2021年开始将新造林种草纳入保险保障。安华保险在兴安盟地区承办了已垦林地草原退耕还林还草保险项目，累计为当地林草局提供风险保障1279.2万元，是内蒙古自治区首个开办退耕还林还草保险产品的经办主体，填补了内蒙古自治区退耕还林还草新造林种草建设领域的保险空白。

3. 林草商业保险

2021年，安华保险在内蒙古自治区开办了商业性牧草旱灾指数保险，累计为牧民提供风险保障28万元。

**(三)阳光财产保险股份有限公司**

阳光财产保险股份有限公司(简称阳光财险)，为落实国家政策性森林保险工作安排，发挥金融助力林业发展功能，保障林业生产顺利稳定运行，秉承防大于赔、防控结合的经营理念，在黑龙江省、广东省、云南省、重庆市、陕西省、辽宁省、宁波市、浙江省、大连市、湖南省、河南省、吉林省、青岛市、江苏省开展了森林保险业务。2021 年，阳光财险森林保险保费收入 3320 万元，承保林地总面积 8245.05 万亩，为 46 378 户林农及企业提供风险保障 115.39 亿元。理赔方面，已决案件合计 234 件，全年为 1043 户林农或企业支付赔款 876 万元，期末未决赔款 153 万元，简单赔付率 27.6%。

2021 年，阳光财险在，广东省惠州市首年独立开办政策性森林险业务，保费收入 442 万元，提供风险保障 19.3 亿元，当年无赔付案件发生。阳光财险在云南省丽江市宁蒗县开展的政策性森林火灾保险，2021 年保费收入 142.8 万元，提供风险保障 14.28 亿元，当年无赔付案件发生。

### 三、主要保险机构涉林草保险产品情况

截至 2012 年，我国主要保险机构涉林草保险产品名录见表 1-7。

表 1-7　我国主要保险机构涉林草保险产品名录

| 序号 | 保险机构 | 险种 | 省份、地区或单位 |
|---|---|---|---|
| 1 | 人保财险 | 商业性花卉苗木（观赏木）火灾保险 | 重庆市 |
| | | 地方政策性林木火灾保险 | 安徽省、宁波市、湖北省 |
| | | 商业性林木火灾保险 | 安徽省、福建省、广东省、广西壮族自治区、海南省、河北省、河南省、黑龙江省、湖北省、江西省、云南省、辽宁省、内蒙古自治区、宁波市、青岛市、山东省、深圳市、四川省、重庆市 |
| | | 中央财政林木火灾保险 | 江西省、云南省、浙江省、宁波市、青岛市 |
| | | 商业性森林火灾保险 | 湖南省、吉林省、江苏省、山西省、广西壮族自治区、福建省、浙江省、重庆市、厦门市 |
| | | 地方政策性苗木火灾保险 | 山西省 |
| | | 中央财政森林火灾保险 | 贵州省 |
| | | 地方政策性农业保险林木火灾保险 | 江苏省 |
| | | 森林综合保险 | 安徽省、北京市、大连市、福建省、甘肃省、广东省、广西壮族自治区、贵州省、海南省、河北省、河南省、湖北省、湖南省、辽宁省、内蒙古自治区、宁夏回族自治区、青海省、厦门市、山东省、山西省、浙江省 |
| | | 林木保险 | 福建省 |
| | | 绿化景观林木保险 | 辽宁省 |
| | | 中央财政补贴型林木保险 | 云南省 |

（续）

| 序号 | 保险机构 | 险种 | 省份、地区或单位 |
|------|---------|------|----------------|
| 1 | 人保财险 | 林木综合保险 | 大连市、福建省、广东省、贵州省、河北省、黑龙江省、湖北省、江西省、辽宁省、宁波市、宁夏回族自治区、青岛市、新疆维吾尔自治区、云南省、浙江省、重庆市 |
| | | 雷竹种植保险 | 重庆市 |
| | | 现代农业生产主体森林保险 | 浙江省 |
| | | 商品林综合保险 | 四川省 |
| | | 商品林保险 | 山东省 |
| | | 森林综合补充保险 | 河北省 |
| | | 森林精准扶贫综合收入保险 | 安徽省 |
| | | 森林保险（公益林） | 湖南省 |
| | | 森林保险 | 北京市、海南省、吉林省、陕西省、四川省 |
| | | 苗木综合保险（扶贫专用） | 宁夏回族自治区 |
| | | 林业保险（扶贫专用） | 福建省 |
| | | 林木综合价值保险 | 江西省 |
| | | 经济林保险 | 青海省 |
| | | 湖南省森林保险 | 湖南省 |
| | | 公益林综合保险 | 江苏省、青海省 |
| | | 公益林保险 | 山东省 |
| | | "扶贫保"农业生产综合保险 | 广西壮族自治区 |
| 2 | 中华财险 | 商业性林木火灾保险 | 湖南省、广西壮族自治区、湖北省、辽宁省 |
| | | 林木火灾保险 | 云南省、河北省、浙江省、四川省 |
| | | 商品林火灾保险 | 广东省、吉林省、江苏省、安徽省、浙江省 |
| | | 商品林火灾保险附加险 | 广东省 |
| | | 政策性农业保险林木火灾保险 | 江苏省 |
| | | 中央财政森林火灾保险 | 湖北省 |
| | | 商业性草场干旱火灾保险 | 四川省 |
| | | 商业性林木火灾保险附加自然灾害及意外事故保险 | 江苏省 |
| | | 地方财政补贴型森林火灾保险（胶州适用） | 青岛市 |
| | | 林木火灾保险附加暴雨、暴雪、旱灾、冰雹、霜冻、冰凌、洪水、泥石流、森林病虫害保险 | 四川省、浙江省、云南省 |

（续）

| 序号 | 保险机构 | 险种 | 省份、地区或单位 |
|---|---|---|---|
| 2 | 中华财险 | 商业性林木火灾保险附加暴雪、风灾、盗抢、暴雪、冰雹灾害、林木病虫鼠害保险 | 广西壮族自治区 |
| | | 中央财政商品林保险 | 湖南省、广西壮族自治区 |
| | | 中央财政森林综合保险 | 重庆市、辽宁省、湖北省、吉林省、甘肃省、广东省、四川省深度贫困地区、福建省 |
| | | 中央财政森林保险 | 吉林省 |
| | | 中央财政公益林综合保险 | 河南省、江苏省、广西壮族自治区、湖南省 |
| | | 商业性松树病虫害保险 | 陕西省汉中市 |
| | | 商业性林木综合保险 | 新疆维吾尔自治区、天津市、江西省 |
| | | 商品林综合保险 | 河南省 |
| | | 商品林保险 | 山东省 |
| | | 森林综合保险 | 内蒙古自治区、四川省、大连市、河北省 |
| | | 森林保险 | 陕西省、湖北省 |
| | | 林木综合保险 | 甘肃省、山东省、浙江省 |
| | | 林木火灾保险附加森林病虫害保险 | 浙江省 |
| | | 林木火灾保险附加林木洪涝灾害保险 | 云南省 |
| | | 林木火灾保险附加暴雪、冰雹灾害保险 | 云南省 |
| | | 林木火灾保险附加洪水、泥石流灾害保险 | 浙江省 |
| | | 林木火灾保险附加旱灾保险 | 浙江省 |
| | | 林木火灾保险附加风灾保险 | 云南省 |
| | | 林木火灾保险附加冰雹、霜冻、冰凌保险 | 浙江省 |
| | | 林木火灾保险附加暴雨、暴雪灾害保险 | 浙江省 |
| | | 林木定额综合保险 | 浙江省 |
| | | 商业性森林保险 | 吉林省 |
| | | 公益林保险 | 山东省 |
| 3 | 国寿财险 | 中央财政森林保险 | 山西省、河北省、江西省、山东省、河南省、湖南省、广东省、贵州省、云南省、宁波市 |
| | | 森林火灾保险 | 浙江省、云南省、江西省 |

（续）

| 序号 | 保险机构 | 险种 | 省份、地区或单位 |
|---|---|---|---|
| 4 | 平安财险 | 中央财政林木火灾保险（适用于扶贫） | 贵州省 |
| | | 中央财政林木火灾保险 | 贵州省、湖南省 |
| | | 商业性林木火灾保险 | 四川省、河南省、云南省 |
| | | 中央财政森林综合保险 | 四川省、黑龙江省、内蒙古自治区 |
| | | 中央财政林木综合保险 | 贵州省、湖南省、四川省、河南省、黑龙江省（大兴安岭林业集团公司）、湖北省、陕西省、甘肃省 |
| | | 中央财政森林保险 | 湖南省 |
| | | 商业性林木综合保险 | 云南省 |
| | | 中央财政公益林保险 | 山东省 |
| | | 中央财政商品林保险 | 山东省 |
| | | 花卉苗木种植保险 | 广东省 |
| 5 | 太保产险 | 地方政策性高价值林木综合保险 | 浙江省、重庆市 |
| | | 商业性高价值林木综合保险 | 江苏省、重庆市 |
| | | 地方政策性林木火灾保险 | 江苏省 |
| | | 商业性林木火灾保险 | 福建省、甘肃省、广东省、广西壮族自治区、河北省、湖北省、湖南省、吉林省、江苏省、江西省、辽宁省、内蒙古自治区、山东省、陕西省、四川省、云南省、浙江省、重庆市 |
| | | 中央政策性林木火灾保险 | 贵州省、江西省、山东省、云南省 |
| | | 中央政策性林木综合保险 | 福建省、甘肃省、广东省、广西壮族自治区、贵州省、海南省、河北省、河南省、湖北省、湖南省、吉林省、江苏省、江西省、辽宁省、内蒙古自治区、宁夏回族自治区、青海省、山东省、山西省、陕西省、四川省、重庆市 |
| | | 商业性林木综合保险 | 福建省、贵州省、海南省、江苏省、山东省、四川省、云南省、浙江省 |
| | | 地方政策性林木综合保险 | 福建省、江苏省 |
| 6 | 中航安盟 | 森林保险 | 四川省、吉林省 |
| | | 林木火灾保险 | 四川省、吉林省 |
| | | 野生动物致害保险 | 四川省 |
| | | 松树病虫害防控责任保险 | 四川省 |

（续）

| 序号 | 保险机构 | 险种 | 省份、地区或单位 |
|---|---|---|---|
| 7 | 安华保险 | 森林保险 | 山东省、四川省、黑龙江省、吉林省、大连市、河北省 |
| | | 森林火灾保险 | 内蒙古自治区、吉林省 |
| | | 旱灾指数保险 | 内蒙古自治区 |
| | | 苗木火灾保险 | 河北省 |
| | | 苗木种植保险 | 四川省 |
| | | 森林综合保险 | 内蒙古自治区、辽宁省 |
| 8 | 阳光财险 | 政策性林木综合保险 | 青海省 |
| | | 商业性苗木综合保险附加盗窃保险 | 北京市、湖南省 |
| | | 商业性苗木综合保险 | 北京市、湖南省 |
| | | 政策性森林保险条款 | 陕西省 |
| | | 中央财政森林综合保险 | 重庆市、陕西省 |
| | | 中央财政森林(集体林)综合保险条款 | 黑龙江省 |
| | | 商业性景观林木综合保险 | 大连市 |
| | | 商业性林木综合保险 | 河北省、河南省、湖北省 |
| | | 商业性林木火灾保险条款 | 吉林省、四川省、山西省、甘肃省、河北省、福建省、湖南省、辽宁省、青岛市、山东省、陕西省、重庆市、云南省 |
| | | 中央财政林木综合保险 | 宁夏回族自治区 |
| | | 中央财政森林(集体林)综合保险 | 黑龙江省 |
| | | 中央财政森林种植保险 | 广东省(不含深圳) |
| | | 中央财政森林综合保险 | 辽宁省(不含大连) |

# 第二章 森林火灾赔偿典型案例

火灾是我国森林的主要灾害，位居破坏森林的三大自然灾害（火灾、虫害、病害）之首，每年给森林造成较大损失。1987 年 5 月，黑龙江省大兴安岭北部林区发生特大森林火灾，受害森林面积为 114 万公顷，大火烧毁 3 个林业局、7 个林场，烧毁各种房屋 61.4 万平方米、贮木场存材 855 万立方米，共造成 213 人死亡、226 人受伤、56 万多灾民无家可归，直接经济损失达 5 亿多元。森林保险作为规避林业风险的有效手段，是保障林农收入稳定的重要经济措施。本章梳理了森林火灾保险典型案例，为减少火灾造成的损失、降低森林经营风险以及灾后生产恢复提供保障。

## 案例一 内蒙古大兴安岭国有林管理局森林火灾赔付案

《2017 年中国林业统计年鉴》数据显示，2017 年全国森林火灾次数为 3223 次，其中，广西地区为 644 次、湖北地区为 466 次、湖南地区为 334 次、内蒙古地区为 177 次；火场总面积为 44 428 公顷，其中，受害森林面积为 24 502 公顷；扑火经费为 9259.33 万元。森林火灾不仅使林业经营者遭受巨大损失，还妨碍其获取贷款等融资支持，严重制约了我国林业的可持续发展。

### 一、案例简介

2017 年 4 月 30 日、5 月 2 日、5 月 17 日，内蒙古大兴安岭重点国有林管理局乌玛林业局伊木河林场、毕拉河林业局北大河林场、陈巴尔虎旗那吉林场相继发生重大森林火灾，三次火灾分别于 5 月 1 日、5 月 5 日、5 月 21 日被彻底扑灭。2017 年年底，内蒙古大兴安岭地区上述三次森林火灾理赔工作全面完成，共计支付赔款 1.53 亿元，帮助受灾林场及时做好灾害应对和灾后恢复重建工作，成为助力灭火作战的"及时雨"。其中，伊木河林场"4·30"火灾成灾面积 8535 亩，赔款 565.56 万元；北大河林场"5·02"火灾成灾面积 11.12 万亩，赔款 8448.1 万元，是内蒙古自治区农业保险单笔赔款金额之最高；那吉林场"5·17"火灾成灾面积 12.77 万亩，赔款 6311.42 万元，单笔业务赔付率高达 1620%，成为内蒙古自治区政策性森林保险赔付率最高的单笔赔案。

## 二、主要做法

火灾发生后，人保财险内蒙古分公司迅速成立由分公司主要负责人为首的大灾应急工作组，第一时间启动农险大灾应急预案，主要采取了以下举措。

一是相关分支机构立即与客户进行密切沟通，及时掌握灾情进展和灭火进度，促进双方积极互动，共同开展火灾扑救工作。同时，确定 24 小时紧急联系人，并建立每日要情通报机制。

二是积极与内蒙古自治区气象局沟通，利用卫星遥感技术对森林火灾区域进行持续跟踪与监控。通过先进的遥感技术手段掌握火灾发生、蔓延形势，分析受损植被分布情况和过火区域内植被受损情况，为事后理赔提供可靠依据，提高理赔效率。在理赔案件缮制①过程中，人保财险再次委托中国科学院遥感与数字地球研究所对火灾损失情况做进一步核验，为科学精准理赔奠定基础。

三是联合客户及林业火灾方面专家共同进行现场查勘工作，及时收集理赔资料，确认保险标的、损失程度、损失面积等重要信息。同时，积极与自治区森林保险领导小组请示理赔关键政策适用问题，以妥善完成火灾理赔工作。

四是强化省、地、县三级机构上下联动机制，保持各方沟通畅通、信息对称，各级机构全程跟踪案件处理进度，并于 5 月 5 日前向内蒙古大兴安岭重点国有林管理局(原内蒙古森林工业集团有限责任公司)预付森林火灾赔款 4000 万元。预付赔款的及时给付为森林大火的全面扑灭提供了有力支撑，为受灾林区植被迅速恢复提供了有效保障。

## 三、主要成效

1. 对稳定林业生产发挥了重要作用

内蒙古自治区森林保险工作开展过程中，牢固树立"大灾大赔、小灾小赔、无灾不赔、有灾必赔"的理念，认真做好灾害监测、灾情调查、统计分析、出险报案、勘查定损和理赔资金管理等各项工作。在重大火灾发生过程中，林业部门快速反应，积极与森林保险承保机构沟通协调，迅速获得预付赔款。伊木河林场"4·30"火灾的 500 万元预付赔款、北大河林场"5·02"火灾的 3500 万元预付赔款都在 6 天内到款，解决了扑火救火过程中的经费问题，为防灾减损工作提供了有力的保障，为内蒙古大兴安岭林区灾害治理及植被恢复工作提供了有力的资金支持。

---

① 缮制，指的是理算缮制，就是保险公司的理算人员根据前期定损人员的定损结果，结合客户保单的投保险种、案件性质、单据等，做出理算单，理算出客户这起事故保险公司应该赔付的金额。

2. 推动了森林火灾保险精准承保理赔的可行性研究

全国农险平台汇集保单和赔案的森林保险数据，建设地理信息系统（GIS）平台，并围绕森林保险全流程的数据需要，开展空间关联分析、承保标的管理、火点信息监测、定损理赔遥感应用示范等工作。2017 年，全国农险平台针对内蒙古自治区的伊木河林场"4·30"火灾、北大河林场"5·02"火灾、那吉林场"5·17"火灾，开展了精准定损分析实验。对基于中分辨率成像光谱仪（MODIS）[①]和 GF-1/GF-4/Landsat8/PL/RapidEye 等卫星按需求开展监测，最终快速生成相应的专题图和定损报告，其结果与保险公司最终定损结果基本吻合。森林保险利用 3S 技术可以实现精准、快速理赔，且技术成熟，具备业务化推广条件。

## 四、案例评析

1. 相关经验

（1）基层林业工作站协助开展森林保险工作成效明显。2017 年，内蒙古自治区乡镇林业工作站共有 712 个，在参保的 119 个县级机构中，参与森林保险工作的乡镇林业工作站共有 568 个，其中有"保险服务站"挂牌的共 244 个。乡镇林业工作站参与了森林保险工作的投保、报灾、核查、理赔、植被恢复与灾害治理等多个环节，在森林保险工作中起到了非常重要的作用。

（2）快速启动农险大灾应急预案，实现精准定损。火灾发生后，林业相关部门快速反应，积极与森林保险承保机构沟通，第一时间启动农险大灾应急预案。承保机构立即与客户进行密切沟通，及时掌握灾情进展和灭火进度，促进双方积极互动，共同开展火灾扑救工作。内蒙古自治区气象局利用卫星遥感技术对森林火灾区域进行持续跟踪与监控，掌握火灾发生、蔓延形势，分析受损植被分布情况和过火区域内植被受损情况，为事后理赔提供可靠依据，提高理赔效率。

（3）保持信息畅通，引入第三方查勘核验，确保快速赔付。在理赔案件缮制过程中，承保机构联合客户及林业火灾方面专家共同进行现场查勘工作，强化省、地、县三级机构上下联动机制，保持各方沟通畅通、信息对称。委托中国科学院遥感与数字地球研究所对火灾损失情况做进一步核验，确保能够科学精准理赔。各级机构全程跟踪案件处理进度，确保预付赔款的及时给付。

2. 存在的问题及建议

内蒙古自治区的森林保险实践中存在政策宣传不到位、报险和理赔不及时等系列问题，需在今后工作中逐步引导调整、加以解决。为进一步做好防灾、减灾

---

① 中分辨率成像光谱仪 MODIS（moderate resolution imaging spectroradiometer，MODIS），是由 NASA 的 Terra 和 Aqua 卫星上搭载的传感器，提供每日的全球覆盖。它的分辨率相对较低（250 米到 1 千米），但可以用于监测大尺度的气候、陆地和海洋变化。

工作，保障森林生态安全，建议加大森林保险预防森林火灾投入费用，将其纳入森林保险防灾减损资金使用范围。另外，需进一步规范森林保险业务流程，修订、完善相关制度，并组织人员参加森林保险业务培训，提高工作效率，促进森林保险管理工作更加规范。

## 五、其他相关知识

自 2009 年我国启动政策性森林保险试点以来，受中央财政补贴拉动和补贴区域不断扩大的政策刺激，我国森林保险快速发展。2013 年 5 月，内蒙古自治区财政厅、林业厅与人财保险签订了森林保险服务协议，全国最大的森林保险项目在内蒙古自治区落地，涉及 3.67 亿亩可承保森林，总保费规模超过 6 亿元。2016 年 5 月，内蒙古银保监局印发关于《内蒙古自治区 2016 年森林保险保费补贴实施方案》的通知，对内蒙古森林保险的指导思想和基本原则、保险内容、保费补贴、资金管理以及保障措施进行了说明。按照投保则补、不保不补的原则，对公益林保险，中央财政补贴 50%，自治区财政补贴 32%，盟市、旗县区财政补贴 18%，其中内蒙古森工集团，公益林保险中央财政补贴 50%，自治区财政补贴 32%，企业承担 18%；商品林保险中央财政补贴 30%，自治区财政补贴 25%，盟市、旗县区财政补贴 15%，经营者承担 30%。

内蒙古自治区 2021—2022 保险年度森林保险已决理赔面积 321.97 万亩（地方林业 212.39 万亩，内蒙古森工集团 109.58 万亩），已决理赔金额 19 279.59 万元（地方林业 11 962.47 万元，内蒙古森工集团 7317.12 万元）。内蒙古自治区 2022—2023 保险年度参保森林面积 3.67 亿亩（地方林业 2.39 亿亩，内蒙古森工集团 1.28 亿亩），投入保费资金 6.54 亿元（地方林业 3.79 亿元，内蒙古森工集团 2.75 亿元），其中，中央财政补贴 3.09 亿元，自治区财政补贴 2.32 亿元，盟市、旗县财政补贴 0.67 亿元，经营者自筹 0.46 亿元。

## 案例二　河北省承德县南甲山林场森林火灾赔付案

河北省承德市是京津冀水源涵养功能区和"塞罕坝精神"发源地，承担着为首都"阻沙源、涵水源"的重大政治责任，被誉为"华北绿肺"。森林资源总量是华北第一，全市有林地面积 3556 万亩，占全省的 35.7%、京津冀的 32%；森林覆盖率 60.03%，高于全国 36 个百分点、全省 25 个百分点；林木蓄积量 1.02 亿立方米，占全省的 59%。每到 3 月，随着气温快速回升、大风天数增多，火险气象等级持续走高，承德也是河北省森林草原防火面积最大、战线最长、任务最重、形势最严峻的地区。

## 一、案例简介

2019年5月7日,河北省承德市承德县南甲山林场坐落在满杖子乡满杖子等村的林木因山火被不同程度烧毁,经统计,承德县南甲山林场林木受灾总面积为1137亩,其中,商品林862.70亩,公益林274.30亩。承保公司中华财险查勘定损后,经与林场协商,确定灾后理赔金额,累计赔款80.10万元。

## 二、主要做法

### 1. 各部门联动及时组织现场救援

火灾发生后,承德市森林防火指挥部、中华财险承德中支公司相关负责人第一时间赶赴现场指导救援,承德县森林消防队立即启动森林火灾扑救应急预案,大队出动数个中队赶赴火场进行扑救。由于过火地块坡度较陡,立地条件差,灌木盖度较大,主要树种油松遇火易燃,给救援工作带来困难。最终历时一昼夜,将明火全部扑灭。

### 2. 协调保险公司快速理赔

中华财险对承保区域的受灾标的启动快速理赔程序,开启绿色理赔通道。为尽快结案,该保险公司委托承德万森森林开发有限公司(以下简称万森公司)进行灾后查勘,双方立即组成多个工作组,共同协作,发挥万森公司在森林调查规划设计方面的技术、人员优势,采用GPS实地测量与现场勾绘相结合、逐个小班抽样调查的定位测算方法,根据此次火灾造成森林过火的实际情况,对受损面积及受损程度等进行了登记,采集损失数据。

## 三、主要成效

### 1. 组织建立森林保险联动工作机制

河北省林业和草原局每年年初组织省金融办、财政厅及四家保险公司相关人员召开座谈会,就林业部门和保险公司一起做好防灾防损工作、灾后恢复问题、理赔不规范问题、费率问题等进行研讨,并通报年度重点工作,对森林保险工作中的重点问题加强沟通、理顺关系、达成共识,为下一步工作开展奠定基础。

### 2. 加强理赔工作督导协调、确保赔付快速及时

灾害理赔工作涉及环节多,要求严格,必须准确、及时、有效,确保受灾林权权益人满意。灾害发生后,河北省林草局对受灾情况进行现场勘察,并协调保险公司对受灾面积和损失程度进行复核确认,确保了及时、足额完成理赔。承保机构参与森林保险,为当地林场灾后快速恢复生产、重新造林提供了经济保障,也可解决森林经营靠天吃饭的不确定性,增加林农经济保障权益。

### 3. 促进森林保险规范化

河北省以促进全省森林保险工作规范化、制度化为主旨,以服务林农权益、拓宽森林保险覆盖面为探索方向,确保森林保险工作扎实开展、稳步推进。围绕2019年10月国家四部委出台的《关于加快农业保险高质量发展的实施意见》,河北省农业保险领导小组成立由省财政厅、农业农村厅、银保监局和林草局相关人员组成的专班,起草具体实施办法。2020年1月,制定出台了《关于加快河北省农业保险高质量发展实施办法》,为全省的农业保险发展绘制了蓝图。

## 四、案例评析

河北省森林保险工作存在的问题、困难和相关建议如下。

一是政策调整协调不够及时,森林保险保障水平还比较低。河北省实行公益林600元/亩、商品林800元/亩的保险金额,不能满足再植的需要。就提高保险成本问题,河北省林业和草原局在进行广泛调研和协调的基础上,同省财政部门进行多次沟通,尚无实质进展。鉴于森林保险性质特殊,有别于传统意义上的农业保险,建议出台森林保险相关指导文件,以利于森林保险高质量发展。

二是财政资金支持和配套难度大,新险种推动受到限制。草原保险和其他新险种的推进,关键在各级财政的资金配套。目前,保险机构有积极性,基层林草权利人有需求,保险方案制订容易实施难,需要各级财政特别是国家级财政加大支持力度。

三是商品林承保覆盖率需要进一步提高。政策性商品林低费率与其高风险的特点不匹配,导致承保机构推广商品林保险不积极。而商品林保额低,导致林户的投保意愿不强。承保机构需要进一步加强与政府部门的协同,加快推动新方案的出台,加大推广力度,提升商品林保险覆盖率,切实化解林农生产风险。同时,政府部门需要进一步配合保险公司加大对国家资金充分运用到保险业务的监管。

四是招投标规则和程序需进一步优化。招标周期长,耗费大量的人力物力。保险公司需要将更多的精力放在提升服务上,可考虑进一步简化流程,避免多层级重复招标。通过合理设置规则,提升承保公司经营经验和服务水平,延长承保周期,来增强业务和服务的稳定性和连续性。

五是森林保险从业人员政策认识和发展思路受限。建议组织森林保险工作培训,以便于森林保险从业人员及时掌握新政策和加强横向交流,找准差距,全面提高工作水平。

## 五、其他相关知识

2021年,河北省林业工作站总站结合对保险机构的遴选工作,向河北省农业保险工作小组提交了调整全省森林保险指导费率的意见。调整后，河北省森林保险费率由 2013 年以来的 0.38% 下调至 0.25%，其中，河北省林业和草原局的 5 个直属单位（小五台山国家级自然保护区管理中心、雾灵山国家级自然保护区管理中心、塞罕坝机械林场、木兰围场国有林场、洪崖山国有林场）森林保险费率将下调至 0.2%。此次森林保险费率的下调，改变了河北省长期以来森林保险费率远高于全国平均值的现状，是适应新时代林业发展的需要，既增强了林权人参保的积极性，又进一步促进了森林资源生态安全。

## 案例三　山西省长治市沁源县森林火灾赔付案

山西省自开展政策性森林保险以来，省林草主管部门不断优化森林保险制度，提高保额降低费率，出台相关规范性文件，推动森林保险工作不断提质增效。山西省长治市沁源县是省树油松之乡，森林覆盖率接近 60%，位属山西省第一，是全国天然林保护重点县，是山西省政府确定的省级限制开发重点生态功能区。选取此地的森林保险赔付案作为案例，具有典型意义。

### 一、案例简介

2019 年 3 月 29 日下午 1 时左右，山西省长治市沁源县王陶乡郭家坪村附近突发一起森林火情，因风速过大，最高风力可达 8 级，火势迅速蔓延到聪子峪乡、赤石桥乡、官滩乡、郭道镇的部分村庄。截至 3 月 30 日 7 时，火灾过火面积 5400 亩。3 月 31 日中午，人保财险山西分公司向沁源县林业局预付赔款 600 万元。

### 二、主要做法

1. 高度重视，保险业主动对接提供预付赔款

灾情发生后，山西银保监局于当日迅速做出部署，组织保险业协助政府参与相关处置工作，按照"特事特办、应赔快赔"的原则，主动作为、勇担责任，全力以赴做好理赔服务。人保财险承保该区域政策性公益林保险，保险机构现场办公，研究启动预付赔款机制，协调指导保险业参与救助工作，并就有关情况主动报告前线指挥部，向灾区捐赠棉被、矿泉水、方便面等价值逾 30 万元的救灾物资。山西银保监局与当地政府有关部门工作联动，督促保险业快速完成查勘理赔工作，同时指导银行业金融机构做好相关金融支持工作。

2. 政策支持，增强林农投保积极性

2021 年，山西省林草局、财政厅、银保监局印发《关于进一步提高森林保险保障额度有关事项的通知》，进一步提高了森林保险保障额度，在保费 1.8 元/亩不变的情况下，将保险费率由 0.225% 降低到 0.18%，保额由 800 元/亩提高到

1000 元/亩。

### 2. 快速理赔，保险服务体系不断完善

一方面，林业管理部门支持各承保机构构建市、县、镇、村等多级森林保险服务网络点，以农业保险服务站为依托，以驻村协保员、生态护林员为延伸的保险服务网络体系。灾情发生后，生态护林员可以帮助农户报案，协助做好灾情查勘等工作，理赔服务全面提速升级。另一方面，科技创新助力保险服务。例如，中华财险与阿里巴巴集团合作研发新一代保险核心系统，在首期建设中通过应用"天地空"3S 多遥感采集技术、嵌入卫星影像底图数据，实现了线上验标、线上查勘、按图承保、按图理赔的功能，提升了农业保险承保理赔的时效性和有效性。

## 三、主要成效

森林保险减少了林业经营风险，为受灾的林业生产者提供经济补偿，不仅保障了林业生产者在灾后迅速开展灾害清理和恢复生产，也增强了林业生产者的信心和积极性，从而提高森林植被恢复速度。2021 年，山西省森林保险承保面积达 6331.32 万亩，其中，公益林和商品林保险承保面积 6300 万亩；全年森林保险理赔 5317 万元，其中，公益林和商品林保险理赔 3297 万元。森林保险的涉入，降低了林农造林的风险，有效提高了林农抵御自然灾害的能力，真正为林农撑起"保护伞"，使林农得到了实实在在的金融经济保障和实惠，为推动乡村产业振兴"保驾护航"。

## 四、案例评析

### 1. 相关的经验

（1）森林保险工作政策性强，关系林农切身利益和林业发展，在政策措施上须贴近基层实际，不断探索和改进。

（2）林业管理部门的支持和科技创新助力，促进保险服务体系不断完善，理赔服务全面提速升级。

（3）需要优化森林保险防灾减损机制，建立一系列由保险公司和林业部门共同参与的联防联控长效机制。制定积极高效的预赔付机制，在突发森林灾害的情况下，通过预付赔款可以有效帮助林草部门开展救灾活动，减轻灾害造成的损失。

（4）需要开展森林保险政策业务培训，切实提高基层管理人员业务素质和管理能力。

### 2. 存在的问题

（1）公益林保险总体赔付率不高。山西省森林保险 2015—2020 年的平均简

单赔付率为28.2%，低于全国森林保险平均赔付率(30%)。低于全省种植业、养殖业的总体赔付率。

(2)发生火灾后理赔有难度。森林保险作为新生事物，基层政府和林业部门认识不到位，存在着担心追责、害怕追责的思想，"大灾报小、小灾不报"，保险报案不够及时，索赔积极性不够高。而灾害理赔工作涉及环节多，要求严格，必须准确、及时、有效，才能确保受灾林权权益人满意。

(3)承办森林保险机构和服务网点设立有局限。按照财政部、中国银保监会要求，承办农业保险业务的保险机构应具有经银保监局批准的农业保险资质，且在县级区域具有分支机构。山西省开展森林保险工作以来，具有农险资质的部分公司几乎每个县均有设立，但也有部分公司只在80个左右的县(市、区)设立。依政府采购法律法规要求，必须有3家以上单位进行实质响应方可开标。在推进政府采购选择承办机构中，多次发生流标或废标现象。究其原因，山西省经批准从事农业保险公司数量不足、县级分支机构设立不均衡、保险公司不愿进入采购程序是重要因素。

(4)保险机构选择性地承办保险业务。山西省森林保险业务主要包括公益林保险、商品林保险和干果经济林保险。在开展业务过程中，对公益林保险承办的积极性大，对操作程序复杂的商品林保险承办较少，对风险较高的红枣保险不愿承办。

3. 相关建议

(1)加大承办森林保险机构和服务网点的设立力度，尤其要均衡考虑县级分支机构的设立。

(2)加大宣传，凝聚共识。开展经济林保险试点，督导开展保险公司及时完成理赔。

## 五、其他相关知识

2019年11月，山西省财政厅、林草局、银保监局先后联合印发《关于在全省开展政策性商品林保险的通知》《山西省政策性森林保险工作指导意见》，对全省开展政策性商品林保险，规范森林保险工作做出了安排部署。《山西省政策性森林保险工作指导意见》中明确指出，政策性森林保险包括生态公益林保险和商品林保险，规模覆盖全省11个市117个县(市、区)和市直林场、省直林局、山西林业职业技术学院实验林场。根据国家林草局森林资源管理司印发的《关于启用2018年度林地"一张图"数据的通知》，2020年度投保面积启用山西省2017年年底林地变更数据。

2020年8月，山西省林草局印发《山西省政策性森林保险工作导则(暂行)》，明确森林保险工作内容，强化保障功能，规范工作程序，落实工作责任，构建承办机构确定、承保理赔、赔付资金使用、防灾减损、部门监管等长效机制。

2021年3月，山西省林草局印发《关于做好政策性森林保险承办机构服务质量评价工作的通知》。山西省林草局分为两组在2021年4月中旬和6月中旬对2020年1月1日至5月31日期间签单的承办机构抽取37个林业单位进行服务质量评价，形成了评价分析报告，并对4家保险公司进行了结果评比。2021年，山西省森林保险承保面积达6331.32万亩，其中，公益林和商品林保险承保面积6300万亩；全年森林保险理赔5317万元，其中，公益林和商品林保险理赔3297万元。

2022年10月，山西省林草局印发《关于政策性森林保险经办机构遴选有关事项的通知》和《规范省直各林局森林保险经办机构的通知》，确定了各县（市、区）辖区内集体林以及各县（市、区）直属国有经办机构的遴选由各市（体制管理型试点县）财政部门作为遴选牵头人开展，省直属国有林的遴选由省直各国有林管理局作为牵头人开展，进一步规范了省直属国有林管理局森林保险经办机构遴选工作。

## 案例四 广东省佛山市"粤农保"平台助力森林火灾理赔

广东省以遥感技术为核心，以地理信息系统为平台，以全球定位系统为辅助的空间信息技术，打造出"天空地"（卫星遥感、无人机遥感和地面勘查）一体化的农业保险立体服务体系，开展了大量按图承保和按图理赔新模式的应用实践，提高了承保、理赔的精度和效率，提升了服务社会和服务"三农"的能力。

### 一、案例简介

2019年12月5日13：39，广东省佛山市高明区发生森林火灾。广东省消防部门会同湖南省、福建省消防部门，增援42支队伍共4000多人参与火灾救援，出动消防车133台和无人机6架，调集了7架直升机进行灭火作业。这是广东省历年来同时出动直升机最多的一次救援（图2-1）。经过5天的紧急扑救，截至2019年12月9日18：30，高明区火灾被扑灭，安全疏散并转移1381人，无人员伤亡。承保机构使用遥感技术测损，经过与林草主管部门核对，确定火灾损毁面积5416.74亩，烧伤面积511.19亩，本次森林火灾最终赔偿金额256.28万元。

### 二、主要做法

火灾事故发生当日，人保财险广东省分公司立即成立省、市、县三级事故应急工作小组，并组成卫星遥感服务小组、森林国土数据服务支援小组、火灾现场

**图 2-1 2019 年高明区森林火灾中直升机向火场洒水灭火**

查勘机动小组、卫星遥感科技服务团队，调用 25 颗遥感卫星资源，实时监测火场最新动态，利用"粤农保"农险综合服务平台的林地分布图层，迅速锁定着火周边区域的林地数据；现场机动勘查小组利用"粤农保"APP 初步勘察受损的林地范围和行政区域。12 月 6 日，公司获取火场的着火点卫星遥感影像。12 月 7日，获取卫星在火场的实时卫星影像，通过对火灾区域和受损范围进行分析，出具遥感监测报告，测定过火面积，科技理赔小组进入火场管制区域，勘察火场外围情况。12 月 10 日，经初步排查，佛山市山林过火面积超过 1.6 万亩，其中三台村、珠江村、松柏村等多个村庄受到较为严重的影响。公司开展快速理赔，12月 11 日，佛山市自然资源局高明分局收到快速理赔 200 万元火灾预付赔款。

### 三、主要成效

#### 1. 信息技术支撑

基于广东省地理核心数据，融合无人机和卫星遥感及气象信息技术，建立全省涉农业务的全数字一体化平台——"粤农保"农险综合服务平台，实现广东省17 万平方千米林地、园地、水域、耕地的电子化和模块化处理。整合移动端App、微信端和平台端，针对员工、协保、农户不同用户的全流程操作管理，人员自助及操作可视化合规管理，以大数据及创新技术推动农险业务，扩大服务覆盖面。"粤农保"平台覆盖全广东省的耕地、林地、园地和水域，通过林地分布图层，可以迅速锁定着火周边区域的林地数据，现场机动查勘小组利用"粤农保"App 就能初步勘察受损的林地范围和行政区域。

#### 2. 数据共享

农险综合服务平台利用互联网的思维及全维度、多通道管理思路，以平台集中农业核心数据和业务数据的底层风控数据作为支持，利用农户自助、远程服务、"三农"服务站点，打造遍布 2.5 万个行政村的服务网络，技术上打通了服务农户的难题。林农对于官方测量数据接受程度高，可使用微信端自助承保、自助理赔、查询理赔数据等，还能收到精确的气象增值服务，解决了和农户互动的问题，节省人力成本、提高服务效能。

截至 2019 年年底，人保财险承保了广东省 2500 万亩森林的森林保险。相比以往森林保险的人工翻山越岭查勘，人保财险"粤农保"农险综合服务平台理赔提速百倍，实现足不出户实时监测火场，快速确定损失，并能为林业部门提供防灾遥感科技增值服务。"粤农保"农险综合服务平台对全广东省的林地实现数字化管理。自 2018 年上线以来至 2020 年，"粤农保"农险综合服务平台已服务受损农户 610 万户，查勘后定损赔付 10.5 亿元，是广东省服务人群最广、受益农户最多的农险平台。该平台在以本次佛山市高明区火灾为代表的各类农业风险事件中发挥了重要的作用，保障了全省农业的良好稳定发展。2018 年"山竹"台风过后，"粤农保"农险综合服务平台创造了三分钟定损 4030 亩水稻的极速定损纪录。

## 四、案例评析

1. 强化科技应用，实现创新发展

在森林保险工作中，大量启用遥感、无人机等技术，能够精确承保理赔面积，提高服务能力，减少大量实地查勘验标成本。承保机构已经开展利用无人机进行森林保险查勘工作，结合地面复勘，林业专家共同参与定损，科学准确厘定受灾面积。在查勘的同时向林户提供专业的灾后生产指导，为林户恢复生产保驾护航。应当加大推动新技术在森林保险中应用的力度。进一步推进卫星定位、遥感影像（卫星、无人机、红外照相）等技术和装备在森林资源调查、林业灾害监测监控、森林保险承保和查勘定损中的应用，加大高新技术投入，综合利用 3S、气象监测技术和无人机等，提高承保理赔效率和精准性。

2. 及时做好到期保险的续保工作

2019 年，广东省林业局办公室制定下发《关于做好森林保险到期续保有关工作的通知》，积极督导各地市属和省属国有林场按上一年度保险合约续签 2019 年度政策性森林保险，为参保森林提供了可靠的风险保障。2019 年年底，全省面临近年来少有的长期干旱无雨，全省多处发生不同程度的山火。佛山市高明区和河源市连平县两处面积较大的山火发生时，因保险合同续签及时，地方政府和保险公司积极联动，及时查看山火，严密组织灭火，及时查勘理赔，很好地发挥了森林保险的防灾减损、恢复生产的保障作用。

3. 持续提升防灾防损能力

保险公司积极配合当地的林业主管部门、林场进行森林防灾减损能力建设，提升一线人员防灾减损能力。特别是人保财险利用地理核心数据，建立覆盖全省1.6亿亩林地的"粤农保"农险综合服务平台，利用高清航空正射影像及优于1米卫星遥感影像底图、五级行政区划图和森林利用现状及最新林地调查数据，打造森林综合险综合服务平台和移动终端，实现对全省2.5万个行政村、1.6亿亩森林的数字化和线上化管理，组成天空地一体化的综合服务平台和服务体系。

## 五、其他相关知识

自2015年起，人保财险广东分公司借助测亩仪、GPS工具箱、Google Earth等工具测定林地受损面积，融合人保财险总公司无人机航拍农险综合应用，结合大灾定损和实地使用反馈，开始尝试利用卫星遥感进行农险定损，可以使用行业最新地图数据，以高精度影像数据及最新国土测绘数据，实现精准化服务。

广东省农业生产经营以散户为主，农业保险业务开展面临地块分布散、农户数量大、数据不规范等诸多难点。人保财险广东分公司在总公司指导下，结合多种技术试点，探索出"国土+保险"的农业保险广东模式，在全国率先使用了覆盖全广东省的国土测绘数据和高清影像地图，整合保险业务信息、卫星遥感及无人机航拍、农户增值服务功能，打造了国内领先的"粤农保"农险综合服务平台，实现了农险由分散型管理向数字化管理升级，从传统农业大灾服务方式向科技化查勘全面跨越，从传统农险保险管理向精准农业和合规经营全面提升，助力广东省农业保险高质量发展。

2020年，广东省财政厅、农业农村厅、银保监局和林业局四部门立足本省农业保险发展现状，及时制定和颁布了《关于大力推动农业保险高质量发展的实施意见》，积极推进政策性森林保险新方案落地。该文件内容包括：在现行10个试点地市基础上，森林保险在全省范围(不含深圳市、军事管理区、农垦)铺开；拟将保额由500元/亩调整为1200元/亩，并取消绝对免赔额；根据沿海与内地、生态林与商品林不同风险系数，调高了沿海地区商品林保险费率，调低了内地生态林保险费率，沿海生态林和内地商品林保险费率保持不变；森林保险由各地级市林业主管部门自主组织单独招标，省不再统一组织招标。

2020年，广东省森林保险10个试点市及省直国有林场合计参保面积6250万亩，参保率52.6%(较2019年提升0.4个百分点)，总保费1.35亿元；2021年，全省(除深圳市外)21个地级市及省直国有林场森林保险合计参保面积8818.01万亩，参保率55.52%(较2020年提升2.92个百分点)，总保费2.95亿元；2022年，全省(除深圳市外)20个地级市、13个省属林场和中林集团雷州林业局有限公司森林保险参保面积9993.68万亩，参保率63.5%(较2021年提升8个百分点)，实现了省级以上公益林参保全覆盖，总保费3.66亿元。

2023 年出台《广东省政策性农业保险实施方案 2024—2026》。

## 案例五　四川省凉山州木里县森林火灾赔付案

自政策性森林保险启动以来，四川省不断调整优化政策性森林保险政策。为精准助力深度贫困地区脱贫攻坚，切实减轻深度贫困地区农户及财政负担，2013 年实现了省内全覆盖。2018 年，四川省公益林保险金额上调至 550 元/亩，保费下调至 0.65 元/亩；商品林保险金额上调至 800 元/亩，保费下调至 1.2 元/亩；取消了绝对免赔额，最高免赔额下调至 5 亩。截至 2023 年年底，四川省政策性森林保险参保林地面积 2.26 亿亩，全省森林参保率为 75.99%，基本实现了"公益林应保尽保，商品林愿保尽保"。四川省凉山州森林覆盖率高达 52.16%，是全国、全省森林火案易发频发极高风险区。凉山州大部分地区是原始林区，森林集中连片分布，植被以云南松、高山松为主，长期枯枝落叶形成了较厚的地面腐殖层，林下可燃物大量积累，为森林火灾爆发提供了可燃物条件。同时，凉山州位于横断山脉中部，地形复杂，高差悬殊，高山峡谷地形明显，是典型的干热河谷气候。天气干旱，降水稀少，进入防火期后森林火险居高不下。此外，受气候变化影响，打雷不下雨天气增多，雷击火增多。传统祭祀和农事用火较多，林下经济活动和森林旅游日益频繁，人为火源管理难度大。

### 一、案例简介

2020 年 3 月 28 日 19：30，四川省凉山彝族自治州木里县乔瓦镇锄头湾村与项脚蒙古族乡项脚村交界处发生森林火灾，并于次日快速蔓延至盐源县境内，形成特大森林火灾。中航安盟作为承保机构，于 2020 年 12 月 23 日向木里县国有第一林场预付"3·28"森林火灾赔款 500 万元，向盐源县林业和草原局预付"3·28"森林火灾赔款 369 万元。2022 年 2 月 18 日，中航安盟就 2020 年"3·28"森林火灾赔付事宜与木里县人民政府及县林业和草原局协商达成一致，并支付木里县第二期保险赔款 734.84 万元。中航安盟在此次森林火灾中累计向木里县支付赔款 1234.84 万元。

### 二、主要做法

火灾发生后，中航安盟作为木里县森林保险承保机构，第一时间启动应急预案，主动配合灭火抢险工作，送去物资慰问一线灭火队员，积极与县人民政府、县林业和草原局沟通赔付事宜。

一是对火场进行监测。中航安盟利用卫星遥感技术对灾情实行了实时监测，并及时通报给地方政府和各级林业部门。

二是采购救灾物资。盐源县发生森林火灾后，中航安盟采购了100把MS251型大功率伐木油锯、400套睡袋和水壶，将价值50余万元的救灾物资送到扑火前线。

三是做好现场查勘。中航安盟多次抽调人员赴实地了解灾情，开展查勘定损及赔付工作，并委托四川省林勘院进行森林火灾现场查勘和评估工作。

四是启动预赔付程序。"3·28"森林火灾过火面积较大，查勘定损工作难度大，短时间难以确定损失情况。为了开展理赔，中航安盟主动与木里县、盐源县沟通协调，启动预赔付程序，分别向盐源县、木里县森林火灾支付预赔款，待地方林业部门完成损失认定后即可短时间内支付全部赔款。

## 三、主要成效

森林火灾不仅毁坏动植物资源、生态环境，还会带来巨大的经济损失，甚至造成人员伤亡。灾后重建则需要大量资金的投入，因此，引入一份森林保险保障"森林安全"是十分有必要的。在本案例中，中航安盟的预付赔款有力推进了受灾林地的恢复重造，对木里县和盐源县提升森林草原防灭火能力、从容应对防火高风险期起到了积极作用，也体现出承保机构的服务诚信与责任担当，受到地方政府、林草部门的充分肯定。

## 四、案例评析

政策性森林保险充分体现了"惠林惠农"的政策本色和"保生态"的功能，对森林资源和生态环境保护发挥了重要作用。

四川省积极推行"变灾后赔付为灾前预防"的保险理念，引导保险机构参与林草防灾减灾工作。2014年，省林业厅联合中航安盟签订《共同推进森林保险暨防灾减灾体系建设框架协议》。2018年，省林业厅在与中航安盟续约的同时，与人保财险四川省分公司签订了同样的战略合作协议。协议签订以来，两家承保机构已累计投资超过1.5亿元来参与四川省森林防灾减灾体系建设以及林草扶贫事业，投入总额已超过承保机构在保险作业中的赔付金总额。中华联合、太平保险等其他承保机构也广泛接纳了"防在赔先"的保险理念，出资出力，积极参与承保地区防灾减灾建设。2013—2022年，四川省每年有数百万林农参加森林保险，四川省政策性森林保险六家主要承保机构累计完成赔付39 839.4万元，用于开展林草防灾减灾建设，切实助力降低森林自然灾害发生率，为林农因灾所受的损失提供保险保障。

问题及建议如下。

1. 森林保险承保理赔管理缺少全国统一标准

森林保险承保理赔管理急需制定统一的标准，明确业务操作规程，细化违规违法行为处罚标准，补全森林保险灾害损失标准不清晰的制度短板。同时，还应进一步明确协办渠道、人员和费用上限，对防灾减损标准、支付方式和使用范围做出明确规定。

2. 公益林保险林农自缴保费困难

公益林、商品林都奉行"生态优先、严格保护"的管理原则，但公益林不能给林农带来经济效益，导致公益林林权个人所有者缺乏投保积极性。同时，森林资源集中分布在偏远山区，每户林农自缴保费很少，保险机构收取自缴保费的成本投入高。据了解，全国已有多个省市对公益林保险保费实行财政全额补贴。因此，有必要出台公益林保险农户自缴保费由财政统筹的统一规定，这样既减轻了林农的负担，也能调动保险机构的工作积极性。

## 五、其他相关知识

为推动落实 2020 年出台的《四川省加快农业保险高质量发展的实施方案》，四川省财政厅、银保监局、林草局先后联合出台《四川省 2020 年度中央财政优势特色农产品保险以奖代补试点实施细则》《四川省政策性农业保险工作费用管理办法》《关于做好政策性农业保险承保机构遴选工作的通知》《关于申报 2020 年地方特色农业保险奖补有关事项的通知》等文件，并于 2021 年全面落实。这些文件以加快推动森林保险高质量发展为核心，以推动中央财政以奖代补保险产品试点为重点，严格保险工作费用管理，重新规定了承保机构遴选程序。

为创新森林保险业务，四川省阿坝州马尔康国有林保护局与中航安盟签订"森林碳汇价值保险"协议，标志着四川省首例森林碳汇价值保险成功落地，为提高企业经营森林积极性、加强森林资源培育、提升森林固碳能力、助力"绿水青山"向"金山银山"转换提供了良好示范。截至 2022 年，在政策性森林保险的护航下，四川省森林覆盖率提升至 40.23%，森林蓄积量达到 19.34 亿立方米，森林资源得到有效保护。

# 第三章 森林综合保险典型案例

我国中央财政森林保险保费补贴工作开展以来，受到了各地的高度重视，有力地推动了我国森林保险的快速发展。在这一过程中，各地区和单位、森林保险承办机构携手共进，在推进森林综合保险创新和作用发挥的实践中，涌现了许多典型案例。本章聚焦自然灾害和林业有害生物灾害保险的基本情况，选取了有代表性的保险案例，来反映我国森林综合保险的推进和运行情况，促进森林保险在降低灾害损失、保护生态资源、稳定林业生产、提高林农收入等方面发挥积极作用。

## 第一节 自然灾害赔偿案例

近年来，我国自然灾害以洪涝、台风、地震和地质灾害为主，干旱、风雹、低温冷冻和雪灾、沙尘暴和森林草原火灾等也有不同程度发生。总体呈现为：全国自然灾害时空分布不均，"北重南轻"格局明显，局地山洪地质灾害突发，台风生成和登陆个数偏少、登陆强度偏强，带来多场极端强降雨，西南、北方、西北等地易出现阶段性干旱，风雹灾害多点散发。

### 案例一 广东省台风灾害赔偿案

2014 年以来，在广东省委、省政府的关心和指导下，广东银保监局积极配合省财政厅等有关单位，在全国首创巨灾指数保险，落实省政府"十件民生实事"。2016 年下半年，巨灾指数保险在广东省的 10 个地区(韶关、湛江、梅州、清远、河源、汕尾、阳江、茂名、云浮、汕头)正式落地，成为广东省巨灾指数保险的试点市。巨灾指数保险围绕强降雨、台风、地震三类重大灾害，创新建立根据连续降雨量、台风等级、地震震级等灾害参数进行赔付的指数模式，提供风险保障 23.47 亿元(项目总保额)。巨灾指数保险由人保财险、平安财险和太平洋产险三家保险机构共同承保，其中，人保财险广东省分公司作为承保主体，占近七成份额。2016 年 10 月 21 日，台风"海马"在广东省汕尾市登陆，触发汕尾市台风巨灾赔付 1000 万元，触发汕头、河源、梅州三市强降雨巨灾赔付共 1100 万元。台风登陆后，人保财险广东省分公司立即启动巨灾指数保险理赔程序，确保达成赔付协议后 1 天内划付赔款。截至 2017 年，人保财险广东分公司已累计支付赔款 6527.6 万元，森林保险在灾害救助体系建设中发挥了重要作用。

## 一、案例简介

2017 年 8 月 23 日以来，第 13 号台风"天鸽"和第 14 号台风"帕卡"相继正面袭击广东珠江三角洲地区，登陆时间仅相隔四天。"天鸽"登陆时，中心最大风力 14 级；"帕卡"登陆时，中心最大风力 12 级。受"天鸽"和"帕卡"台风影响，广州、深圳、珠海、佛山、东莞、中山、江门、阳江、茂名、潮州、云浮 11 个地区受灾，直接经济损失巨大。截至 2017 年 8 月 30 日 16:00，广东省共接到灾害相关报案约 8.7 万件，报损金额 34.9 亿元，其中，车险报案 7.3 万件，报损金额 6.3 亿元；农业保险报案 3391 件，报损金额 1.5 亿元；其他财产保险报案 1 万件，报损金额 27.1 亿元。截至 2017 年 8 月 30 日已完成 7.9 万件的案件查勘工作，占全部报案数量的 90.7%，定损金额达 14.2 亿元。45.9% 的出险客户已获保险理赔，赔付件数达 4.0 万件，赔付金额 3.7 亿元。其中，台风触发阳江、云浮两个地区的台风巨灾赔付，已于 8 月 25 日上午全部完成，赔付金额分别为 1200 万元和 1000 万元。

## 二、主要做法

自中央气象台发布台风蓝色预警后，中国保监会迅速启动灾前预警机制，指定专人跟踪台风动向，提前通知各保险公司充分做好灾害应对准备。广东银保监局成立专项工作小组，各保险机构一把手挂帅，成立台风应对工作组。各保险公司立刻将灾后理赔责任落实到人，确保台风期间员工 24 小时值班，服务电话保持畅通，查勘理赔人员随时待命。保险公司采用微信、电话、短信等多种方式对客户进行灾险提示，协助客户做好台风及其后续强降雨次生灾害防御措施，同时，积极配合各级政府做好抢险救灾工作。

灾情发生后，中华财险广东分公司第一时间专门成立了台风灾害应对领导小组，分公司班子成员任副组长并分别到受灾地区驻点，对广东省的台风抗灾减损和理赔工作全程指导，及时开通理赔绿色通道，实行"快查、快处、快赔"的方针，简化理赔流程，开通理赔绿色通道，高效协同多方人力和资源，迅速开展现场查勘工作。各基层公司会同林业专家、乡镇林业站工作人员、林农代表共同成立各县区查勘小组，对受灾情况具体分析，负责地区灾情统计工作。同时，发挥各乡镇保险服务站、协保员的作用，深入一线，逐户逐块开展现场查勘。

## 三、主要成效

"天鸽"和"帕卡"台风受灾面积大，为提高查勘工作效率以及查勘定损精确性，各承保公司还对重点灾区申请卫星遥感，通过以 3S 技术为核心的"天空地"一体化种植业保险新技术应用体系，多手段协同查勘，应用无人机查勘技术、3S 遥感技术以及 3G 手持查勘终端设备等现代高科技手段，加大对林业保险现场查勘的深度、频度和广度，真实高效地掌握受灾实际情况，为理赔查勘提供重要依据，科学客观地根据林农受灾程度来确定损失，提高查勘定损的效率、科学性和准确性，有力提升农业保险的服务质量。

## 四、案例评析

自 2017 年起，按照《广东省巨灾保险试点工作实施方案》，巨灾指数保险试点工作逐步在全省铺开。广东银保监局积极配合省财政厅等有关部门，在总结 2016 年试点经验的基础上，进一步优化制度设计，提高保险服务水平，完善多层次灾害救助体系，更好地服务广东省地方经济社会建设。这对推动和完善广东省巨灾保险制度具有重要意义，充分体现了广东省政府和湛江市政府运用现代商业保险机制创新社会管理、保障和改善民生的先进意识。

"天鸽"台风是 2017 年登陆我国的最强台风，是中央气象台 2017 年发出的首个台风红色预警信号，对广东省以及华南地区影响极大。巨灾保险应重点解决好以下几个问题。

(1)政府在相关政策方面要给予一定支持。通过政府给予财政补助和政策支持，一方面，降低被保险人的保费支出，提高投保积极性；另一方面，降低保险公司的财务费用，增强公司运行能力，提高灾害风险的可保性。充分发挥政府和市场"两只手"的作用，有效应对各种灾害风险，保障和改善民生。

(2)保险公司应联合各级政府充分利用各种媒介广泛宣传，提高农户风险意识，摒弃"有灾害、找政府"的传统思维方式，积极投保，形成应对灾害风险的合力。

(3)应用信息技术手段开展查勘定损。例如，通过应用无人机、卫星遥感、手持终端设备等高科技手段，建立以 3S 技术为核心的"天空地"一体化种植业保险新技术应用体系，提高查勘效率和准确性。

(4)积极探索广东地区气象指数保险。天气预报虽然越来越准确，但"农民靠天吃饭"的状态一定程度上还在延续。为满足不同层次的保险保障需求，保险人可从产品创新入手，因地制宜开办气象指数保险。该保险要具备操作简便、节省人力、减少纠纷、规避道德风险和逆向选择风险、设计科学等特点。

## 五、其他相关知识

### 广东省森林保险灾害损失认定标准

#### 一、保险责任

我省的森林保险实行森林综合保险，即在保险期间内，因火灾、暴雨、洪水、泥石流、旱灾、冰雹、霜冻、台风、暴雪、雨(雪)凇、林业有害生物等造成被保险林木损毁，包括流失、被掩埋、主干折断、倒伏、死亡等表现在内的直接经济损失，由承保机构按照本方案及相关保险协议的规定进行赔偿。

#### 二、森林火灾损失认定标准

森林火灾是指失去人为控制，在林地内自由蔓延，达到一定面积并造成一定的危害和损失的林火行为。森林火灾会造成林木烧毁、烧死、烧伤等损失。在受灾林地内，应分别按烧毁、烧死、烧伤及未烧伤的林木进行调查统计，确定森林火灾林木损失程度。森林火灾受害林木定损标准见表3-1。

**表3-1 森林火灾受害林木定损标准**[《森林资源规划设计调查技术规程》(GB/T 26424—2010)]

| 损失类型 | 损失标准 |
|---|---|
| 烧毁 | 林木树冠全部被烧焦，树干严重被烧，采伐后不能作为用材的，列为烧毁木，按100%的损失程度调查统计损失株数 |
| 烧死 | 成林木树冠2/3以上被烧焦，或树干形成层1/2以上被烧坏(呈棕褐色)，或树根烧伤严重且无再生能力，采伐后尚能做用材的；未成林木树冠1/3以上被烧焦，或树干形成层、树根烧伤严重的，列为烧死木，按100%的损失程度调查统计损失株数 |
| 烧伤 | 成林木树冠被烧焦1/4~2/3，树干形成层上保留1/2以上未烧伤，树根烧伤不严重，还有恢复生长的可能；未成林木树冠被烧焦低于1/3，且树干形成层、树根烧伤不严重，列为烧伤木，按30%~60%的损失程度调查统计损失株数；已成材、到砍伐期的桉树列为烧伤木的，按10%~20%的损失程度调查统计损失株数 |
| 未烧伤 | 成林木树冠被烧焦低于1/4，未成林木树冠未被烧，树干形成层未受伤害，仅外部树皮被熏黑，树根没被伤害，列为未烧木，不作为损失林木调查统计损失株数 |
| 救火需要 | 因开辟通道、防火隔离带等森林火灾扑救需要导致林木损毁的，按100%损失程度调查统计损失株数 |

森林火灾赔偿金额=每亩保险金额×火灾面积×损失程度×森林火灾(1-免赔率)

森林火灾损失程度=平均单位面积损失株数/单位平均密度

平均单位面积损失株数=平均单位面积烧毁损失株数+平均单位面积烧死损失株数+平均单位烧伤损失株数+平均单位救火需要损失株数

其中，免赔额或免赔率的规定如下，并随广东省森林保险工作实施方案的变动而变动：免赔额为 10 亩或核损金额的 10%，两者以高者为准。投保面积在 100 亩以下的，免赔核损金额的 10%。受灾户超过一户的，各户赔款按受灾面积占总受害面积的比例计算。

### 三、雨雪冰冻等灾害损失认定标准

雨雪冰冻等自然灾害包括雨凇、霜冻、冰雹、暴雪、暴雨、暴风、台风、洪水、滑坡、泥石流、干旱，其具体界定标准、林木定损标准分别见表 3-2、表 3-3。

**表 3-2　雨雪冰冻等自然灾害的界定与相关说明**

| 灾害类型 | 定义 |
| --- | --- |
| 雨凇 | 指过冷却液态降水碰到地面物体后直接冻结而成的坚硬冰层，呈透明或毛玻璃状，外表光滑或略有隆突 |
| 霜冻 | 指因地面最低气温下降到 0℃ 或 0℃ 以下而使作物受害的现象 |
| 冰雹 | 指坚硬的球状、锥状或形状不规则的固态降水，雹核一般不透明，外面包有透明的冰层，或由透明的冰层与不透明的冰层相间组成 |
| 暴雪 | 指 24 小时内降雪量(融化成水)大于等于 10 毫米，或 12 小时内降雪量大于等于 6 毫米的降雪 |
| 暴雨 | 指 24 小时内降雨量大于等于 50 毫米，或 12 小时内降雨量大于等于 30 毫米，或 1 小时内降雨量大于等于 16 毫米的降水 |
| 暴风 | 指风力达到 8 级或以上、平均风速达到 17.2 米/秒或以上的风 |
| 台风 | 指底层中心附近最大风力达到 12 级或以上，最大平均风速达到 32.7 米/秒或以上的热带气旋 |
| 洪水 | 指由暴雨、冰凌融化或阻塞、冰川或积雪融化、溃坝等因素引起的江河水量迅速增加，水位急剧涨落的现象 |
| 滑坡 | 指岩体或土体在沿着地质弱面向下滑动的重力破坏现象 |
| 泥石流 | 指由于降水(暴雨、冰川、积雪融化水)在沟谷或山坡上产生的一种挟带大量泥沙、石块等固体物质的特殊洪流 |
| 干旱 | 指长期无雨或少雨，导致土壤和空气干燥，进而使作物受害的现象 |

表 3-3　雨雪冰冻等自然灾害林木定损标准

| 灾害类型 | 受损类型 | 损失标准 |
|---|---|---|
| 雨淞、霜冻、冰雹、暴雪、暴雨、暴风、台风、洪水、滑坡、泥石流 | 腰折 | 林木树冠以下部分被折断，按100%的损失程度调查统计损失株数 |
| | 倒伏 | 林木倒伏后主干与地面所成夹角小于30°计全倒，按100%的损失程度调查统计损失株数；夹角为30°~60°计半倒，按50%的损失程度调查统计损失株数 |
| | 翻蔸 | 林木被连根拔起，根系完全离地或根系严重扯断，按100%的损失程度调查统计损失株数 |
| | 断梢 | 林木主梢被风力、重力等外力折断，按100%的损失程度调查统计损失株数 |
| | 折枝 | 用材林林木40%以上的枝条被折断，按25%的损失程度调查统计损失株数；经济林林木20%以上的枝条被折断，按35%的损失程度调查统计损失株数 |
| | 冻死 | 林木主梢被冻死或者受冻影响林木成活和正常生长，按100%的损失程度调查统计损失株数 |
| | 劈裂 | 林木主干如被劈似的分裂开来，按100%的损失程度调查统计损失株数 |
| | 爆裂 | 林木因灾爆裂开来，按100%的损失程度调查统计损失株数 |
| | 流失 | 林木被水力、风力、泥石流等外力带走，按100%的损失程度调查统计损失株数 |
| | 掩埋 | 林木被泥沙等物质所掩埋，按100%的损失程度调查统计损失株数 |
| 干旱 | 死亡 | 林木因干旱缺水而干枯死亡，按100%的损失程度调查统计损失株数 |

雨雪冰冻等灾害赔偿金额＝每亩保险金额×受灾面积×雨雪冰冻等灾害损失程度×（1-免赔率）

雨雪冰冻等灾害损失程度＝平均单位面积损失株数/单位平均密度

平均单位面积损失株数＝平均单位面积腰折损失株数＋平均单位面积倒伏损失株数＋平均单位面积翻蔸损失株数＋平均单位面积断梢损失株数＋平均单位面积折枝损失株数＋平均单位面积冻死损失株数＋平均单位面积劈裂损失株数＋平均单位面积爆裂损失株数＋平均单位面积流失损失株数＋平均单位面积掩埋损失株数＋平均单位面积干旱损失株数

其中，免赔额或免赔率的规定如下，并随广东省森林保险工作实施方案的变动而变动：免赔额为10亩或核损金额的10%，两者以高者为准。投保面积在100亩以下的，免赔核损金额的10%。受灾户超过一户的，各户赔款按受灾面积占总受害面积的比例计算。

## 四、林业有害生物灾害损失认定标准

林业有害生物是指对森林植物有害的任何植物、动物或病原体的种、株（或品系）或生物型，包括害虫、病害、鼠（兔）害、有害植物。林业有害生物灾害是指由于森林中的病原微生物和有害昆虫、鼠、兔类种群及有害植物的流行或猖獗危害，造成林木受损或死亡的现象。主要林业有害生物的成灾标准和灾害指标见表3-4、表3-5所示。

**表 3-4 主要林业有害生物成灾标准**

| 种类 | | 成灾指标 | | |
|---|---|---|---|---|
| | | 危害程度 | 受害株(梢)率 | 林木死亡株率 |
| 检疫性有害生物 | 叶部害虫 | 失叶率 40% 以上 | | 5% 以上 |
| | 钻蛀性害虫 | | 15% 以上 | 5% 以上 |
| | 叶部病害 | 感病率 40% 以上 | | 5% 以上 |
| | 干部病害 | | 20% 以上 | 5% 以上 |
| | 有害植物 | | | 5% 以上 |
| | 松材线虫病 | 出现感染病株 | | |
| | 美国白蛾 | 失叶率 20% 以上 | 2% 以上 | |
| | 薇甘菊 | | | 3% 以上 |
| 非检疫性有害生物 | 叶部害虫 | 失叶率 60% 以上 | | 10% 以上 |
| | 钻蛀性害虫 | | 20% 以上 | 10% 以上 |
| | 叶部病害 | 感病率 60% 以上 | | 10% 以上 |
| | 干部病害 | | 30% 以上 | 10% 以上 |
| | 鼠(兔) | | 25% 以上 | 10% 以上(幼树) |
| | 有害植物 | | | 10% 以上 |

注：同一类(种)林业有害生物中，符合其中一个指标即为成灾。

**表 3-5 林业有害生物灾害指标界定与有关说明**

| 灾害指标 | 定义 |
|---|---|
| 受害株率 | 指单位面积上林木遭受有害生物危害的株数占调查株数的百分比 |
| 受害梢率 | 指单位面积上林木主梢遭受有害生物危害的株数占调查株数的百分比。灌木可按丛调查 |
| 林木死亡株率 | 指单位面积上林木遭受有害生物危害致死的株数占调查株数的百分比 |
| 失叶率 | 指遭受叶部害虫危害的林分，单位面积上整体树冠叶片损失量占全部叶片量的百分比 |
| 感病率 | 指遭受叶部病害危害的林分，单位面积上感病的叶片量占全部叶片量的百分比 |
| 检疫性有害生物 | 指列入国家林业和草原局发布的全国林业检疫性有害生物名单中的有害生物种类 |
| 成灾面积 | 成灾面积的统计以森林资源小班为统计单元，以亩为最小统计单位。同一小班，如果有 2 种以上有害生物的危害程度达到成灾标准，统计成灾面积时，只统计其中 1 种，不重复计算 |

注：林业有害生物成灾情况的调查时间和调查方法，按照国家林业和草原局发布的有关文件、规程、标准执行[《林业有害生物发生及成灾标准》(LY/T 1681—2006)]。

林业有害生物导致林木受害成灾，但林木无须清理的，按照 15% 的损失程度计算赔偿金额；林木受灾后必须清理的，按照 100% 的损失程度计算赔偿金额；林业检疫性有害性生物(含松材线虫)因疫情除治需要，经省级林业主管部门审批同意成片采伐的林木，按照 100% 的损失程度计算赔偿金额。

林业有害生物灾害赔偿金额＝每亩保险金额×成灾面积×损失程度×(1−免赔率)

其中，免赔额或免赔率的规定如下，并随广东省森林保险工作实施方案的变动而变动：免赔额为 10 亩或核损金额的 10%，两者以高者为准。投保面积在 100 亩以下的，免赔核损金额的 10%。受灾户超过一户的，各户赔款按受灾面积占总受害面积的比例计算。

**五、查勘定损方法**

(一)适用于森林保险现场查勘定损的方法

1. 斑块典型样地调查法。此方法特点是赔付主体不一致、受灾面积较小，受害情况既可统计调查总体的总量，也可落实到相关的斑块(小班)或类型。

2. 区域随机抽样同斑块典型样地调查相结合方法。此方法特点是赔付主体单一、受灾面积偏大，受害情况仅能统计调查总体的总量，不能落实到相关斑块(小班)或类型。

(二)各定损方法的做法

1. 斑块典型样地调查法的做法是，采用不小于 1∶10000 比例尺地形图，依据林木损失的树种、年龄、损失程度等相关因子勾绘区划斑块(小班)；在勾绘斑块(小班)内选择有代表性(按林木损失平均方式或轻中重均布设方式均可)地段设置典型样地，为方便林区野外操作设置样圆较为合适(大小以 0.5 亩为宜，即样圆半径为 10.30 米)；样圆数量视斑块(含小班)面积而定，一般取 2~5 个为宜(10 公顷以下 2 个，10~20 公顷 3 个，20~30 公顷 4 个，30 公顷以上 5 个)。

2. 区域随机抽样同斑块典型样地调查相结合方法的做法是，在森林灾害发生的区域范围内，以所有投保森林为总体，将乡镇、村委森林保险面积按升(降)序排列，等间隔抽取 30% 乡镇，在抽中乡镇按等间隔抽取 30% 村委，对抽中村委的全部投保森林按斑块(含小班)典型样地调查法(同上)调查样地灾害损失程度，依据抽样理论测算灾害损失程度。

(三)各定损方法的应用

1. 森林火灾查勘定损方法采用斑块典型样地调查法。森林火灾查勘定损应采用大于或等于 1∶10000 比例尺地形图勾绘或者实测方法来确定受灾面积。有条件的也可采用遥感技术、GPS 卫星定位、光谱仪或无人机拍摄等来确定受害面积。

对受灾面积在 15 亩以下(含 15 亩)的森林火灾,承保经办机构可委托县级林业部门进行受灾面积的认定,并直接采用林业部门认定的数据进行理赔;受灾面积在 15 亩以上的森林火灾,由承保经办机构牵头进行现场勘验,确定受灾面积;森林火灾查勘定损期间,县级以上森林公安机关已侦破该起火灾案件拟追究刑事责任的,可直接采用森林公安机关认定的受损面积进行理赔。

2. 生态公益林的台风、大范围有害生物查勘定损方法采用区域随机抽样同斑块典型样地调查相结合方法。

3. 其他自然灾害、商品林的台风、小范围有害生物查勘定损方法,在无特殊情况声明时,均采用斑块典型样地调查法。

**六、其他事项**

(一)理赔流程

理赔流程如图 3-1 所示。

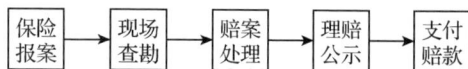

保险报案 → 现场查勘 → 赔案处理 → 理赔公示 → 支付赔款

**图 3-1　理赔流程**

(二)解释权及修订权

本标准由广东省林业厅会同广东省保监局共同研究制定,并负责解释及修订。

## 案例二　安徽省暴雨洪涝灾害赔偿案

### 一、案例简介

2020 年,我国降水偏多,局部地区出现严重汛情,暴雨洪涝灾害比较严重,给森林带来较严重的威胁。进入梅雨季节后,安徽省出现百年不遇的强降雨,洪水冲击和山体滑坡给部分林地、绿化苗木、林下经济、沿河经济林带都造成了重大损失。截至 2020 年 7 月底,安徽省林地受灾面积 8 万公顷,苗圃受灾面积 2.133 万公顷,直接经济损失 47 亿元。为了确保淮河中游的安全,7 月 20 日 8:32,接国家防汛抗旱总指挥部命令,淮河王家坝闸开闸放水,濛洼蓄洪区启用蓄洪。王家坝闸地处豫皖交界处,其以下的淮河中游有许多重要的城市、工矿企业和京九、京沪铁路等交通大动脉。这是被誉为"千里淮河第一闸"的王家坝闸建成后第 16 次开闸蓄洪。蓄洪区农作物和林木全部被淹。蓄洪后,国元农险主动与政府相关部门摸底受灾范围,利用无人机和遥感数据开展定损,快速补偿理赔林木受灾损失,补偿赔付濛洼蓄洪区林木受灾损失 756 万元,为灾后王家坝农户下一年继续种植提供了经济上的支持。

## 二、主要做法

灾情发生后，相关部门及人员主要做了如下工作。

**1. 达成共识，及时通知**

安徽省林业局联合国元农险及时印发了《关于进一步做好森林保险工作切实加强林业防汛救灾金融保障的通知》，全力做好汛期森林保险理赔保障。

**2. 及时查勘定损，开通绿色通道**

各地林业部门充分发挥专业优势，配合保险公司利用无人机查验、调查平板勾绘等现代科学技术手段据实查勘、合理定损；各地林业技术人员积极配合保险公司深入灾情现场进行查勘理赔工作。截至 2020 年 8 月 4 日，国元农险已接到森林保险报案 116 起，报灾面积 870 公顷，报损金额 428 万元；已查勘保险案件 103 件，定损 77 万元。

**3. 简化理赔环节，提高理赔时效**

各地林业部门积极督促国元农险水退人进，简化材料，提高权限，对于全损且可以确定损失面积的，进入快速理赔通道；对于全损但尚无法确定损失面积的，启动预赔付程序，支持林农施救；对于部分损失且一时难以定损的，向林农做好解释工作，及时二次或多次查勘定损，保障林农尽快恢复生产。同时，各地林业部门主动作为，督促并配合当地保险机构积极做好汛期森林保险的承保工作，坚决避免因脱保造成的损失。截至 2020 年 8 月 4 日，安徽省政策性森林保险在保面积 5337 万亩，其中，公益林 2467.05 万亩，承保率近 100%；商品林 2869.95 万亩，比 2019 年增加了 135 万亩，平均承保率达 85% 以上。

**4. 进行广泛宣传，提高森林保险社会认同度**

各市县以本次暴雨洪涝灾害保险服务为契机，及时通过市县两级媒体平台、微信公众号和理赔现场会等多种方式对理赔政策进行广泛宣传，进一步提高林农对森林保险的社会认同度。

## 三、主要成效

开展森林保险，充分发挥了保险风险保障和经济补偿功能，减轻了林农灾害损失，促进林农增收。森林保险在助力精准扶贫工作中也取得了成效，提高了贫困户风险保障水平，增加了贫困户的收入。通过开展林木火灾保险保单质押贷款，帮助林业经营主体贷款，林农凭保单直接向相关合作银行办理无抵押无担保贷款业务。充分发挥森林保险在化解风险过程中的"稳定器"作用，降低了林农的损失。

总之，森林保险在稳定林业生产、深化林业改革、推动精准扶贫、增强林业金融服务、助力洪水灾后重建等方面取得了明显成效。

## 四、案例评析

### 1. 现行政策性森林保险相关政策亟待调整完善

2009 年，财政部印发《关于中央财政森林保险保费补贴试点工作有关事项的通知》，将森林保险归类于林木种植险的一种，但林木和农作物从栽植特点、生长周期、管理方式、灾害类型等各方面都有显著区别，简单将森林保险和种植险划归一类，不符合林草工作实际。2019 年，财政部、农业农村部、银保监会和国家林草局联合印发《关于加快农业保险高质量发展的指导意见》。该意见第四条明确提出，适时调整完善森林和草原保险制度，制定相关管理办法。

### 2. 森林保险理赔率较低

其根本原因主要是以下方面：一是随着国家投入和林业防灾减灾工作力度不断加大，森林灾害预警防控设施不断完善，防控能力持续增强，以火灾为主的森林灾害发生量和危害程度呈持续下降趋势。二是个别承保机构缺乏应有的社会责任，存在拖赔、惜赔、拒赔现象，严重损害了林农和林业企业的合法权益，挫伤了林权所有者和经营者的投保积极性。

### 3. 商品林保险推进困难

主要原因包括：一是林农和林业企业承担商品林保费比例较高，部分林农和林业企业不愿承担这笔保费。二是商品林森林保险赔付率较高。近年来极端天气频繁出现，造成商品林，尤其是经济林和苗木花卉受灾严重，承保公司赔付率较高，赔付额度较大。出于经营方面考虑，承保公司不愿承保商品林森林保险。

## 五、其他相关知识

（1）暴雨是指降水强度很大的雨，常在积雨云中形成。中国气象上规定，每小时降水量为 16 毫米以上，或连续 12 小时降水量为 30 毫米以上，或 24 小时降水量为 50 毫米及以上的雨称为暴雨。按其降水强度大小，暴雨分为三个等级，即 24 小时降水量为 50~99.9 毫米称"暴雨"、100~249.9 毫米称"大暴雨"、250 毫米以上称"特大暴雨"。由于各地降水和地形特点不同，各地暴雨洪涝的标准也有所不同。

（2）2013—2022 年，安徽省出台了一系列文件，支持森林保险发展。2013 年 2 月，安徽省财政厅、金融办、林业厅、银保监局联合出台《关于开展森林保险试点工作的实施意见》，标志着安徽省森林保险试点工作正式开始，在黄山、宣城、六安、安庆和池州五个市区开展试点。

2017 年 3 月，安徽省财政厅印发《关于进一步扩大森林保险试点范围的通知》，指出安徽省森林保险试点范围扩大到全省。

2020 年 11 月，《关于调整森林保险保额和费率等有关事项的通知》发布。该通知提高了森林保险保额、降低了森林保险费率、扩大了森林保险责任。将公益林保额由 450 元/亩提高至 780 元/亩；将商品林保额由 550 元/亩提高至 1000 元/亩；将公益林保险费率由 0.35% 降低至 0.2%；将商品林保险费率由 0.4% 降低至 0.22%。将"旱灾"纳入森林保险责任范围，并将"虫灾"扩大至"病虫害"。

2021 年 4 月，安徽省人民政府办公厅印发《安徽省农业保险创新发展若干政策的通知》。该文件中提出，建立"森林基本险+特色林产品保险+商业性林灾保险"多层次风险保障模式，探索开展国有林场和自然保护地综合保险，巩固"林长制"改革成果。

2021 年 2 月，安徽省财政厅、安徽省农业农村厅联合印发《关于做好政策性农业保险承保机构遴选工作的通知》。国元农险公司积极参加森林保险遴选工作，取得了较好的结果，遴选服务期为 2021—2023 年。

2022 年 4 月，安徽省财政厅、安徽省农业农村厅联合印发《关于进一步支持农业保险发展的指导意见》。

通过出台配套文件并执行，全省森林资源每年的总保额逐步提高，灾后赔付金额也有较大幅度增加，加速了林业灾后生态修复进程，增强了林木所有者抵御自然灾害风险的能力。

### 案例三　吉林省雨雪冰冻灾害赔偿案

#### 一、案例简介

2020 年 11 月 17—20 日，吉林省遭遇罕见强雨雪冰冻灾害，大量树木因冰雪附着，不堪重负，出现折枝、倒伏现象，对安华保险承保区域内长春、吉林、延边 3 个市（州）8 个县（市、区）的林地造成不同程度影响，累计报案面积 0.82 万公顷。安华保险在出险区域内承保森林面积 64.04 万公顷，保费收入 1921.23 万元，涉及林业经营主体和林农 7131 户次。

#### 二、主要做法

承包公司密切关注林区情况，迅速启动应急机制，主动承担责任，调配人力、物力资源，全力配合各地林业部门和参保林业企业、林农开展灾害应对工作，全面推进救灾、查勘、定损、理赔服务。

1. 科学制定理赔方案

此类灾害自吉林省林险开办以来是首次发生，之前并无成熟经验可以借鉴。

为周密做好查勘定损工作，承保公司向省林科院及各地林业专家广泛咨询，了解掌握灾害影响，根据实地踏查情况制定查勘定损工作方案，科学合理指导理赔工作。

2. 成立多个查勘小组

由于灾害影响范围较大、受灾地点极为分散、受灾林农数量众多，为了尽快完成理赔工作，面对林区山高路滑、积雪严重、道路不畅及冬季山区气候极端严寒等不利条件，安华农险成立多个查勘组，加班加点、克服困难，逐户逐林班调查受灾情况，累计出动查勘车辆 120 余台次、无人机百余架次、林业专家及查勘人员 300 余人次。

## 三、主要成效

查勘定损持续了 3 个多月，在 2021 年春节前夕，完成了 1316 户次林业经营主体和林农的理赔工作，最终定损面积为 0.406 万公顷，累计支付赔款 564.91 万元，有效保障了林农利益，保证春季灾后恢复重建工作的顺利开展。

## 四、案例评析

灾害发生时，森林保险的开展是对政府救援力量的一种补充，经济上减轻了政府灾后救助的资金压力，人员上充实了灾后救助的社会力量，但可以发现两个方面的问题。

1. 森林保险理赔难

森林中林木种类繁多，主要以连片的方式进行种植。森林风险的种类较多，如气象、地质、生物及环境等多方面灾害，一旦发生森林灾害，增加了承保机构在林木评测、理赔上的难度，且赔付周期较长，直接影响森林灾害处置、规划、补植补造等工作。

2. 农户投保积极性不高

森林中的林木生长周期短则十几年、长则几十年，所带来的经济效益较为迟缓，需要农户进行长期的保险投资，但发生灾害后森林保险灾害赔付要低于林木市场实际价格。农户对于参加森林保险的意愿不高。

## 五、其他相关知识

1. 冻灾

冻灾是一种冬天常见的自然灾害，对森林具有巨大威胁。受冻灾影响，容易出现苗木冻死、树干折断、毛竹爆裂等现象，还会留下森林病虫害等次生灾害隐患。我国大部分地区如江西、湖南、贵州、云南、重庆、广东、广西、浙江、安徽、吉林等省份的森林保险，把极端天气(如雨雪冰冻、台风、冰雹等)纳入责任范围，减轻林业经营主体的负担，有助于森林的生态恢复。冻灾主要发生在冬季，但秋冬交替和冬春交替之际偶尔也会出现。这种气象灾害是由降雪(或雨夹雪、霰、冰粒、冻雨等)或降雨后遇低温形成的积雪、结冰现象。

2. 森林保险提高保额、降低费率

吉林省财政厅和吉林省林草局于 2021 年年底，按照财政部关于完善保险条款和费率拟定的有关要求，联合印发《关于调整我省森林保险政策的通知》，指出公益林、商品林保险金额由 500 元/亩提高至 800 元/亩，保险费率由 0.4% 降低至 0.25%，切实解决吉林省森林保险保障不足的现实问题。

3. 加强保险承保机构遴选管理

根据财政部、农业农村部《关于加强政策性农业保险承保机构遴选管理工作的通知》有关规定，为进一步优化农业保险市场布局、规范农业保险承保机构管理，切实提升农业保险服务质量和财政资金使用效益，结合吉林省实际，相应调整承保方式，省财政厅会同省农业农村厅、省林草局相继出台了《吉林省 2021 年政策性农业保险承保机构遴选工作方案》《吉林省 2021 年政策性森林保险承保机构遴选工作方案》。依据这两个方案，将保险承保机构与投保地区、单位和农户自愿协商签订保险协议办理保险业务模式，调整为按照保险承保机构遴选工作方案的结果，通过中选承保机构与投保地区、单位和农户协商签订保险协议的方式办理保险业务。

4. 调整森林保险防灾减损费用标准

依照财政部关于印发《中央财政农业保险保费补贴管理办法的通知》要求，吉林省财政厅和吉林省林草局于 2022 年 1 月初，联合印发《关于调整森林保险防灾防损费用标准的通知》，调整防灾防损费的支付范围为享受财政保费补贴的森林保险业务，支付标准为不超过当年实收森林保险保费收入的 15%，并于 2021 年 12 月 1 日起执行。

5. 开通绿色通道，及时查勘定损

根据《吉林省森林保险查勘定损理赔办法(试行)》规定，明确了对在保险责任范围内发生的林木灾害损失进行查勘定损理赔工作标准，包括灾害木清理、整地、种苗处理与施肥、挖坑、栽植、抚育管理到树木成活所需的一次性再植成本等费用。安华保险第一时间启动森林保险重大灾害应急预案，开通绿色服务通道，紧急调配人力、物力资源，主动配合参保区域林业部门和林业企业、林农开展灾害应对，全面推进救灾、查勘、定损、理赔服务。

## 第二节 林业有害生物灾害赔偿案例

林业有害生物被称为"不冒烟的火灾"。随着全球气候变暖、灾害性天气频发，对森林造成危害的有害生物种类不断增加，突发性林业有害生物灾害发生频率也在增多。林业有害生物已经涵盖了植物、动物、微生物等，"森林植物病虫"的表述已不能准确表达对生态环境构成威胁的各类有害生物。

2022 年，全国主要林业有害生物持续高发态势趋缓，但仍偏重发生、局部成灾。全年发生林业有害生物灾害 1.78 亿亩，同比下降 5.44%，主要呈现以下特点。

第一，松材线虫病等重大外来有害生物扩散势头减缓，但危害依然严重。一是松材线虫病疫情防控取得明显成效，疫情面积和病死松树连续两年实现"双下降"，分别下降 11.94% 和 26.10%；疫情蔓延势头减缓，首次实现县级疫区、乡镇疫点数量净下降，分别净下降 29 个和 261 个；但疫情基数大，防控形势依然严峻，疫情仍处于扩散阶段，全年新发 7 个县级、15 个乡镇、16 794 个小班疫情，控增量压力较大；疫情在部分区域集中连片发生，减存量任务重，有 8 个省份疫情面积超过 100 万亩、63 个县级行政区疫情面积超过 10 万亩，有 2 个省病死松树超过 100 万株、18 个县级行政区病死树数量超过 10 万株；重点区域防控压力大，皖浙赣环黄山周边疫情仍有扩散，贵州省梵净山景区周边有 3 个县区危害较重，陕西秦岭地区仍有 43.6% 的县级行政区发生疫情。二是美国白蛾疫情扩散势头减缓，新增 3 个县级疫情发生区，与近 5 年平均数相比下降 73.68%，有 22 个县级疫区 2022 年实现无疫情；疫情发生面积 1014.79 万亩，连续 5 年下降，中度及以下发生面积占比达 99.64%，危害程度整体减轻。三是薇甘菊在华中和华南地区扩散危害减轻，发生灾害 107.39 万亩，同比下降 15.80%。

第二，本土主要林业有害生物发生危害种类多样化趋势明显。松树钻蛀类害虫和林业鼠（兔）害危害加重，松墨天牛在南方多地、小蠹虫类在西北和东北部分林区、鼢鼠类在西北部分中幼林地和未成林地局地成灾，造成林木死亡。受夏季持续高温干旱影响，马尾松毛虫在南方多地虫口密度和发生面积增长迅速，整体偏重发生、局地成灾。松树病害在东北北部和内蒙古东部、陕西北部、甘肃南部等地流行偏重。杨树食叶害虫、杨树蛀干害虫、落叶松毛虫、经济林病虫等整体控制良好，以轻度发生为主。

据表 3-6 显示，2020 年全国林业有害生物持续高发、频发，全年发生面积为 1278.45 万公顷，为近几年发生面积最大。

表 3-6　2016—2022 年全国林业有害生物发生情况　　　万公顷

| 年份 | 发生总面积 | 森林病害 | 森林虫害 | 森林鼠(兔)害 | 有害植物 |
|------|-----------|---------|---------|-------------|---------|
| 2016 | 1211.30 | 138.90 | 857.00 | 195.50 | 19.90 |
| 2017 | 1253.20 | 133.10 | 906.00 | 194.20 | 19.90 |
| 2018 | 1219.53 | 176.87 | 840.41 | 184.40 | 17.85 |
| 2019 | 1236.77 | 229.54 | 811.46 | 178.03 | 17.74 |
| 2020 | 1278.44 | 295.14 | 790.62 | 174.00 | 18.68 |
| 2021 | 1255.37 | 284.74 | 776.65 | 174.67 | 19.31 |
| 2022 | 1200.00 | 266.67 | 733.33 | 186.67 | 17.33 |

## 案例五　福建省三明市梅列区毛竹及马尾松病虫害赔偿案

福建省三明市是国务院批准建立的全国集体林区改革试验区，拥有丰富的森林资源，全市林地面积 189 万公顷，占土地总面积的 82.5%，森林覆盖率达 76.8%。2016 年，国家林业局向三明市授予了"国家森林城市"称号。同时，三明市也是森林病虫害高发区，松材线虫病、竹舟蛾、松毛虫害等病虫害连年对三明地区森林资源造成侵害。

### 一、案例简介

2020 年的高温干旱气候造成福建省三明市梅列区大面积毛竹及马尾松遭受病虫害。梅列区森防站积极与人保财产保险公司协调，对辖区内毛竹及马尾松受害情况进行实地勘查、科学定损。经现场调查，陈大镇砂蕉村、台溪村等地毛竹及马尾松林遭受竹镂舟蛾、竹蝗、松材线虫病危害较重。按毛竹林失叶率达到 60% 以上纳入理赔范围规定，2020 年，受灾毛竹林共获理赔 11.57 万元；马尾松林松材线虫病获理赔 44.6 万元，全区受损理赔率达 100%。

### 二、主要做法

灾情发生后，人保财险福建省三明市分公司在福建省林业主管部门的领导和指挥下，会同三明市林业局，第一时间启动大灾应急预案。

按照《福建省森林综合保险承保理赔业务规程和灾害损失认定标准》，林业有害生物导致林木受害成灾，但林木仅需喷药防治无须清理的，按照 10% 的损失程度计算赔偿金额(赔偿标准为 88 元/亩)。人保财险三明市分公司借助第三方科技公司的无人机技术，在三明市尤溪县、明溪县、宁化县等地陆续推广使用无人机喷施方式进行森林病虫害群防群治，取得明显防治成效。2020 年，已飞防除治 3.45 万亩保险林木。为确保理赔资金专款专用，由人保财险一次性将赔偿款赔付到投保单位，梅列区森防站督促投保单位统一购买喷雾器及森保康等生物制剂并进行统一防治。根据防治初步成效来看，采用无人机防治（无人机升空高度可达30~40米），可以飞到松林上空进行药物粉剂施放，完全将药剂抛洒在树冠层上方，防治面积广、防治效果佳。

## 三、主要成效

保险资金的及时理赔，保障了林业生产的经济利益，提高了林农抵抗自然灾害风险的能力。

自2016年以来，三明市逐年呈现出病虫害多发的趋势，并存在山地防治成本高、防治效果欠佳的问题。为进一步发挥森林保险在林业有害生物防治方面的作用，自2017年起，人保财险三明市分公司开始走访市林业局森防站、辖内各县区林业站，深入一线查勘与防治作业现场，调研人工防治作业的痛点与理赔难点。2018年，人保财险获悉林业部门采用无人机载药低空飞行进行林木喷施与防治后，第一时间成立调研小组，密切联系、跟踪行业动态，接洽第三方飞防机构，了解无人机防治成本，进行可行性分析，研究群防群治方案。2019年，以尤溪县森林虫害预防性除治案件为契机，人保财险促成市、县、乡三级林业部门达成一致意向，做通跨行政区域的各乡镇、村委及林农的思想工作，经被保险人同意，与第三方签署飞防协议及赔款转账授权书，形成多方联动、群防群治、合围作业，开展区域性无人机飞防试点及验收工作。

## 四、案例评析

1. 以防代赔是森林保险服务模式创新的重大尝试

事前预防是森林病虫害治理的有效手段，也是森林保险服务模式由事后理赔向"以防为重、防赔结合"模式转变的有益尝试。对林业病虫害来说，飞机防治受地理条件影响小，具有可大面积集中作业，省时、省力、高效等优点。政府主导、群防群治机制有利于在森林病虫害治理工作中形成合力、防止扩散、提升成效，有效抑制了林业有害生物病害的发生，推动了森林保险机制由灾后补偿向灾前预警升级，进一步强化了森林保险在生态文明建设、森林资源保护及生态安全等方面发挥的重要作用。

2. 协同合作是做好森林灾害防治工作的有力保障

此案例历经了灾情监测、现场勘查、专家论证、方案设计、合理配药、无人机作业等跨部门、多学科的工作环节。保险公司开展森林灾害防治相关工作，离不开林业主管部门的悉心指导，离不开林业有害生物防治检疫的技术支持，离不开管护单位、科技公司的有力配合，只有多方协同推进才能确保森林保险服务水平的高质量发挥。

## 五、其他相关知识

**福建省森林综合保险方案**

一、保险标的：商品林、生态公益林以及未成林造林地上的树木。

二、被保险人：林木所有权者。

三、保险期间：一年。

四、保险责任：在保险期间内，由于发生森林火灾、林业有害生物、野生动物、雨灾、风灾、水灾、滑坡、泥石流、冰雹、冻灾、雪灾、雨淞、旱灾，造成的保险林木受害损失，保险公司按照本方案的赔偿标准负责赔偿。

五、保险费：每亩 1.5 元。

六、保险金额：每亩不低于上一轮保额，具体金额以中标结果为准。

七、财政补贴政策

1. 生态公益林：中央财政补贴 50%，省级财政补贴 25%，县级财政补贴 15%，林权所有者承担 10%。其中，省级以上生态公益林林权所有者承担的部分可在省级森林生态效益补偿基金中列支。省级以下生态公益林执行商品林财政补贴政策。

2. 商品林：对于投保面积在 10 000 亩以下(含 10 000 亩)的，中央财政补贴 30%，省级财政补贴 30%，县级财政补贴 15%，林权所有者承担 25%。对于投保面积在 10 000 亩以上的，中央财政补贴 30%，省级财政补贴 30%，林权所有者承担 40%。有条件的县(市、区)也可对投保面积 10 000 亩以上的商品林林权所有者给予 15% 的保费补贴。

八、赔偿标准与赔偿处理

保险公司按照保单约定开展查勘定损工作，即一次出险形成一个赔案(确定一个受灾面积)、一个赔案对应一份保单。具体赔偿标准与赔偿处理方式如下。

1. 受灾面积 ≤100 亩，免赔率 10%。

赔款金额 = 每亩保险金额 × 受灾面积 × 损失率 ×(1-免赔率)

2. 受灾面积 >100 亩，免赔面积 10 亩。

赔款金额 = 每亩保险金额 ×(受灾面积-免赔面积)× 损失率

3. 由林业生产经营组织、村委会等组织农户集体投保的保单，单个赔案中有多户出险的，各户赔款按各户受灾面积占总受灾面积的比例计算。

4. 桉树风灾损失责任每亩保险金额按中标每亩保险金额的 40% 确定；桉树因其他灾害损失责任每亩保险金额即为中标每亩保险金额。

5. 损失率按照相关主管部门制定的灾害损失认定标准确定。

九、承保方式：省级以上生态公益林以县为单位统一参保，商品林自愿投保。对经营面积较大的省属或县属国有林场、林业企业、林农专业合作组织和种植大户，可单独投保，实行一户一保单，保费由投保人缴纳；对经营面积较小的一般种植户，可单独投保，也可以村为单位统一参保，实行一村一保单，保费可由村统一收取或扣缴。

## 案例六　内蒙古自治区光肩天牛虫害"以防减赔"案

### 一、案例简介

2020 年 6 月底，内蒙古自治区包头市土默特右旗林业和草原局森防技术人员在日常巡防虫情检测中，发现土默特右旗部分地区有光肩星天牛虫害出现。进入 7 月，中华财险公司农险部人员与土右旗林业和草原局技术人员对该虫灾进行进一步监测，发现在中华财险公司承保的公益林地内已发生光肩星天牛危害。根据技术人员采样分析，该虫害已进入孵化繁殖高峰期，需对此虫害尽快防治，否则将会给全旗公益林地带来严重的成灾风险。中华财险公司和林草部门组织相关专家及时对该情况进行详细调查。为了有效控制灾害的大面积爆发，中华财险公司及时启动防灾减损措施，与当地林草部门共同聘请专业的病虫害防灾机构及时对受害林地开展有害生物防治。通过双方的通力合作，2020 年，土默特右旗公益林地首次实现了全年"零"报案。

### 二、主要做法

1. 提前调查防治

在了解到有虫灾成灾风险后，中华财险公司及时聘请相关技术人员对虫灾情况进行调查，并结合实际及时启动防灾减损措施，与当地林草部门共同聘请专业病虫害防灾机构及时对林地进行有害生物防治，防止灾害的大面积爆发。

2. 引入第三方机构

为了更加规范森林保险理赔环节，经土右旗森林保险保费补贴领导小组成员同意，从 2019 年开始，中华财险与内蒙古正祥保险公估有限公司、内蒙古首佳保险公估公司签订公估协议，作为第三方公估机构，在森林保险报灾后进行现场查勘定损并做出灾情鉴定工作，提高案件评价的客观公正性，避免产生赔偿纠纷。

## 三、主要成效

光肩星天牛属检疫性害虫，一般在 6 月中旬成虫开始产卵，7~8 月为产卵盛期，卵期 16 天左右，成虫寿命平均 20 天左右，在适宜条件下，虫情发展十分迅速，能引起树木枯梢、易被风折挂断，造成幼树死亡，影响树势，对树木破坏严重。林草部门在虫情监测过程中发现土默特右旗公益林发生光肩星天牛危害后，与保险机构紧密配合，迅速对虫情发展趋势开展了调查，了解到当时发生虫害的树种为杨树、柳树和榆树等，是光肩星天牛主要危害树种。为了尽快遏制虫害进一步扩大趋势，林草部门和保险承办机构紧密配合，在灾害发生之初及时启动防灾减损措施，对发生光肩星天牛危害的 3200 余亩林地开展有害生物防治工作，投入防灾减损经费近 28 万元，及时、有效地防止灾情进一步扩大与恶化，将虫害危害控制在最低程度，通过"以防减赔"措施，林地资源得到了有效保险保障，当年实现了有害生物灾害的"零"报案。

## 四、案例评析

内蒙古自治区通过利用森林保险理赔资金开展灾后治理及植被恢复工作，为森林资源保护与修复提供了充实资金保障，有效提升森林资源生态效能，充分体现了森林保险的"减震器"与"助推器"作用。森林保险有效提高了林区防范、控制和分散灾害风险的能力，为"绿色 GDP"稳定持续增长保驾护航。

同时，林业主管部门联合保险机构，积极转变森林保险开展方式，重视提前防治，是积极探索森林保险工作方式的创新之举，土默特右旗 2020 年公益林实现"零"报案也说明此次创新效果良好，值得坚持与推广。

## 五、其他相关知识

**内蒙古自治区森林综合保险有关林业有害生物**
**灾害条款节选**

第五条 在保险期间内，由于火灾、旱灾、暴雨、暴雪、暴风、洪水、泥石流、冰雹、霜冻、病虫鼠兔害、野生动物毁损原因，直接造成保险林木流失、掩埋、主干折断、倒伏、烧毁、死亡的损失，保险人按照本保险合同的约定负责赔偿。

第二十九条 下列情形下的损失率按以下标准确定：

（一）森林火灾或因扑救森林火灾造成保险林木受损或死亡，其损失率均按 100% 计算。

（二）林业有害生物导致保险林木灾害，林木受灾达到中度、重度及以上

（按现行林业有害生物防治标准确定），其损失率分别按 5%、10% 计算；如死亡或发生林业检疫性有害生物灾害，依据林木采伐的有关规定，林木必须清理的，其损失率按 100% 计算。

第四十条　本保险合同涉及下列术语时，适用下列释义：

（十一）病虫鼠兔害：特指具有普发性、突发性或暴发性特征的森林病虫害、鼠害和兔害。

（二十三）林业有害性生物：指对林木有害的任何植物、动物或病原体的种株或生物型，包括害虫、病害、鼠兔害和有害植物。

（二十四）林业检疫性有害生物：具体指目前国家林业和草原局公布的 14 种检疫性林业有害生物和内蒙古自治区林草局公布的 6 种检疫性林业有害生物（松材线虫、美国白蛾、苹果蠹蛾、红脂大小蠹、双钩异翅长蠹、杨干象、锈色棕榈象、青杨脊虎天牛、扶桑绵粉蚧、红火蚁、枣实蝇、落叶松枯梢病菌、松疱锈病菌、薇甘菊、光肩星天牛、青杨天牛、白杨透翅蛾、杨十斑吉丁、双条杉天牛、加拿大一枝黄花）。

# 第四章　草原保险典型案例

草原是我国重要的绿色生态屏障，在调节气候、涵养水源、固碳释氧和防止沙尘暴等方面发挥着极其重要的生态功能。因此，发展草原保险对草原生态资源保护和修复具有重要意义。本章聚焦草原保险基本情况，选取了有代表性的草原保险典型案例，系统阐述了我国草原保险试点探索及发展情况，为推进祖国北疆生态安全屏障建设、助推已垦林地退耕还林还草高质量发展提供支撑保障。

## 第一节　草原保险基本情况

草原是生长草本植物为主体的广大土地，是人类放牧生产、经营利用、文化生活和保护环境、改造自然的重要场所。草原具有丰富的内涵，它包括草地上的所有生物资源、环境资源和社会资源。随着社会生产的发展和科学技术水平的提高，人们对草原的认识也在不断地深入和发展。尤其是生产力比较发达的地区，将草原放牧业、畜牧业与集约农业、工业建设和生态文明结合起来，使其有了更多的功能，如生态旅游休闲度假、健康养生、狩猎打渔、自然保护区、国家公园等。

草原不仅是我国传统的畜牧业基地，而且是我国重要的绿色生态屏障，在调节气候、涵养水源、固碳释氧和防止沙尘暴等方面发挥着极其重要的生态功能，成为生态文明建设的主战场之一。然而，我国草原主要分布在干旱、半旱地区，降水量少，生态系统脆弱，面临的自然灾害较大，一旦遭到破坏，恢复难、周期长。因此，发展草原保险对草原生态资源保护和修复具有重要意义。

我国草原面积为 39.48 亿亩，居世界第一位。主要分布在西藏、内蒙古、新疆、青海、甘肃、四川 6 个省份，占全国草原面积的 94%。我国大部分天然草原处于干旱与半干旱地区，生态系统脆弱，自然灾害频发。目前，只有内蒙古、青海和吉林等少数省份开展了草原保险试点，草原保险业务尚属起步阶段。

### 一、草原保险

草原保险是补偿草原经营者因草原遭受灾害导致的经济损失的保险。2019

年 10 月，财政部等四部委联合印发的《关于加快农业保险高质量发展的指导意见》，提出要发展草原保险，适时调整完善草原保险制度，研究制定草原保险示范性条款。

2021 年 3 月，国务院办公厅印发《关于加强草原保护修复的若干意见》，明确提出鼓励地方探索开展草原政策性保险试点，同时还要求以完善草原保护修复制度、推进草原治理体系和治理能力现代化为主线，加强草原保护管理，推进草原生态修复，促进草原合理利用，改善草原生态状况，推动草原地区绿色发展，到 2025 年基本建立草原保护修复制度体系。这标志着草原定位从生产为主向生态为主转变，也为草原保险发展提供了政策机遇。草原保险在加强草原保护修复、加快推进生态文明建设方面将发挥更大的作用。

## 二、草原灾害

草原灾害是指对草原生产、再生产过程及其生态系统的稳定性造成极大危害的环境因素、生物因素变异和人为因素干扰，给人类造成的经济、生态和社会损害的现象和事件。草原生态系统是各类生态系统中最为脆弱的开放性系统，在复杂的气候变化和漫长的演替更迭过程中，极易遭受各种自然灾害的侵袭和人为灾害的破坏。这不仅严重影响草原牧区经济的可持续发展和我国生态安全与生物资源安全，给我国经济和社会发展也带来极大危害。因此，保护草原资源，做好草原环境灾害防灾工作意义重大。

草原灾害主要包括草原气象灾害和草原生物灾害两类。草原气象灾害包括草原雪灾、草原旱灾、草原火灾；草原生物灾害包括草原鼠害和草原病虫害。

## 三、草原风险

草原风险由于具有脆弱性、关联性和伴生性的特点，极易演化成不完全可保的巨灾风险。为加强草原生态保护，增强草原抵御风险能力，特别是抵抗虫灾、火灾等自然灾害对草原生态、农民生产造成的损失，促进草原生态建设持续健康发展，需要构建草原保险风险分散机制进行管理。风险分散机制的健全与否，直接关系到承保机构的偿付能力，进而影响草原保险经营的稳定性和持续性。草原风险种类繁多，包括旱灾风险、火灾风险、雪灾风险、生物灾害风险和人为风险等，而且各风险间的相互作用关系明显，一种风险可能由多种致灾因子导致，一种风险发生会引起一系列风险发生。总体上看，建立比较完善的风险分散机制，为草原巨灾风险提供必要的风险保障，是支持草原保险发展的主要做法。

## 四、草原保险试点探索

### (一)内蒙古自治区草原保险探索

内蒙古自治区是我国草原资源最丰富的省份之一,截至 2022 年,拥有草原面积 13.2 亿亩,占全国草原总面积的 22%。草原是农牧区重要的生产资料来源和生态依托,内蒙古自治区拥有呼伦贝尔、锡林郭勒、科尔沁、乌兰察布、鄂尔多斯和乌拉特六大著名草原,是我国北方的重要生态屏障和畜牧业基地。内蒙古自治区的绝大部分天然草原处于干旱与半干旱地区,生态系统脆弱,自然灾害频发,严重影响牧民增收和脱贫。党的十八大以来,习近平总书记两次考察内蒙古自治区,连续两年参加全国人大内蒙古代表团审议,多次强调"要把内蒙古建成我国北方重要生态安全屏障",指出"内蒙古生态状况如何,不仅关系全区各族群众生存和发展,而且关系华北、东北、西北乃至全国生态安全""保护草原、森林是内蒙古生态系统保护的首要任务"。

为深入贯彻落实习近平总书记重要讲话精神,积极落实《内蒙古自治区加快推进政策性农业保险高质量发展工作方案》中"开展草原保险实践,探索对不同利用形式天然草原实施灾害损失补偿保险试点"的要求,内蒙古自治区林业和草原局积极协调,由财政、林草、银保监、气象、科研院校、保险经营主体等多部门专家学者成立草原保险课题组,充分研讨、论证,初步制定了《内蒙古自治区草原保险试点方案》,重点突出草原保险对草原生态资源保护和修复的重要促进作用,同时兼顾牧草经营企业和牧民生产生活的风险保障。同时,人保财险内蒙古分公司积极与内蒙古大学联系,与相关专家、教授组成团队,还建立了由来自中国农业科学院草原研究所、水利部农村牧区水利研究所、内蒙古农业大学、内蒙古财经大学等高校的专家学者组成的专家库,共同推进课题攻关。

内蒙古自治区草原保险试点,设计初衷是以保护草原生态为主,同时兼顾为牧民生产生活提供保险保障。2020 年,内蒙古自治区林业和草原局协调个别有条件的旗(县)和保险机构开展先行先试,在巴彦淖尔市乌拉特后旗、赤峰市阿鲁科尔沁旗、鄂尔多斯市杭锦旗陆续开展了财政保费补贴型天然草原保险试点工作,参保草原面积为 176.71 万亩,财政补贴经营主体的投入保费资金 176.71 万元,理赔面积 67.8 万亩,理赔金额 109.41 万元。2021 年,内蒙古自治区草原保险试点区域进一步扩大。经保险机构确定后,各级林草主管部门积极配合开展草原保险试点区域核保签单工作。通过多方努力,内蒙古自治区确定了草原保险试点区域,落实了各级财政保费补贴资金。据测算,2021 年,全区计划开展草原保险试点区域面积 3797.88 万亩,涉及 8 个盟(市)13 个旗(县),试点期限为 3年,其中,禁牧区 120.00 万亩,草畜平衡区有 3677.88 万亩;计划投入保费资金5003.05万元，其中，内蒙古自治区财政保费补贴2501.53万元，盟(市)财政保费补贴1000.61万元，旗(县)财政保费补贴500.31万元，经营者自筹1000.61万元。

2021年6月，内蒙古自治区财政厅、林草局联合印发《内蒙古自治区草原保险试点实施方案》。2021年8月，在全区8个盟(市)13个旗(县)启动了内蒙古自治区草原保险试点。试点参保草原类型分为：温性草甸草原、温性典型草原和温性荒漠草原。三种草原类型的保险金额分别为40元/亩、30元/亩、20元/亩；保险责任为旱灾、火灾、病虫鼠害和沙尘暴灾害；保险费率厘定为5%，据此计算，三种草原类型保费分别为2元/亩、1.5元/亩、1元/亩。保费资金投入由财政资金、投保草原承包经营者自筹资金两部分构成，其中，自治区补贴50%，盟(市)补贴20%，旗(县、区)补贴10%，草原承包经营者承担20%。2021年，参保草原面积3797.88万亩，投入保费4100余万元，其中，自治区及各级地方财政投入3280余万元，草原承包经营者自筹820余万元。初步确定试点期限为三年，之后将稳步推广，有计划、分步骤地实现草原保险全域落地，力争实现"生态向好、草原得保护、牧民得实惠"的工作目标，探索建立保护草原生态、防范草原灾害、促进灾后恢复的保险保障体系。

### (二)吉林省草原保险探索

吉林省位于东北草原区，草原可利用面积达6568.5万亩，主要集中于西部和东部地区。2020年，白城大安市林业和草原局推出地方财政草原保险，由中华财险承办。保险采用《中华财险吉林省大安市地方财政草原保险条款》，保险标的为生长和管理正常的大安地区公益草原，保险责任包括：暴雨、暴风、台风、洪水、冰雹、霜冻、暴雪、雨凇、雪凇、火灾、泥石流、旱灾。保险费率为1%。2020年，白城大安市的草原保险为39.1万亩草原，提供了7820万元的风险保障，保费收入78.2万元，支付赔款19.54万元。

### (三)河北省草原保险探索

河北省草原分布地域广，草原情况复杂，多年来遭受着不同程度的自然灾害和人为破坏。2020年，为加强草原管理和保护，落实《关于加快农业保险高质量发展的指导意见》，河北省积极开展草原保险探索工作。河北省林业和草原局采取电话问询、线上交流和一线调研等形式，向各市、县及省局相关处室了解全省草原面积、分布、质量情况和面临的问题，为下一步开展草原保险工作夯实基础。河北省财政厅组织保险机构前往相关省份对草原保险进行调研学习，为启动草原保险工作奠定基础。

### (四)四川省草原保险探索

四川省是我国五大牧区之一，草地资源丰富、类型多样，有高寒草甸草地、山地疏林草地、山地灌木草丛草地、山地草丛草地、干旱河谷灌木草丛草地、干热稀树草丛草地、农隙地草地等11类35组126个类型。草原是重要的畜牧业生产基地和国家生态资源，在调节气候、涵养水分、防风固沙、美化环境、生物多样性保护等方面具有十分重要的作用。2020年9月29日，四川草原保险调研启动会议暨第一次专家研讨会在成都举行，四川省林业和草原局、财政厅、中国银行保险监督管理委员会四川监管局等部门人员和专家参加了会议。会议主要对草原保险相关政策进行了研讨，重点从投保理赔、保险责任、保险金额、保险费率等方面展开。

我国草原保险试点情况见表4-1。

表4-1 我国草原保险试点情况

| 序号 | 险种 | 标的 | 地区 | 承保公司 | 时间 | 备注 |
|---|---|---|---|---|---|---|
| 1 | 草原保险 | 大安地区公益草原 | 吉林省白城市大安市 | 中华财险 | 2020年 | 为39.1万亩草原提供了7820万元的风险保障，保费收入78.2万元，支付赔款19.54万元 |
| 2 | 旱灾指数保险 | 商业性牧草 | 内蒙古自治区呼伦贝尔市、兴安盟、通辽市、锡林郭勒盟 | 安华保险 | 2020年 | 累计为牧民提供风险保障315.76万元，当年赔付率高达95% |
| 3 | 草原生物量保险 | 草原在一定时间内产草量低于约定目标值 | 内蒙古自治区青海省 | 太平洋产险 | 2020年 | 旱灾、生物灾害和火灾为主要保险责任 |
| 4 | 草原保险（旱灾、火灾、虫鼠害和沙尘暴） | 天然草原 | 内蒙古自治区乌拉特后旗 | 人保财险内蒙古分公司 | 2020年 | 全国首单政策性草原保险（天然草原），保额为20元/亩，保费为1元/亩；乌拉特后旗财政补贴90%，牧户10%。 |
| 5 | 采草场草原植被指数保险 | 特定草原植被 | 吉林省镇赉县 | 中航安盟 | 2013年 | 承保1.48万亩，签单保费7.1万元，保额88.74万元，赔款4.97万元 |
| 6 | 草原保险 | 生产干草的冬春草场 | 四川省阿坝藏族羌族自治州红原县 | 中航安盟 | 2015—2020年 | 截至2021年，累计承保面积1556万亩，为26 646户次牧民提供风险保障2.33亿元，累计支付赔款35万元 |

（续）

| 序号 | 险种 | 标的 | 地区 | 承保公司 | 时间 | 备注 |
|---|---|---|---|---|---|---|
| 7 | 草原保险 | 生产干草的冬春草场 | 内蒙古自治区赤峰市阿鲁科尔沁旗 | 中航安盟内蒙古分公司 | 2020—2021年 | 承保面积21.22万亩，参保牧户8361户，承保草原615万亩，保费收入923万元，提供风险保障18 460万元。2021年，因沙尘暴牧民获赔31.8万元 |
| 8 | 草原草场指数保险 | 不同区域、不同类型的草原 | 7个嘎查（与行政村平级）的21.2万亩天然草场 | 中航安盟内蒙古分公司 | 2016—2019年 | 共为124户牧民提供300余万元的风险保障，收取保费22.9万元，累计赔款46.9万元 |
| 9 | 天然草场牧草植被指数保险试点 | 生长在天然草场上的牧草 | 内蒙古自治区赤峰市阿鲁科尔沁旗下的赛罕塔拉苏木和扎嘎斯台苏木 | 中航安盟内蒙古分公司 | 2016年 | 试点规模约2.9万亩，提供风险保障176.66万元 |
| 10 | 商业性牧草旱灾指数保险 | 牧草 | 内蒙古自治区呼伦贝尔市、兴安盟、通辽市、锡林郭勒盟等地区 | 安华保险总公司 | 2020年 | 累计为牧民提供风险保障315.76万元，当年赔付率高达95% |
| 11 | 草原保险试点 | 禁牧区草原与草畜平衡区草原 | 内蒙古自治区鄂尔多斯市乌审旗、杭锦旗、鄂托克旗、鄂托克前旗 | 中华财险 | 2020年 | 2021年，鄂尔多斯市杭锦旗旱灾，牧民获赔6.3万元 |
| 12 | 草原保险 | 温性草甸草原、温性典型草原和温性荒漠化草原 | 内蒙古自治区全区试点区域3797.88万亩，呼伦贝尔市、兴安盟、通辽市、赤峰市、锡林郭勒盟、鄂尔多斯市、巴彦淖尔市和阿拉善盟8个盟（市）13个旗（县） | 平安、大地、中华联合财险、人保、人寿保险内蒙古分公司 | 2021—2023年 | 2021—2022保险年度，完成投保草原面积3000余万亩，投入保费4100余万元。其中，自治区财政补贴2050余万元，盟（市）、旗（县）财政补贴1230余万元，草原承包经营者自筹820余万元 |

（续）

| 序号 | 险种 | 标的 | 地区 | 承保公司 | 时间 | 备注 |
|------|------|------|------|----------|------|------|
| 13 | 地方政策性牧草种植保险——政策性牧草种植气象指数保险试点（倒春寒、风灾、连续阴雨等影响人工牧草种植产业效益的气象指数） | 20万亩苜蓿、燕麦草 | 内蒙古自治区赤峰市阿鲁科尔沁旗 | 中原农业保险 | 2021年 | 投保总面积20万亩，保额300元/亩，保险费率6%，保费18元/亩。各级财政补贴保费360万元，其中，赤峰市财政补贴保费144万元，占总保费40%；阿鲁科尔沁旗财政补贴保费144万元，占总保费40%；草企和种草个人自筹72万元，占总保费20% |
| 14 | 新造林种草工程保险 | 已垦林地草原退耕还林还草试点范围内实施的新造林种草工程 | 内蒙古自治区大兴安岭及周边地区 | 人保财险 | 2021年 | 按照新造林地保费50元/亩、新种草地保费20元/亩、新封山育林(草)保费20元/亩的标准，内蒙古自治区财政共补贴保费资金2618.6万元 |

## 第二节 草原保险试点案例

由于经济发展程度、气候灾害差异、种植历史、文化习惯、社会形态、经济体制等方面的差异，各地所实行的草原保险也各不相同。为保护草原生态安全、促进草原畜牧业发展，2020年8月，全国首单政策性草原保险试点在内蒙古自治区乌拉特后旗启动。随后，中航安盟和中华财险分别在内蒙古自治区阿鲁科尔沁旗和鄂尔多斯市陆续开展政策性草原保险试点；人保财险联合相关部门也在四川省开始进行草原保险试点调研。结合内蒙古自治区、四川省以及大兴安岭地区的草原保险实施情况，对各地区案例进行汇总总结。

### 案例一 内蒙古自治区多个草原保险试点案例

#### 一、案例简介

内蒙古自治区绝大部分天然草原地处干旱与半干旱地区，生态系统脆弱，重大的干旱、草原火、病虫鼠害以及季节性沙尘天气是事关草原生态建设和畜牧业生产的主要风险。自治区草原类型复杂、植被多样、气候变化差异大，灾害监测及损失评估工作需要大量草原、气象和畜牧方面数据的支撑，需要进行科学的分析、推演与测算，并与实地监测数据进行反复验证才能保证结果的客观、公正与合理。

为有效保护草原资源、保障国家生态安全、发展牧区经济、实现牧民脱贫解困，在内蒙古自治区相关部门的支持下，人保财险、中航安盟、中华联合和大地保险等多家保险机构先后在内蒙古自治区开展了草原保险试点，范围覆盖赤峰市、巴彦淖尔市、锡林郭勒盟的多个旗县，涉及了荒漠化草原、温性丘陵草原、温性草甸草原等多种草原类型。保险产品包括草原旱灾、火灾保险，草原植被指数保险和雪灾指数保险等多种类型，对化解受灾牧民的养殖风险、保障参保牧户的生产生活起到了一定的作用，受到了牧民的赞誉和政府的肯定，并形成了较为清晰的草原保险发展思路。

## 二、主要做法

### 1. 阿鲁科尔沁旗对草原保险项目进行试点探索

针对内蒙古草原自然灾害频发，草地、草原的沙化、碱化、退化日益严重，以及内蒙古草原畜牧业的突出问题，2016 年，中航安盟从稳定草原畜牧业经济的可持续发展和加快推进精准扶贫工作出发，借助法国安盟集团的产品开发和技术优势，与农业部、中国科学院、内蒙古农科院、内蒙古草勘院共同合作，创新研发了《天然放牧场牧草植被指数（NDVI）保险》和《人工草场植被指数保险》（统称"草原草场指数保险"），在内蒙古自治区赤峰市阿鲁科尔沁旗的赛罕塔拉苏木和扎嘎斯台苏木开展了试点，规模约 2.9 万亩，提供风险保障 176.66 万元。该产品以生长在天然草场上的牧草作为保险标的，通过卫星遥感实时监测牧草生长期内归一化植被指数（NDVI）的变化，计算因各种自然灾害导致的产草量损失，从而根据损失情况进行赔付，填补了自治区天然草原保险的空白。2016—2019 年，中航安盟在全区不同区域、不同类型草原进行试点探索，共为 124 户牧民提供 300 余万元的风险保障，共收取保费 22.9 万元，累计赔款 46.9 万元。2020 年，阿鲁科尔沁旗林业和草原局发文，指定中航安盟承担当地草原保险试点任务。中航安盟成为参与全国首批政策性草原保险试点的保险机构，当年共为 7 个嘎查的 21.2 万亩天然草场提供了 424 万元风险保障，为运用有限财政资金引导和鼓励牧民积极执行草畜平衡政策、保护草原生态做出了贡献。

### 2. 乌拉特后旗开展全国首单政策性草原保险项目

乌拉特后旗草原保险试点项目是内蒙古自治区针对天然草原实施保险保费地方财政补贴的首个试点项目，也是全国首单天然草原政策性保险。这是内蒙古自治区践行绿色发展理念的全新尝试。2020 年，内蒙古自治区林业和草原局积极协调，由财政、林草、银保监、气象、科研院校、保险经营主体等多部门专家学者成立草原保险课题组，反复研讨《内蒙古自治区草原保险试点实施方案》，重点突出草原保险对草原生态资源保护和修复的重要促进作用，同时兼顾牧草经营企业和牧民生产生活的风险保障。在保险费率方面，依据现有掌握的监测数据，经保险精算对灾害发生频率和灾害损失程度综合测算，保险费率厘定为 5%。在保险金额方面，依据草原的类型，结合平均牧草产量以及草原生态恢复成本等因素综合计算确定总保险金额，其中，温性草甸草原 40 元/亩，温性典型草原 30 元/亩，温性荒漠草原 20 元/亩。在财政保费补贴方面，考虑到以草原生态资源保护为前提，参照国家森林保险的财政保费补贴政策，禁牧区草原保险方案设计的是保费全部由各级财政负担，省级以上财政保费补贴 80%，其中中央财政补贴 50%；由于草畜平衡区兼顾着草原经营者的生产和生活，其草原保险方案设计的是省级以上财政保费补贴不低于 60%（其中，中央财政补贴 40%），草原经营者负担 10%。

2020 年 10 月 28 日，由人保财险内蒙古分公司承保的国内首个天然草原保险项目成功落地乌拉特后旗，为乌拉特后旗 77 户牧民的 142.58 万亩草原提供 2800 余万元保障额度。根据约定，承保标的草原保险金额为 20 元/亩，保险费为 1 元/亩；保费缴纳为地方财政补贴 90%，牧民自担 10%。

3. 其他地区结合草原保险试点需求陆续开展草原保险项目工作

自 2020 年 9 月起，经内蒙古自治区林业和草原局与盟市、旗县沟通，在相关盟市、旗县上报草原保险试点需求的基础上，初步确定了 2021 年度草原保险试点区域，计划在呼伦贝尔市、兴安盟、通辽市、赤峰市、锡林郭勒盟、鄂尔多斯市、巴彦淖尔市和阿拉善盟等地区投保草原约 5300 余万亩，整体需投入各级财政保费补贴 6700 余万元。

4. 五家保险公司在 2021—2023 年开展草原保险试点项目

2021 年 8 月，为配合内蒙古自治区财政厅开展公开招标，最终确定了由平安财险内蒙古分公司、中国大地财产保险股份有限公司内蒙古分公司、中华财险内蒙古分公司、人保财险内蒙古分公司和国寿财险内蒙古分公司五家经办机构在 2021—2023 年试点期限内，为全区试点区域提供草原保险保障（期间，由中航安盟内蒙古分公司继续承保赤峰市阿鲁科尔沁旗 2021 年草原保险业务，2022—2023 年再由中标机构承保）。

## 三、主要成效

政策性草原保险试点工作的成功开展，弥补了内蒙古自治区草原保险的空白，也为下一步全区乃至全国开展政策性草原保险工作积累着实践经验，具有十分重要的意义。

1. 草原保险试点牧民得实惠

2020 年，内蒙古自治区林业和草原局协调个别有条件的旗县和保险机构，先行先试，在巴彦淖尔市乌拉特后旗、赤峰市阿鲁科尔沁旗、鄂尔多斯市杭锦旗陆续开展了财政保费补贴型天然草原保险试点工作，参保草原面积176.71万亩，投入保费资金176.71万元，破解了草原保险试点开局难题。当年，草原保险试点区域的牧民通过自筹保费15.76万元参加草原保险，在遇到草原灾害时获理赔金109.4万元；2021年，乌拉特后旗草原发生虫害，牧民获赔71.3万元；赤峰市阿鲁科尔沁旗发生沙尘暴灾害，牧民获赔31.8万元；鄂尔多斯市杭锦旗发生旱灾，牧民获赔6.3万元。开展草原保险有效提升了牧民应对草原灾害的能力，使牧民得到了灾后恢复生态、生产的资金支持。

2. 草原保险试点区域进一步扩大

经办机构确定后，各级林草主管部门积极配合开展草原保险试点区域核保签单工作。通过多方努力，截至2020年年底共有8个盟市12个旗县区参保草原保险，参保面积超2500万亩，投入保费资金超3200万元，为试点区域草原提供了最高超6.3亿元的保险保障，草原保险试点区域较上年增加了近15倍。为更多草原提供保险保障的同时，也更好地积累实战经验，为全区开展草原保险工作打下基础。

3. 为护林员提供风险保障

通过协调、推动有关保险承办机构为护林员提供意外风险和疫情防控等多种风险保障，减轻护林员经济压力，提升护林员抵御在日常巡护过程中可能遭遇意外事故和风险的能力，防止新一轮疫情反扑给护林员带来生命、健康威胁，在助力林业精准扶贫、推动乡村振兴、落实"为群众办实事"的同时，也加强了森林资源巡护、管护力度，有效提升了灾害预防与预警能力。

## 四、案例评析

草原保险填补了草原保险保障体系建设的空白，其生态价值、经济价值与社会价值要高于一般险种。通过开展草原保险试点，在保护草原生态的同时，也为草原经营者的生产、生活提供保险保障，防止因灾致贫、返贫，实现"生态向好、草原得保护、牧民得实惠"的整体目标，同时对于推进祖国北疆生态安全屏障建设，促进内蒙古自治区经济社会高质量发展，具有非常重要的意义。对于草原保险有以下建议。

1. 将草原保险纳入中央财政补贴险种

草原保险没有政府的保费补贴，农牧民无力或不愿意承担过高的保费，保险公司设计保险产品也受到经营风险的限制，这两方面因素制约了草原保险的发展。同时，由于经营规模少，保险公司也难以建立起有效的风险分散机制。

2. 开发草原综合保险产品，推动草原保险业务发展

设计草原保险费率既要充分考虑投保主体的缴费能力和保障需求，还要兼顾

保险公司的风险防范和经营稳定，注重可持续性。扩大保险的覆盖面，保护草原生态的同时为牧民生产生活提供保险保障。

3. 扩大草原保险试点，助力乡村振兴

为降低旱灾等自然灾害给生态环境、牧民生产带来的损失，逐步实现"生态得保护、牧民得实惠"的目标，下一步应在继续扩大原有草原保险产品试点范围的基础上，开发人工草场牧草种植保险、草原生态质量优化保险等产品，积极争取地方财政支持，满足农牧民生产和草原生态治理提供多种风险保障需求，力争在多省区开展试点，为稳定牧民收入搭建起一道可靠的屏障。

## 五、其他相关知识

内蒙古草原占中国草场总面积的27%，居中国五大草原之首，牧区农牧民90%的经济来源于草原畜牧业。

### （一）天然放牧场植被指数保险

内蒙古地区的天然放牧场牧草植被指数保险，主要内容包括以下几个方面。

1. 保险责任

在保险期间内，由于下列原因直接造成用于牲畜饲养所必需的牧草减产带来的经济损失，保险人应按照本保险合同的约定负责赔偿。

（1）旱灾。

（2）暴雨、洪水（政府行蓄洪除外）、内涝、风灾、雹灾、冻灾。

2. 保险费率

8%。

3. 保险金额

保险牧草的每亩保险金额参照当地前五年平均产草量的70%与约定的成本单价，由投保人与保险人协商确定，并在保险单中载明。

保险金额＝每亩保险金额×保险面积

保险面积以保险单载明为准。

4. 理赔方式

本保险根据归一化植被指数（以下简称NDVI）测算产草量损失，NDVI实际观测值以双方协商认同的第三方权威机构出具的数据为准。

保险人按照下列约定计算被保险人损失及赔偿金额：

赔偿金额＝保险金额×损失率

损失率＝（约定单位面积产草量−实际单位面积产草量）/约定单位面积产草量

实际单位面积产草量＝保险期间内基于NDVI计算的单位面积产草量加权平均值

约定单位面积产草量＝基于NDVI计算的当地前五年实际单位面积产草量的

平均值×70%

## 5. 草原指数保险总体技术流程

草原指数保险总体技术流程如图 4-1 所示。

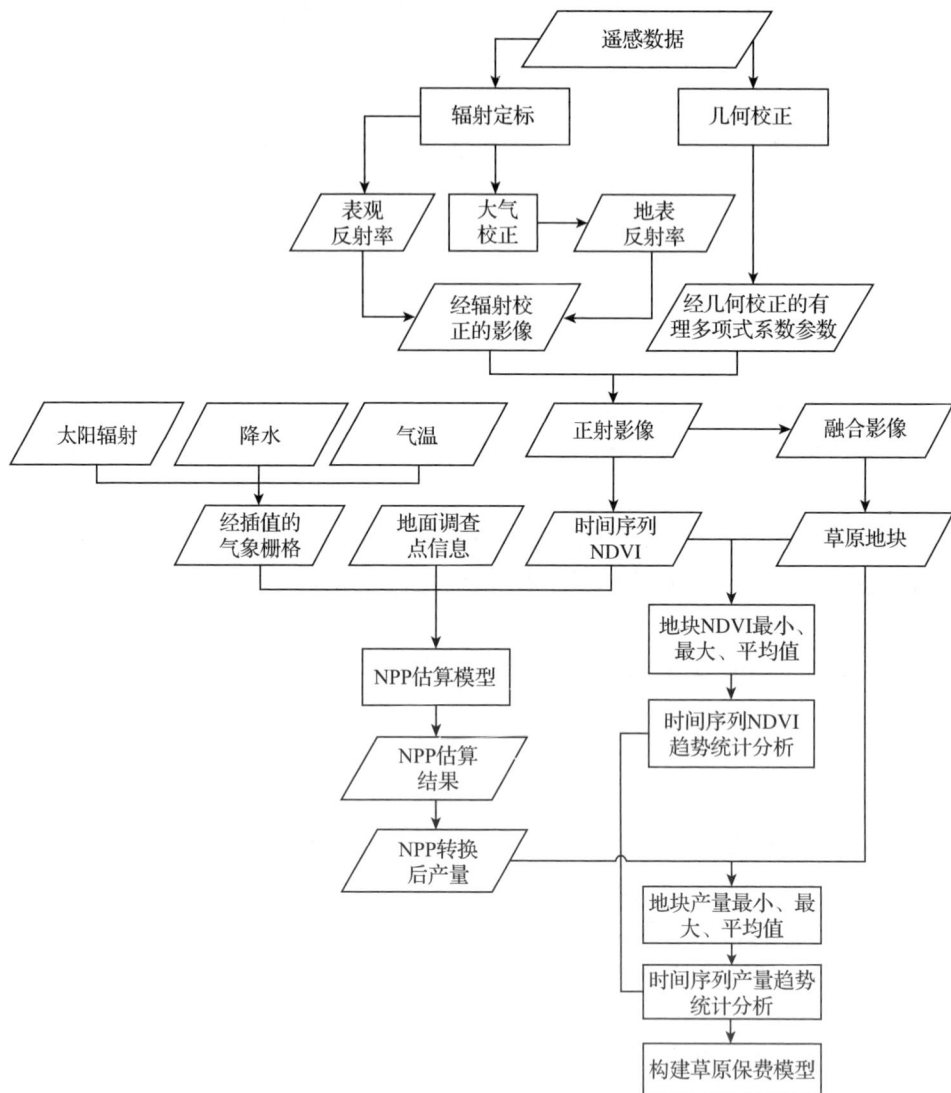

图 4-1　草原指数保险总体技术流程

### (二)其他保险公司创新型草原保险试点情况

1. 太平洋产险

2020 年，太平洋产险开发探索基于遥感技术的草原生物量保险，主要解决因自然灾害或草畜平衡等各种原因，导致草原在一定时间内产草量低于约定目标值的保险。保险方案初步框架和测算已完成，积极对接内蒙古自治区林业和草原局、青海林业和草原局、三江源国家公园等机构进行试点。内蒙古自治区根据不同的草原类型，建立由财政、林草、银保监、气象、科研院校、保险经营主体等多部门专家学者组成的草原保险课题组，全面分析过往草原及气象数据，精算保险费率，明确赔偿条件，制定具有可操作性的草原保险实施方案及保险产品；探讨草原保险相关试点方案，设计符合当地草原绿色协调发展的保险新产品、新模式，适时开展以旱灾、生物灾害和火灾为主要保险责任的草原保险试点，通过创新的保险产品，探索草原经济保险。

太平洋产险利用遥感、物联网等新技术新手段，构建草业风险数据体系，敏捷反馈草业风险变化情况，促进草原灾害防控工作推进。太平洋产险结合碳中和核心理念，构建林草业碳汇体系，探索草原碳汇"保险+期货"模式，为未来碳汇期货市场对接做好铺垫；利用保险补偿维持提升草原碳汇的成本，同时构建未来碳汇期货风险对冲机制，有效提升草原固碳储备，保持生态与经济协调发展。

**2. 国寿财险**

2023 年 10 月 12 日，全国首单草原生态修复保护保险落地国家乡村振兴重点帮扶县正镶白旗，为正镶白旗 1151 亩草原提供自然灾害、外来物种入侵等风险保障。这是国寿财险内蒙古分公司持续深耕绿色保险后的又一力作，为保险行业助力草原生态修复保护提供了可复制推广的模式。

在保险期间，当草原出现自然灾害、外来物种入侵等风险需要进行保护救治时，国寿财险内蒙古分公司将依据及时救治、修复保险标的、改善生态系统而投入必要合理的保护施救费用予以赔付。对于保障草原因遭遇项目建设、养殖污水、农药残液等人为损害因素造成损失需要救治的，保险公司可先行垫付，后由主管部门协助保险公司向肇事方追偿。通过草原生态修复保护保险的实施，充分发挥保险分散风险和经济补偿的功能作用，有利于草业主管单位在草原退化治理、草业生产能力提升方面，获得更为充沛的资金投入来增强草原抗风险能力。

**3. 中航安盟**

中航安盟的涉林保险产品有：花椒种植保险、核桃种植保险、林麝养殖保险、冬春草场火灾保险、中药材种植保险、森林保险、林木火灾保险、采草场草原植被指数保险、松树病虫害防控责任保险、中药材收入保险、中华蜜蜂养殖保险、天然放牧场牧草植被指数保险、草原保险 13 种产品。2013 年，中航安盟在吉林省镇赉县开展了采草场草原植被指数保险，承保 1.48 万亩，签单保费 7.1万元，保额 88.74 万元，赔款 4.97 万元。自 2015 年起，中航安盟持续在四川、内蒙古两省份进行草原保险试点，在四川省的试点侧重于"成本类"保险，在内蒙古自治区的试点侧重于"指数类"保险。

## 案例二　四川省全国首单天然草原保险案例

### 一、案例简介

2015 年 11 月，中航安盟在四川省阿坝藏族羌族自治州红原县政府的大力支持下，进行了全国首单天然草原保险试点，保费为 1.2 元/亩(牧民自筹 16.67%、县级财政补贴 83.33%)，保额为 15 元/亩，共承保天然草原 135.22 万亩，保费收入 162.264 万元，为牧户提供风险保障 2028.3 万元。

### 二、主要做法

截至 2020 年，四川省阿坝州红原县天然草原保险情况见表 4-2。

表 4-2　2015—2020 年四川省阿坝州红原县天然草原保险情况

| 年份 | 使用产品 | 保险标的 | 保险责任 | 保险期间 | 保额（元/亩） | 保险费率 | 保费（元/亩） | 县财政补贴比例 |
|---|---|---|---|---|---|---|---|---|
| 2015 | 四川省阿坝州红原县天然草原保险条款(2015) | 生产干草的冬春草场 | 火灾、雹灾、旱灾、洪水 | 一年 | 15 | 8% | 1.2 | 83.33% |
| 2016—2020 | 四川省阿坝州红原县地方财政冬春草场火灾保险(2017) | 生产干草的冬春草场 | 火灾 | 10 月 15 日—次年 4 月 15 日 | 15 | 0.67% | 1 | 50% |

2020 年 2 月 12 日 13 时左右，红原县瓦切镇瓦松路 16 千米附近发生草原火灾，火灾造成日干、色永、唐日 3 个村 64 户保险牧户受灾。中航安盟总、分公司及时运用高新技术手段，获取了红原县草原火灾的卫星遥感图像，显示过火面积为 20.564 平方千米，约 30 846 亩。

中航安盟联合查勘定损小组，借助卫星遥感和无人机技术，在火灾扑灭不到两天内顺利完成红原县草原火灾的查勘定损，并对本次草原火灾涉及的 3 个村 64 户保险牧户共计赔款 269 208 元，并于 2020 年 2 月 21 日全部支付到位。快速理赔的实现，受到了阿坝藏族羌族自治州和红原县党委、政府、林草主管部门及广大牧户的高度赞扬。

### 三、主要成效与问题

1. 主要成效

进一步提升了林草部门对草原保险的认可度，提高了人们参与草原保险的积极性，推动了草原保险的快速发展。2015—2020 年中航安盟草原保险经营情况见表 4-3。

表 4-3  2015—2020 年中航安盟草原保险经营情况

| 年份 | 保费收入<br>（万元） | 保险金额<br>（万元） | 承保户次 | 承保数量<br>（万亩） | 产生赔款<br>（万元） | 保单年度满<br>期赔付率 |
|---|---|---|---|---|---|---|
| 2015 | 162.27 | 2028.36 | 666 | 135.22 | 0.00 | 0.00% |
| 2017 | 30.19 | 4506.46 | 5866 | 300.43 | 0.00 | 0.00% |
| 2019 | 28.91 | 4314.58 | 5175 | 287.64 | 4.93 | 17.07% |
| 2020 | 51.17 | 7637.36 | 9063 | 509.16 | 26.92 | 53.57% |
| 总计 | 272.54 | 18 486.76 | 20 770 | 1 232.45 | 31.86 | 11.73% |

**2. 主要问题**

草原保险试点总体推进缓慢。2019 年，财政部等四部门联合下发的《关于加快农业保险高质量发展的指导意见》，提出推动完善草原保险制度。但草原保险由于保费补贴等问题，试点推进进度较慢。

## 四、案例评析

（1）该草原保险产品在设计上克服了草场产草量数据缺乏历史记录、查勘难度高等困难，具有相对公平、数据客观、真实反映产草量损失等优点，实现牧民天然草场边界划分，投保草场准确估产，为草场保险定损理赔提供科学依据。同时，保险公司运用高新技术手段为红原县草原火灾提供优质理赔服务。

（2）草原资源丰富的地区往往也是经济欠发达地区，草原保险如果纯商业运作或仅靠地方财政提供保费补贴，企业和农牧民经济压力大，参保意愿不高，保险很难全面推广和持续；同时，参保面积小、风险高度集中，保险公司极易出现严重亏损。开展中央财政支持下的草原保险工作，可以有效减轻地方政府和农牧民保费压力，激发参保积极性，形成草原保险的规模效应。

## 五、其他相关知识

**1. 四川省草原基本情况**

四川省是全国五大牧区之一，草原总面积 3.13 亿亩，可利用的草原是 2.12 亿亩，是四川省绿色植被生态环境中最大的生态系统，在全国具有十分重要的生态战略地位。红原县是阿坝藏族羌族自治州海拔最高、气候最恶劣、条件最艰苦的高寒草地纯牧业县，牧民主要以养殖牦牛为生，牦牛的主要食物来源是天然草原植被。加上草原火灾是威胁草原安全的最大安全隐患，影响牧民增收，阻碍现代畜牧业发展进程。针对这一情况，中航安盟开发了为牧户提供保额适度、范围宽广、能满足牧户需求的草原保险产品。

**2. 中航安盟保险公司情况**

中航安盟是由中国航空工业集团与法国安盟集团合资组建的一家全国性财产保险公司，也是国内唯一一家经营政策性农险业务的合资保险公司。该公司自2012年3月正式开业以来，就积极拓展森林保险业务；2015年以后，持续在四川、内蒙古两省份探索发展草原保险试点工作。

**3. 其他保险公司草原保险试点情况**

为保证林草保险业务的顺利开展，安华保险总公司于2014年设立了专门的林业保险部门，负责管理所辖机构的森林保险业务；同时，在林草资源大省的吉林省和内蒙古自治区均设有专门的林草保险部，安排专人专岗研究林草业相关政策、研发保险产品、开展业务管理等工作。安华保险是行业内唯一一个专门设立林草保险部门的保险公司，经过多年的业务实践，积累了丰富的林业保险专业经验。

2020年，安华保险在内蒙古自治区呼伦贝尔市、兴安盟、通辽市、锡林郭勒盟等地区开办了商业性牧草旱灾指数保险，累计为牧民提供风险保障315.76万元。当年赔付率高达95%。

（1）保险责任。在保险期间内，按牧草生长周期计算，当单个生长周期降水量低于本保险合同的《牧草生长期降水量赔偿区间及比例表》中的相应生长期降水量时，则视为保险事故发生，保险人按照本保险合同的约定进行赔偿。

（2）理赔方式。保险事故发生时，保险人按照投保地区的《牧草生长期降水量赔偿区间及比例表》中的赔偿比例进行赔偿。具体赔偿公式如下。

单个生长周期赔偿金额＝保险金额×对应的赔偿比例

总赔偿金额 $= \sum$ 各生长周期赔偿金额

保险人按发生保险事故的次数分次进行赔偿，累计最高赔偿金额以保险金额为限。

# 第五章 其他涉林草保险典型案例

随着我国森林保险的不断发展与完善，各地不断积极探索与创新，森林保险涌现出很多新产品，有力支撑了森林保险的转型升级和创新发展。本章聚焦林果类保险、花卉种植保险、木本油料作物保险等十余种创新产品，阐述了相关政策及发展情况，通过选取典型省份典型案例进行评析，进而助力乡村生态振兴，助力历史文化资源保护，助推绿色低碳发展。

## 第一节 基本情况

森林保险产品的多元化是促进各个地区森林保险进一步发展的关键因素。为实现森林保险产品的多元化发展，各地方政府与林业主管部门积极协同保险机构开展森林保险产品创新，各地林业特色保险品种更加丰富，指标更加多样，涵盖收入保险、价格指数保险、气象指数保险、古树名木保险、野生动物致害责任保险、特色经济林保险等，表现出强劲发展势头和巨大发展潜力。

### 一、相关林草保险政策

#### （一）国家政策

2019年6月，按照中共中央、国务院印发的《关于坚持农业农村优先发展做好"三农"工作的若干意见》要求，财政部印发《关于开展中央财政对地方优势特色农产品保险奖补试点的通知》，在内蒙古、山东、湖北、湖南、广西、海南、贵州、陕西、甘肃、新疆10个省份，对省级财政引导小农户、新型农业经营主体等开展的符合条件的地方优势特色农产品保险，按照保费的一定比例给予奖补，支持地方特色农产品保险发展。该通知为试点省份探索森林草原保险提供条件，试点地区可以将更多地方优势特色森林和草原产品纳入补贴范围，形成比较完整的保费补贴品种体系，满足各种风险保障需求。

2020年6月，财政部发布《关于扩大中央财政对地方优势特色农产品保险以奖代补试点范围的通知》，将以奖代补试点范围扩大至20个省份，试点品种增加至3种。在地方财政至少补贴35%的基础上，中央财政对中西部地区和东北地区补贴 30%，对东部地区补贴 25%；对新疆生产建设兵团补贴 65%。原则上，贫困县县级财政承担的补贴比例不超过 5%。这为地方优势特色森林和草原保险发展提供了难得的政策机遇。

2020 年 7 月，中央农村工作领导小组办公室、农业农村部、国家发展和改革委员会、财政部、中国人民银行、中国银行保险监督管理委员会、中国证券监督管理委员会联合发布《关于扩大农业农村有效投资　加快补上"三农"领域突出短板的意见》，提出要加大金融服务"三农"力度，完善农业大灾保险试点，推进稻谷、小麦、玉米完全成本保险和收入保险试点，完善地方优势特色农产品保险奖补试点政策，优化"保险＋期货"试点模式。这为森林和草原保险创新提供了机遇。

2021 年 12 月，财政部发布《关于印发中央财政农业保险保费补贴管理办法的通知》，对中央财政补贴险种的保费，中央财政、省级财政按照保费的一定比例提供补贴，纳入补贴范围的中央单位承担一定比例保费。省级财政平均补贴比例表示为（25%＋$a$%），以保费规模为权重加权平均计算。中央单位平均承担比例表示为（10%＋$b$%），以保费规模为权重加权平均计算。对于森林保险保费。当 $a \geqslant 0$ 时，中央财政对各省公益林补贴 50%、商品林补贴 30%；当 $a < 0$ 时，中央财政对各省公益林补贴（50%＋$a$%×2）、商品林补贴（30%＋$a$%×1.2），当 $b \geqslant 0$ 时，中央财政对大兴安岭林业集团公司公益林补贴 70%、商品林补贴 50%；当 $b < 0$ 时，中央财政对大兴安岭林业集团公司公益林补贴（70%＋$b$%×7）、商品林补贴（50%＋$b$%×5）。要求承保机构应当公平、合理拟订农业保险条款和保险费率。保险费率应当按照保本微利原则厘定，综合费用率不高于 20%。属于财政给予保费补贴险种的保险条款和保险费率，承保机构应当在充分听取各地人民政府财政、农业农村、林草部门和农户代表以及财政部各地监管局意见的基础上拟订。补贴险种的保险责任应当涵盖当地主要的自然灾害、重大病虫鼠害、动物疾病疫病、意外事故、野生动物毁损等风险；有条件的地方可稳步探索将产量、气象等变动作为保险责任。

2022 年 11 月，国家林草局、农业农村部联合印发《关于推进花卉业高质量发展的指导意见》，明确今后一个时期我国花卉业高质量发展的指导思想、基本原则、发展目标、主要任务和保障措施。在保障措施部分提出，鼓励保险机构开展花卉保险业务，提高花卉业抗风险能力。

**（二）省级政策**

1. 林果类保险

2019 年 8 月，新疆维吾尔自治区财政厅会同农业农村厅、银保监局、林草局，制定了《南疆四地州优势特色农产品保险奖补试点工作方案》，根据"优先支持贫困地区"的试点政策要求，经自治区人民政府批准同意，决定在南疆阿克苏、克孜勒苏柯尔克孜州、喀什、和田四个地区开展奖补试点，将南疆四地州的核桃、枣、杏、巴旦木、苹果和葡萄 6 个主栽林果品种，合并作为一个优势农产品保险标的开展试点工作，执行统一的保额、保险费率。试点工作已于 2019 年启动，2020 年在南疆四地州全面推开。

2020 年 3 月，根据《中央财政农业保险保费补贴管理办法》，青海省出台了《青海省枸杞经济林保险条款》并下发全省实施，为森林保险理赔工作的开展进一步奠定了基础。

2020 年 7 月，贵州省林业局、贵州省地方金融监管局、贵州省发展和改革委、贵州省财政厅、贵州省扶贫办、中国银行保险监督管理委员会贵州监管局联合印发《关于开展政策性特色林业产业暨刺梨产业价格指数保险工作的通知》，开展政策性特色林业及刺梨产业价格指数保险工作，充分发挥保险对脱贫攻坚的兜底保障作用，扩大涉林保险覆盖面，提高保障水平，完善政策性农业保险保障体系，助推贵州省按时高质量打赢脱贫攻坚战。

2020 年 12 月，四川省林业和草原局联合财政厅、农业农村厅、银保监局等部门联合印发《四川省 2020 年度中央财政优势特色农产品保险以奖代补试点实施细则》，主要涉林条款包括：一是食用菌、核桃等林业产业品种可以纳入中央财政以奖代补试点范围；二是规定了以奖代补试点保险产品的基本条款政策。

2. 花卉种植保险

2014 年 10 月，济南市财政局、原市林业局联合下发《关于开展政策性玫瑰保险试点工作的通知》，安排专项资金将该保险纳入政策性保险补贴范围，在短时间内开发、推广了玫瑰种植保险，实现了产品创新助力产业发展。

2018 年 4 月，福建省林业厅、财政厅、银保监局联合印发《2018 年设施花卉种植保险方案》，继续推进设施花卉种植保险工作，促进设施花卉产业发展，保险标的为花卉种植设施、棚内种植花卉，并列明 11 种保险责任。

2020 年 9 月，福建省财政厅等六部门联合印发《关于加快福建省农业保险高质量发展的实施方案》，着重从三个方面强化林业保险支持力度：一是提高特色险种补贴比例。从 2020 年起，将设施花卉等地方特色农业保险险种的省级财政保费补贴比例提高到 30%，进一步减轻花卉苗木生产经营者的保费负担。二是巩固提升保险覆盖面。生态公益林保险覆盖率保持在 90% 以上，探索开展天然商品林参照生态公益林保费补贴政策，稳定天然商品林保险覆盖率。三是引导开展"农业保险+"。落实灾前预警、灾中应急、灾后恢复等防灾减损救助工作，积极推广"林权抵押+森林保险"模式，为林企林农融资提供增信，促进林业稳定发展。

3. 木本油料作物保险

2017 年 5 月，湖南省衡阳市人民政府办公室关于印发《关于进一步加快油茶产业发展的实施意见》，鼓励油茶林大户、林业专业合作社或公司积极参与油茶林保险，明确县级财政保费补贴。

2018年3月，衡阳市林业局和财政局联合下发《关于印发〈衡阳市油茶林种植保险实施方案〉的通知》。通过林业部门与保险公司积极推进，衡阳市共有6个县市开展了油茶林投保工作，共计投保面积24.3万亩，签单保费261.95万元，其中，市级财政补贴40%，县级财政补贴40%，其余20%由种植经营主体承担。

2019年10月，衡阳市出台《关于印发〈衡阳市油茶林保险实施方案〉的通知》，首次提出了油茶林天气指数保险，进一步增强了林农投保的积极性。全市共6个县市开展了油茶林保险工作，完成投保面积共47.91万亩，共计保险金额4.13亿元，签单保险费为919.68万元。根据该通知要求，其中，市级财政支持性补贴40%，县级财政支持性补贴40%，其余20%由种植经营主体承担。2019年，市级财政共补贴保险经费367.87万元，共受理油茶林灾害166起，已理赔结案58起，理赔金额155.89万元，未决案件108起，未决理赔金额494.83万元。

2021年4月，江西省林业局联合省财政厅、省农业厅等部门出台《关于做好省级地方特色农业保险相关工作的通知》，推动油茶、中药材等地方特色农业保险试点，并就政策性森林保险与油茶种植保险重叠问题，协调明确同时投保两类保险均可享受保费补贴的相关政策。同年，江西省林业局联合国寿财险印发《关于做好油茶保险相关工作的通知》，要求各地合理简化承保理赔流程和手续，提高承保理赔效率。

2022年5月，广西壮族自治区财政厅、林业局、发展改革委、银保监局联合印发《2022年林木种苗保险和油茶收入保险试点方案的通知》，在全区试点实施林木种苗保险和油茶收入保险工作，为林业产业发展保驾护航。

4. 野生动物肇事公众责任保险/野生动物致害保险

2020年3月，福建和贵州两省明确将野生动物致害责任纳入已有政策性农业保险赔偿范围。福建省于2020年先后印发《关于做好水稻种植保险工作的通知》《关于做好森林综合保险工作的通知》，明确将野生动物致害补偿纳入水稻种植综合保险、森林综合保险范围。贵州省部分地区参保政策性农业保险的水稻，在发生野生动物肇事时可以获得理赔。

## 二、其他涉林草保险发展概况

全国各省在林果类保险、花卉种植保险、油茶特色保险、野生动物肇事公众责任保险、古树名木保险等方面做出积极探索，林业特色保险品种更加丰富。为全面了解其他涉林草保险情况，本节选取了截至2022年年底各省已经开展的典型的、有特色的以及国家政策导向明显的保险险种，具体开展情况见表5-1。

表 5-1 2016—2022 年其他涉林草保险的开展情况

| 序号 | 保险类型 | 保险险种 | 标的 | 地区 | 承保主体 | 年份 |
|---|---|---|---|---|---|---|
| 1 | 林果类保险 | 杏种植保险 | 杏 | 陕西省 | 中航安盟 | 2021 |
| 2 | | 蓝莓、榛子、樱桃保险 | 蓝莓、榛子、樱桃 | 吉林省四平、延边地区 | 安华保险 | 2020 |
| 3 | | 新疆林果特色保险 | 种植面积占据南疆林果总面积 85% 以上的核桃、枣、杏、巴旦木、苹果、葡萄六个主栽品种的果树及果实 | 新疆维吾尔自治区阿克苏、喀什、和田、克州 | 人保财险 | 2020 |
| 4 | | 李子种植保险 | 李子 | 贵州省安顺市镇宁布依族苗族自治县 | 国元农险 | 2020 |
| 5 | | 经济林果业保险 | 苹果、沙果、榛子 | 内蒙古自治区赤峰市、呼伦贝尔市(试点) | 中国大地保险内蒙古分公司 | 2016 |
| 7 | | 枸杞经济林保险 | 枸杞果 | 青海省 | 人保财险 | 2016 |
| 8 | 花卉种植保险 | 玫瑰保险 | 玫瑰 | 山东省济南市平阴县 | 人保财险山东分公司 | 2014 |
| 9 | | 牡丹种植保险 | 牡丹 | 安徽省池州市贵池区 | 国元农险 | 2022 |
| 10 | | 芍药保险 | 芍药 | 安徽省亳州市 | 国元农险 | 2022 |
| 11 | 木本油料作物保险 | 湖南油茶保险 | 油茶 | 湖南省衡阳市、常德市、岳阳市、永州市(四市六县) | 人保财险 | 2016 |
| 12 | | 油茶保险 | 油茶 | 湖南省、贵州省、广西壮族自治区、安徽省 | 太保产险 | 2021 |
| 13 | | 花椒种植保险 | 花椒 | 四川省、陕西省 | 中航安盟 | 2021 |
| 16 | 野生动物肇事公众责任保险/野生动物致害保险 | 衢州市野生动物肇事公众责任保险 | 野生动物 | 浙江省衢州市 | 人保财险开化支公司 | 2020 |
| 17 | | 浙江省丽水市野生动物肇事公众责任保险 | 野生动物 | 浙江省丽水市 | 人保财险丽水市分公司 | 2020 |
| 18 | | 野生动物致害保险 | 野生动物 | 云南省丽江市宁蒗县 | 阳光财险 | 2021 |
| 19 | | 野生动物致害保险 | 野生动物 | 陕西省 | 中航安盟 | 2021 |
| 20 | | 野生动物致害保险 | 野生动物 | 湖北十堰、湖南湘西、四川广元、巴中、雅安、绵阳、阿坝、河北承德等地(试点) | 中华财险湖南分公司 | 2021 |
| 21 | | 野生动物肇事补偿责任保险 | 西双版纳亚洲象 | 云南省西双版纳傣族自治州 | 太保财险 | 2021 |

（续）

| 序号 | 保险类型 | 保险险种 | 标的 | 地区 | 承保主体 | 年份 |
|---|---|---|---|---|---|---|
| 22 | 古树名木保险 | 古树名木保险 | 古树名木 | 安徽省 | 国元农险 | 2021 |
| 23 | | 安吉县古树名木综合保险 | 枫香、银杏、金钱松、麻栎、榉树、枫杨等 | 浙江省湖州市安吉县 | 太平洋产险浙江分公司 | 2020 |
| 24 | | 龙岩市古树名木保护救治保险 | 龙岩市建档挂牌的古树名木 | 福建省龙岩市长汀县 | 国寿财险福建省分公司 | 2020 |
| 25 | 经济林气象指数保险 | 茶树气温气象指数保险 | 低温指数 | 陕西省 | 中航安盟险 | 2021 |
| 26 | | 气象指数保险 | 茶叶 | 山东省日照市 | 安华保险 | 2021 |
| 27 | | 苗木气象指数保险 | 江苏省南京市浦口区苗木 | 江苏省南京市浦口区 | 人保财险江苏南京市分公司 | 2020 |
| 28 | | 仙游县枇杷低温气象指数保险 | 枇杷 | 福建省莆田市仙游县书峰乡(试点) | 国寿财险莆田市中心支公司 | 2020 |
| 29 | | 油茶林天气指数保险 | 符合下列条件的油茶林：油茶种植符合当地政府和林业部门的要求和规范标准，栽种的品种符合林业部门的规定；油茶种植经营主体建有规范的油茶种植生产管理制度，种植记录完整，成本投入凭证及产销记录齐全，能按生产规范规定采取防护措施并有记录；必须在保险单中列明的种植地点内种植 | 湖南省衡阳市衡南县 | 中华财险湖南分公司 | 2020 |
| 30 | 价格指数保险 | 平和县琯溪蜜柚价格指数保险 | 贫困户种植的各品种琯溪蜜柚，包括白柚、红柚、三红柚、黄金柚等 | 福建省漳州市平和县 | 人保财险平和支公司 | 2020 |
| 31 | | 乐陵小枣价格指数保险 | 乐陵市金丝小枣 | 山东省乐陵市 | 太平洋产险乐陵支公司 | 2020 |

（续）

| 序号 | 保险类型 | 保险险种 | 标的 | 地区 | 承保主体 | 年份 |
|---|---|---|---|---|---|---|
| 32 | 收入保险 | 油茶收入保险 | 油茶 | 广西壮族自治区柳州市 | 太平洋财险 | 2020 |
| 33 | | 油茶收入保险 | 油茶 | 广西壮族自治区 | 人保财险广西分公司 | 2020 |
| 34 | | 茶叶收入保险 | 茶叶 | 湖南省沅陵县 | 中华财险 | 2018—2019 |
| 35 | 林木碳汇保险 | 湿地碳汇生态价值保险 | 湿地植被及其碳汇富余价值（包括固碳经济价值和修复成年） | 宁波前湾新区（试点） | 太保财险 | 2022 |
| 36 | | 碳汇林价值保险和碳汇价格指数保险 | 碳汇价值 | 江西省抚州地区（创新试行） | 人保财险 | 2021 |
| 37 | | 海南省商业性林木碳汇保险 | 海南省儋州林场、海文定林场约5万亩林木 | 海南省（试点） | 中国太保财险 | 2021 |
| 38 | | 浙江省安吉县地方财政毛竹碳汇富余价值恢复补偿保险 | 生长和管理正常的毛竹 | 浙江省安吉县 | 中国太保产险 | 2021 |
| 39 | | 广西单株林木碳汇保险 | 林木的碳汇富余价值 | 广西壮族自治区柳州市 | 中国太保产险广西分公司 | 2022 |
| 40 | | 农业碳汇损失保险 | 茶树 | 厦门市 | 太平洋产险厦门分公司 | 2022 |
| 41 | | 森林碳汇价值保险 | 阿坝州马尔康国有林保护局232万亩碳汇林 | 四川省 | 中航安盟险 | 2021 |
| 42 | | 松树林病虫害防治责任险 | 松树病虫害防治 | 陕西省汉中市 | 中航安盟险 | 2022 |
| 43 | | 国家储备林保险 | 国家储备林商业性材综合险 | 湖北省襄阳市 | 中国人寿财险 | 2022 |

## （一）林果类保险

林果产业兼具生态效益和经济效益，不仅能够染绿乡村，还能带动农民增收致富，逐渐成为发展乡村经济、助推精准扶贫、助力乡村振兴的重要抓手。但林果业又是一种抗风险能力较差的弱质产业，在果树生长管理过程中，经常受到暴风、霜冻、冰雹等自然灾害和病虫害的影响，导致果树存活率和产量下降，且受灾后园地重建及恢复均需较长时间和较大的经济投入，严重影响果农收入及生产积极性。特别是随着专业合作社、农业企业等新型农业经营主体的增多，在规模化经营中所面临的风险更为集中，保险需求也更为强烈。

截至 2022 年年底，浙江、安徽、贵州、新疆、吉林、四川、陕西、甘肃、青海、内蒙古等省份已率先开展林果类保险。

### （二）花卉种植保险

自然灾害风险的存在具有客观性，它有可能使花卉种植户蒙受巨大的经济损失。2014 年，山东省济南市林业局在平阴县开展政策性玫瑰保险试点工作，菏泽市推出国内首个油用牡丹种植保险。2018 年 4 月，福建省林业厅、财政厅、银保监局联合印发《2018 年设施花卉种植保险方案》，继续推进设施花卉种植保险工作，促进设施花卉产业发展。2021 年，云南省昆明市晋宁区联合国寿财险晋宁区支公司组织开展花卉种植自然灾害保险试点工作。

截至 2022 年年底，山东、安徽、福建、云南等省的部分地区已率先开展花卉种植保险。

### （三）林木种苗保险

2014 年，青海省率先开展政策性林木种苗保险试点工作。为进一步推动青海省林木种苗产业发展，规避育苗产业灾害风险，青海省林业厅在全省国有林场苗圃、国有苗圃和育苗大户中开展政策性林木种苗保险试点工作，成为全国率先开展政策性林木种苗保险试点工作的省份。保险试点工作以苗木、种子、整地、栽植、播种、抚育管理物化成本为保险基础，2014 年计划参保面积 3 万亩，总保险金额 24 000 万元，总保费 432 万元。确定保险金额为 6000 元/亩，林木种苗保险的费率为 1.8%，其中，省财政承担保费总额的 60%，州县财政承担保费总额的 10%，农户或国有林场承担保费总额的 30%。

苗圃地是青海省林地的重要组成部分，在林业生态建设中发挥着重要作用，为推进全省林业又好又快发展具有重要意义。在林木种苗的生产建设和发展中，由于种植规模的不断扩大，在生产过程中的风险也逐渐显现，自然灾害给育苗生产单位带来严重损失。2012—2013 年，青海省各地都发生了霜冻等自然灾害。特别是 2013 年，青海省遭遇极端天气，仅海北州祁连县林木种苗冻害面积达 72 亩，约 11 万余株冻害严重，苗木受损率达 60% 以上；海东市所属各县、西宁等地区其他各县的苗木也受到不同程度的霜冻，造成不同程度的损失。

通过开展政策性林木种苗保险试点工作，扩大林业保险的覆盖面，逐步构建和完善市场化的林木种苗保险风险保障体系，将全面提高林场、苗圃、林木种苗企业、种苗合作社抵御风险能力，提高林业生产的灾后恢复能力，对林农增收、为造林绿化提供优质种苗、促进林业经济可持续健康发展具有重要的意义。

### （四）木本油料作物保险

油茶是我国重要的传统性木本油料，是提供健康优质食用植物油的重要来源。2019—2021 年，四川省绵阳、南充开展了木本油料作物保险，保险标的是油牡丹、花椒，累计承保 5342 亩，保费收入 39.27 万元，为 91 户次农户提供风险保障 712.56 万元，累计赔付 20.07 万元。其中，2021 年承保面积 120 亩，保费收入 1.68 万元。

2022 年 10 月 19 日，广东省首单政策性油茶保险在广东省韶关乳源落地，该险种为大桥镇 1500 亩油茶提供 495 万元风险保障，是支持油茶产业发展的一项重要尝试。同年 11 月，广东省林业局制定了《广东省油茶保险实施方案》。为确保油茶保险工作在全省顺利实施，广东省决定在韶关、河源、梅州、肇庆等地区先行开展油茶保险试点，要求试点地区结合当地实际情况开展油茶保险试点工作。

截至 2022 年年底，浙江省、湖南省、江西省、贵州省、广西壮族自治区、陕西省、安徽省宿松县等地已率先开展油茶特色保险。

**（五）野生动物致害保险**

野生动物致害事件对野生动物保护成效和人民群众的生产、生活带来的损失不容小觑。

近年来，随着生态环境的不断改善，野生动物保护力度的不断加大，公众保护野生动物意识的不断提高，部分野生动物种群和栖息地逐渐恢复，野生动物种群数量得到较快恢复，其活动范围也不断扩大。野生动物数量的增加反映出生态环境持续向好的态势。同时，随着人口增长和城市扩张，人类与野生动物活动范围和资源需求的重叠日益增加，在局部地区也由于野生动物种类和野生动物数量的增加，对群众的生产生活造成了一定影响，损害农作物和伤害群众的情况时有发生，引起社会各界的高度关注。为保障民生民本，最大限度地降低群众财产损失，多地探索开展野生动物伤害责任险、野生动物肇事责任险等，解决野生动物损害农作物和造成人身伤害等得不到及时补偿的难题，为野生动物栖息提供良好的环境，达到保护野生动物与群众切身利益双赢的效果。

据不完全统计，2011—2021 年，我国为野生动物致害相关的责任保险累计提供风险保障超过 2.12 万亿元，总保费约 9.66 亿元；保险公司为野生动物致害事件支付约 10.90 亿元保险赔款，简单赔付率超过 100%。因各地野生动物种群分布、致害事件发生频率和损失程度不同，各省份开展的野生动物致害保险也各有侧重。

截至 2021 年，全国已有十余省（自治区、直辖市）探索开展了野生动物致害相关保险工作，主要有两种模式：一种是开展野生动物致害相关责任保险，如云南省和西藏自治区的全域，陕西、湖南、湖北、四川、河北、安徽、江西、河南、浙江等省的部分县（区）；另一种是将野生动物致害责任纳入政策性农业保险（包括森林保险、种植险、养殖险等）的保险责任，如福建省和贵州省。

我国针对野生动物致害保险的探索最早可追溯到 2010 年。云南省在亚洲象肇事严重的西双版纳傣族自治州和临沧市开展试点，2014 年实现 16 个州(市)全覆盖。云南省省级财政设立保险专项补助资金，自 2019 年起，每年投入 5000 万元，部分州(市)林业和草原局也预算了州(市)级和县级配套补助资金。"十三五"期间，累计投入保费 3.52 亿元(省财政补贴 2.4 亿元)，核定野生动物致害保险案件 13 万余件，赔付受损农户 2.97 亿元。西藏自治区于 2015 年在日喀则市启动野生动物肇事商业保险试点，陆续在全区 7 个地市铺开。"十三五"期间，累计投入保费 4.59 亿元，自治区、市、县三级财政按照 6∶3∶1 的比例分担保费，累计为野生动物致害事件赔付 4.16 亿元，其中超过九成为牲畜损害赔偿。浙江省衢州市、丽水市、宁波市，陕西省略阳县、宁陕县、留坝县，湖南省岳阳市、浏阳市、湘西土家族苗族自治州，湖北省神农架林区，以及四川、安徽、江西、河南等省，也小范围开展了野生动物致害相关责任保险探索。

**(六)古树名木保险**

古树名木是重要的森林资源及历史文物资源，是不可再生的自然和文化遗产，不仅具有极高的观赏价值，而且具有重要的科学、文化、生态和历史价值。然而，古树大多位于公共区域，缺少管护主体，在生长过程中，面临着台风、雷击、暴雨、冻灾、雹灾、火灾以及病虫害等各类风险。近年来，随着生态文明建设进程的推进，人们越来越重视建立古树名木保险保障机制。除病虫害防治、围栏保护等养护之外，各地主要围绕施救费用保险、第三者责任保险等，打造了古树名木保护救治保险，增强古树名木的保护和受损后的及时修复，加强古树名木风险管理，为生态系统建设和历史文化保护搭建了坚实的风险屏障。2022 年 7月，中国人寿财险山西省分公司临汾市中心支公司与山西省隰县、大宁县林业局分别签约办理"古树名木保险附加保护救治保险"，是山西省首单古树名木损害及病虫害救治保险，为两县区域内造册挂牌的 185 棵古树名木提供累计 1054 万元的风险保障。

截至 2022 年年底，浙江、福建、安徽、山西等省已率先开展古树名木保险。

**(七)经济林气象指数保险**

经济林是以生产果品、食用油料、饮料、调料、工业原料和药材等为主要目的的林木。近年来，社会对特色经济林产品的需求持续增长，特色经济林产业发展迅速。由于经济林价值高，更加需要加强风险管理，因而，不断涌现出面向经济林的森林保险创新产品。浙江省台州市仙居县从 2015 年开始推出杨梅气象指数保险，至 2020 年，人保财险仙居支公司杨梅气象指数保险累计收取保费 3467万元，赔款 4670 万元，简单赔付率为 134.7%，有力地促进了当地杨梅经济的健康持续发展。贵州省贵阳市于 2016—2020 年间开展实施了贵州省山地茶叶气象指数保险试点项目，取得了较好的社会经济效益，也为下一步推广应用提供了丰富的数据和经验。

截至 2022 年年底，江苏、福建、湖南、山东等省已率先开展经济林气象指数保险。

### (八) 价格指数保险

以价格指数为保险责任，在保险期内，保险标的的平均价格指数低于保险责任约定价格指数时，视为保险事故发生，保险公司按保险合同的约定给予赔偿。受各种因素的影响，林产品价格易波动，对林业生产经营带来较大影响，价格指数保险可以为林业生产提供"平衡器"。各地在经济林产品中积极开展价格指数保险探索，取得了一定成效。2020 年，山东省乐陵市林业局围绕红枣产业振兴战略，创新小枣价格指数保险，携手期货，将小枣价格指数保险升级为"保险+期货"及"保险+场外期权"模式，可以改变原有的小枣价格风险转移方式，也是对传统价格保险产品的技术升级。2022 年 11 月，浙江省龙泉市林业局联合有关保险、金融机构签订了浙江省首单竹林碳汇价格指数保险，充分发挥金融在推动绿色低碳转型发展中的重要作用，加大金融资源流向山区的力度，助推浙江省高质量发展和共同富裕，同时激励森林经营者对森林进行科学经营和保护，促进林业发挥更多更大的生态效益和社会效益。

截至 2022 年年底，福建、山东、江西、陕西、浙江等省已率先开展价格指数保险。

### (九) 收入保险

为服务广西壮族自治区油茶产业发展，帮助农民脱贫增收，2020 年，广西壮族自治区财政厅、林业局联合发文，率先在全国试行油茶收入保险。该保险首批试点面积 18 万亩，保险费率 5%，财政补贴 70%，农户自负 30%，建档立卡贫困户给予免缴政策。按照保险合同的约定，由于自然灾害、意外事故、病虫草鼠害和市场波动造成油茶鲜果实际收入低于合同约定的每亩保险金额时，保险人按照保险合同的约定负责赔偿。试点对于 8 年以上树龄油茶良品约定目标收入 2700元/亩，5—7 年树龄油茶良品约定目标收入 1800 元/亩，从而确保能够有效稳定农户收入，保持油茶产业平稳发展。

截至 2022 年年底，湖南、广西、陕西等省份已率先开展收入保险。

### (十) 林木碳汇保险

传统的林木保险仅对林木本身的经济价值提供基础保障。与其不同的林木碳汇保险，创新之处在于聚焦林木的碳汇功能，通过保险对林木整个生长过程中，因遭受自然灾害和意外事故导致林木碳汇富余价值灭失提供保障，有效提升林木经营企业风险保障程度和增信价值，更有利于加强森林资源培育，不断增强自然生态系统的固碳能力，促进绿色发展。林木碳汇保险为生态产品价值的实现提供了新路径，是提升林木经营企业积极性，提高林木固碳能力，助力碳达峰、碳中和目标实现的有益尝试。2021 年 11 月，广东省首单林业碳汇指数保险在肇庆市试点落地，肇庆四会市大南山国有林场由国寿财险广东省分公司肇庆中心支公司提供 21.8 万元碳汇损失风险保障。这是广东省省内保险行业助力碳达峰、碳中和的一次新探索。

截至 2022 年年底，浙江、福建、江西、广西、海南、四川、广东等省份已率先开展林木碳汇保险。

### (十一) 国家储备林保险

国家储备林是指为满足经济社会发展和人民美好生活对优质木材的需要，在自然条件适宜地区，通过人工林集约栽培、现有林改培、抚育及补植补造等措施，营造和培育的工业原料林、乡土树种、珍稀树种和大径级用材林等多功能森林。国家储备林建设对推进林业现代化建设、生态文明建设具有重要意义。

2013 年，国家林业局启动国家储备林建设试点，在 7 个试点省、自然区优选 30 个重点国有林场承储，首批划定 87.5 万亩国家储备林。在示范建设基础上，2014 年，国家林业局把全国木材战略储备生产基地建设范围扩大到 15 个省(自治区、直辖市)，以国有林场为主体，优选中近熟林资源，划定 1500 万亩，国家储备林。2018 年 4 月，国家林草局印发《国家储备林建设规划 (2018—2035 年)》，提出到 2020 年，规划建设国家储备林 700 万公顷，继续划定一批国家储备林，国家储备林管理制度体系基本建立；到 2035 年，规划建设国家储备林 2000 万公顷，年平均蓄积净增 2 亿立方米，年均增加乡土珍稀树种和大径材蓄积 6300 万立方米，一般用材基本自给。

为了推进国家储备林建设，2015 年国家林业局制定《国家储备林制度方案》，要求建立"政策性森林保险+商业性森林保险"模式，提高国家储备林自然灾害风险保障水平。2019 年，国家林草局制定《国家储备林管理办法(征求意见稿)》，要求提出加强国家储备林营林道路、防火设施设备、林业有害生物防治设施设备、灌溉设施设备、种苗基地、森林保险、科技推广等支撑保障体系建设，市县级林业主管部门落实年度计划任务和建设资金、森林保险补助等补贴资金，承储主体享受国家财政林业贴息、保险等扶持政策。该办法于 2023 年出台试行，正式文件即将出台。

### (十二) 松树病虫害防治责任保险

汉中市是陕西省林业大市和重点林区，是著名南水北调中线"一江清水送京津"工程的主要水源涵养地，林地面积 2897 万亩，占国土面积 70%，森林覆盖率 58.18%，其中松林面积 371 万亩。松材线虫病作为松树的"癌症"，危害极大。

林业病虫害专家研究分析，所有松树种类都有可能感染松材线虫病，防治工作非常紧迫，必须采取得力措施。2020 年，在汉中林业局、财政局的大力支持下，中航安盟在承保传统森林保险的同时，还开办了松树病虫害防治责任保险业务。2020—2021 年，中航安盟累计为辖区林农和林业企业提供了 134.72 亿元风险保障，支付赔款 341.19 万元，为广大农户的林业生产经营工作提供了强有力的后援保障。

### （十三）茶叶收入保险

根据农业部办公厅、民政部办公厅、中国银保监会办公厅联合印发的《关于农村改革试验区新增试验任务的批复》，湖南省沅陵县茶叶收入保险被纳入农村改革试验和精准扶贫试点项目。结合沅陵县茶叶资源禀赋优势，为满足当地茶农保险保障需求，支持茶叶产业发展，带动精准脱贫和群众致富，中华财险开发了茶叶收入保险，截至 2017 年，已实现保费收入 300 万元。该项目以沅陵县辖内从事茶叶种植的农户、专业合作社、龙头企业和家庭农场等经营主体作为投保人和被保险人，一旦茶农所种植的保险茶叶的实际收入低于目标收入时则进行理赔。其中，春茶单位保费为 90 元/亩，秋茶单位保费为 60 元/亩，县政府补贴 60%，茶农自缴 40%。茶农通过购买茶叶收入保险，基本锁定了茶叶的种植收入，能够有效地构建市场化茶叶生产风险保障体系，提高了茶农、企业种茶的积极性，有效保障茶农、茶企的正常生产生活，有助于当地农业增效、农民脱贫致富。

### （十四）芦苇保险

吉林省是全国芦苇的重点产区，仅白城市芦苇的界定面积就达到 214 万亩，实际长苇面积 130 万亩，丰年芦苇的年产量可达到 20 万吨。芦苇重要产地的市县都设有芦苇管理局，专门负责管理芦苇资源的生产建设工作。中华财险吉林分公司积极与大安市芦苇管理总站沟通，在大安市创新开展芦苇保险，签订全省第一单。2020 年，中华财险吉林分公司为大安市 5.96 万亩芦苇提供了 2981.35 万元的风险保障，保费收入 23.85 万元，支付赔款 6.9 万元。

## 第二节　林果类保险案例

### 案例一　贵州省李子种植保险

#### 一、案例简介

贵州省安顺市镇宁布依族苗族自治县南部是典型的亚热带低热河谷气候区，

具有雨热同季的气候特点，适宜发展李子产业。蜂糖李是该县地方选育特色品种，纳入该县"一县一业"打造，是该县农业农村经济发展的重要产业支柱之一。该县蜂糖李的优势在于"三个不可复制"，即生长环境独特不可复制，品种独特不可复制，口感独特不可复制。自发展产业扶贫绿色发展之路以来，镇宁布依族苗族自治县李子种植面积不断扩大，带动了当地农民增收致富，许多贫困户也通过种植李子逐步脱贫。但由于冰雹等自然灾害频发，种植风险较大。为有效防止多年致富、一朝返贫致贫现象，国元农险在该县开展了李子种植保险，为广大李子种植户撑起了防范自然灾害的"保护伞"。2020 年 3 月，国元农险贵州分公司承保了镇宁布依族苗族自治县的果树种植保险 63 600 亩，提供风险保障 19 078 万元，保费收入 954 万元。2020 年 4 月 17 日，镇宁布依族苗族自治县遭受多年不遇的冰雹灾害，导致六马镇等地的果树(主要是李子)种植户遭受严重损失。

## 二、主要做法

灾情发生后，国元农险立即启动应急预案，在第一时间调集人员前往镇宁布依族苗族自治县，协助镇宁支公司开展现场查勘定损工作，并及时与当地政府汇报沟通；同时，开通理赔绿色通道，简化理赔流程，提高理赔时效。本次灾害共核定受灾面积 22 950 亩，向 1135 户李子种植户支付赔款 1773 万元。

## 三、主要成效

### 1. 减少了受灾农户的经济损失

此次雹灾，保险机构及时支付赔款，使投保的受灾农户减少了经济损失，对稳定当地群众情绪、让种植户重拾信心起到关键作用，有力地支持受灾农户恢复生产，防止受灾农户因灾致贫返贫。

### 2. 提升了农户认识

理赔是最好的宣传，因本次灾害受灾面积较大，农户在一定程度上增强了对农业保险的认识，投保意愿越来越强。2021 年，镇宁布依族苗族自治县启动李子保险时，农户投保热情高涨，主动缴费，排着长龙到农业保险协办点办理李子投保手续。据统计，2020 年投保农户 2303 户，投保面积 6.36 万亩，保险金额 18 909.81 万元，保费收入 923.10 万元，理赔农户 1135 户，理赔金额 1773.49 万元；2021 年投保农户 2085 户，投保面积 5.59 万亩，保险金额 16 700 万元，保费收入 835.86 万元，理赔金额 280 万元。

### 3. 运用了信息技术辅助

在农业保险理赔过程中，运用无人机技术辅助验标是本案例的亮点之一。通过对承保果园进行精准核查，详细采集标的信息，提高了承保工作效率和质量。

为持续深挖林业保险类产品资源积累了数据。

### 四、案例评析

通过本次理赔，当地政府对农业保险越来越重视，农户对农业保险的知晓度和满意度大幅提升，投保的积极性大幅提高，促进了镇宁布依族苗族自治县李子产业的可持续发展。

国元农险镇宁保险机构与国寿财险镇宁县保险机构联合承保镇宁布依族苗族自治县蜂糖李产业，通过农业保险兜底为该县蜂糖李产业发展注入"强心剂"，稳定农户发展蜂糖李产业的信心和动力。

### 五、其他相关知识

2020 年，安华农险在吉林省推出多款林果保险产品。在四平、延边地区承保了蓝莓、榛子、樱桃保险，承保面积4119 亩，为 29 户新型农业经营主体和普通果农提供风险保障1324．2 万元。安华农险依托吉林省特色农业保险以奖代补政策，根据果实类型不同，研发了吉林省浆果类、核果类、仁果类和坚果类四大林果种植成本保险，可承保品种包括苹果、梨、桃、蓝莓、榛子、黑果花楸、软枣猕猴桃等 22 个吉林省常见或特色林果品种。保险责任涵盖省内大部分自然灾害和病虫害，树体、花、果实可分别投保。保费由县级财政补贴和农户自交保费两部分构成，具体补贴比例根据各地实际情况确定，一般自交比例为 20％～40％。此外，针对四平市伊通县产业扶贫项目中榛子栽植年限较短、果树生长未到盛果期、不满足普通林果保险投保条件的特殊情况，安华农险研发了伊通县榛子幼树种植成本保险，以满足当地扶贫产业发展的风险保障需求。

吉林省的林果保险产品供给，有效填补了市场空白，得到了地方政府和广大果农的热烈欢迎。在承保过程中，安华农险运用无人机技术辅助验标，对承保果园进行精准核查，详细采集标的信息，提高了承保工作效率和质量，夯实了理赔工作基础，也为持续深挖林业保险类产品资源积累了数据。

## 案例二　新疆维吾尔自治区政策性特色林果保险

### 一、案例简介

新疆维吾尔自治区林果业发达，素有"瓜果之乡"的美誉。截至 2019 年年底，新疆维吾尔自治区林果种植面积占全国林果种植面积的13％，年产各类果品超千万吨，总产值达 900 亿元，成为全国林果主产区。其红枣、葡萄、香梨的面积和产量均排全国第一，核桃排全国第二。林果产业已成为新疆维吾尔自治区农村经济发展的支柱产业和农民脱贫增收的重要渠道。林果业是弱质产业，对自然资源和自然条件有极强的依赖性。新疆维吾尔自治区复杂的地理、气候环境严重制约着林果生产效益的提高，每年因各种自然灾害造成林农减产减收问题严重。自然灾害一旦发生，将严重影响果品产量和质量，对林果业的持续发展和林农增收产生巨大的影响。

2020 年 1 月，人保财险新疆特色林果保险项目实现落地签单。2020 年，人保财险新疆维吾尔自治区政策性特色林果保险实现保费收入 3.45 亿元，为阿克苏、喀什、和田、克孜勒苏柯尔克孜自治州 4 个地区的 353.44 万亩林果提供 56.52 亿元的风险保障，惠及 67.42 万户次林农，累计为 11.95 万户次林农提供 6575.95 万元赔款。

## 二、主要做法

2017 年，为贯彻落实党中央关于支持南疆脱贫攻坚工作指示精神，人保财险在国家林业局、中国保险监督管理委员会和新疆维吾尔自治区政府的指导支持下，联合组成调研组赴南疆地区对政策性特色林果保险和林果业转型升级问题进行调研，提出了创新开展林果保险的思路和建议，通过不同形式多次向财政部等有关部委进行沟通汇报，积极争取发展政策。自治区财政厅也多次向中央新疆工作协调小组办公室、财政部等汇报有关思路及保险方案，建议中央财政予以部分保费补贴。2019 年 6 月，财政部印发《关于开展中央财政对地方优势特色农产品保险奖补试点的通知》，明确在新疆等 10 个省份开展中央财政对地方优势特色农产品保险奖补政策试点，同意新疆维吾尔自治区将林果保险列入政策试点品种，中央财政给予 30% 的保费补贴，为南疆政策性林果保险的发展提供了宝贵的政策红利和发展机遇。

在中央奖补政策的支持下，新疆维吾尔自治区财政承担林果保险 35% 的保费，市、县财政仅承担 15%（县级不超过 5%），农户承担 20%，减轻了市、县财政的资金压力。人保财险开发的新疆维吾尔自治区政策性林果保险获得了活水之源，实现了迅猛发展。在保险标的方面，林果保险将种植面积占据南疆林果总面积 85% 以上的核桃、枣、杏、巴旦木、苹果、葡萄 6 个主栽品种的果树及果实纳入保险范围。在保险责任方面，将火灾、风灾、低温冻害、倒春寒、冰雹、暴雨、连阴雨、洪水、内涝、泥石流、山体滑坡、地震等对林果业造成严重损失的自然灾害纳入保险责任。在保险金额方面，综合考虑林果生长期内的直接物化成本（包括肥料、农药、灌溉等）、林农的承担能力、地方政府的财力等各种因素，单位保险金额为 1600 元/亩。在保险时间方面，覆盖完整的果实生长周期，定为一年。

### 三、主要成效

该项目试点地区所在的南疆四地州为国家深度贫困地区，对于南疆地区2020年决战决胜打赢脱贫攻坚战以及下一步巩固脱贫成果、防止返贫具有特殊的意义。同时，种植规模庞大的林果能够形成有效防风固沙、减少水土流失、防治沙漠化的生态屏障，在保护和改善南疆荒漠地区生态环境方面发挥了重要作用。新疆维吾尔自治区成为中央财政实施特色农险奖补政策的首批地区之一，也是截至2021年业务规模和保障额度最大的范例。项目保险机制的引入，将进一步提高林农发展林果业的积极性，进一步巩固发挥好林果业的生态功能。

### 四、案例评析

新疆维吾尔自治区政策性特色林果保险成为中央财政对特色优势农产品保险实施奖补试点的首批项目，对促进少数民族边疆地区地方经济发展和社会稳定、助推脱贫攻坚具有重要意义。

1. 保障地方优势特色产业发展

林果保险充分发挥了"社会稳定器"的作用，为恢复林果产业再生产提供了有力支持，有利于稳定和保障林农收入，不断提高林农生活水平，推动了少数民族边疆地区经济社会稳定发展。

2. 发挥了财政资金放大效应

在中央奖补政策的支持下，新疆维吾尔自治区政策性特色林果保险获得了活水之源，充分发挥了财政支农资金的杠杆作用和放大效应。

3. 丰富了新疆林果业风险防范机制

为经济林产业发展提供保险支持，同时为进一步发展森林和草原保险奠定了坚实基础。

由于基层政府财力有限，农险保费配套补贴压力较大，地方优势特色农业保险发展缓慢。新疆林果保险紧抓政策机遇，有利于推动各地用好用足政策红利，促进地方优势特色农产品保险进一步发展。

### 五、其他相关知识

我国农业保险实行保费补贴政策，对于中央财政补贴品种，始终秉持中央保国计民生、保粮食安全、保大宗农产品的原则；对于地方优势特色农产品保险，主要通过中央奖补政策予以支持。新疆林果保险项目林果的保险费为96元/亩，其中，林农个人只需要承担19.2元/亩，各级财政补贴76.8元/亩。实施林果保险后，林农参保的林果在遇到灾害时就可以得到最高1600元/亩的保险保障。

经济林是我国森林资源的重要组成部分，总面积近 4000 万公顷，是广大林农脱贫致富的重要产业。2020 年，国家发展改革委、财政部、国家林草局、银保监会等十部委联合印发《关于科学利用林地资源促进木本粮油和林下经济高质量发展的意见》，要求鼓励保险机构扩大木本粮油和林下经济产业保险业务范围。新疆林果保险是建立健全林果业灾害防御体系的有益探索，为油茶等其他经济林保险的发展提供了有益经验和借鉴。

地方优势特色农产品保险是农业保险进一步提标、扩面、增品的重要抓手，是农业保险迈向新发展阶段的重要推动力。新疆林果保险解决了制约特色农险发展的重点难题，为地方优势特色农产品保险发展树立了典范，推动农业保险向高质量发展转型。

# 第三节　花卉种植保险案例

## 案例三　山东省玫瑰种植保险

### 一、案例简介

山东省平阴县盛产玫瑰，在《中国名胜词典》里被称为"玫瑰之乡"。该县以玫瑰花为原料的食品、药品、化工用品，已形成系列玫瑰制品销往海内外。每年 5 月中旬，平阴县都要举办玫瑰文化艺术节。而花农们最担心的就是每年 5、6 月盛花期突降暴雨或遭遇"倒春寒"，致使花蕊腐烂造成无以弥补的经济损失。给玫瑰买保险，降低玫瑰栽培的系统风险，成了花农牵肠挂肚的一件事。2013 年，济南人保财险公司多次走访农业专家，深入田间地头实地观察玫瑰育苗、嫁接、插枝以及后期管理、销售全过程，从玫瑰的生长习性入手分析其栽培风险点。产供销全过程估量玫瑰及其制品损失概率有多大，最终设计出商业化玫瑰保险的试点方案。2013 年 4 月，平阴县玫瑰镇首批玫瑰保险出单，首单共承保玫瑰 420.5 亩，为农户提供 21 万元的火灾、暴雨、风灾、雹灾和重大流行性病虫害等保险责任保障。同年，人保财险为投保花农遭受的损失赔偿金额为花农自己所交保费的 40 余倍。该险种的开办为当地玫瑰种植和玫瑰产业的发展提供了坚实的保险保障。

2015 年，人保财险平阴支公司与市县两级财政局、林业局沟通，将玫瑰保险办成了政策性保险。平阴县开展政策性玫瑰保险试点，符合条件的玫瑰均可作为保险标的，保费为 20 元/亩。其中，市县两级财政补贴 80%，农户承担 20%。玫瑰镇政府在财政困难的情况下，又给本镇投保农户承担了 10%，进一步减轻了农户负担。对因人力无法抗拒的自然灾害造成保险玫瑰损失的，给予农户每亩最高 1000 元保险赔偿。2022 年，平阴县玫瑰保险目标价格拟定为 5.40 元/斤①，保险金额为 1500 元/亩，保险费率为 7%，保费为 105 元/亩；保费由市级财政承担 50%，县级财政承担 20%，投保人自行承担 30%。截至 2022 年，累计开展政策性玫瑰种植险 10.5 万亩次，保额 1.05 亿元，保费 217 万元，理赔 146.5 万元，为推动中国玫瑰之都玫瑰产业的发展起到了积极的促进作用。

## 二、主要做法

### 1. 提高站位，增强认识

政策性林业保险是中共中央、国务院和省市继粮食直补、农资综合补贴、良种补贴和农机购机补贴之后开展的第五项惠农补贴政策，事关农业农村经济大局和广大农民群众切身利益，是反哺支持农业的重要举措，是促进脱贫攻坚和乡村振兴的有力抓手。开展玫瑰种植保险是减轻玫瑰产业灾害损失、稳定玫瑰产品市场供应的重要举措，是有效提高玫瑰生产质量、抵御自然灾害能力的重要途径，是实现生态得保护、花农得实惠、保险得发展三赢局面的重要手段。

### 2. 强化领导，统筹推进

平阴县强化顶层设计，加大组织领导力度，成立了以县政府分管负责同志任组长，县农业农村、林业、畜牧、财政、气象、监察、金融、各街镇等部门单位分管负责人和承保公司为成员的工作推进领导小组，全面负责玫瑰政策保险工作的政策制定、组织实施、统筹协调、督促检查。同时，成立以部门专业技术人员为主，财政、气象、承保公司等单位业务人员共同参与的专家组，负责全县参保受灾标的物的查勘、定损、核损工作，有力地保障了理赔资金的安全使用。另外，确立了县林业主管部门的职能科室作为政策性林业保险的具体承办科室，各街道林业站、三农服务站负责开展具体相关工作，有力地促进了政策保险落地落实。

### 3. 健全体系，做好服务

平阴县林业主管部门与承保公司建立密切的协作机制，各司其职、各负其责，加强联系沟通，及时研究并协调、解决工作推进过程中出现的问题；各街道林业站和三农服务站指定专员具体负责本辖区内玫瑰政策性保险工作的开展；各投保村设立 1 名保险协管员，具体负责本村的投保和报灾等工作，形成了县、镇、村三级服务网络体系，为广大群众提供了询问咨询、问题反馈、解决困难的高质量服务平台，搭建了政府和群众之间联系的桥梁和纽带。

---

① 1 斤 = 0.5 千克。

**4. 探索创新, 推动发展**

作为一个新事物, 平阴县积极发扬"摸着石头过河"的精神, 先易后难, 积极探索, 为实现政策性保险工作的良好开局提供了强大的精神动力和创新支持, 通过摸索, 不断总结经验做法, 投保规模得到了快速、健康扩大。在上级政策中未体现玫瑰种植险的情况下, 平阴县积极践行以人民为中心的发展思想, 不断向上汇报争取, 通过努力, 济南市财政局、市林业局联合下发《关于开展政策性玫瑰保险试点工作的通知》, 安排了专项资金将该保险纳入政策性保险补贴范围, 在短时间内开发、推广了玫瑰种植保险, 实现了产品创新助力产业发展。在项目实施推进过程中, 平阴县强化规范服务, 总结完善政策性保险操作规程和林业保险灾害损失认定办法, 出台了相关规章制度和实施办法, 对保险标的、责任范围、保额保费、补贴标准等做了明确说明, 实现了各环节规范化、程序化。

## 三、主要成效

**1. 花农抗风险能力得到进一步提升**

开展政策性玫瑰保险在帮助花农降低经营风险、及时恢复生产等方面发挥了重要作用, 成为玫瑰产业稳定高效的一条灾后重建资金筹集渠道。例如, 2018年清明节前后, 平阴县气温出现了跳崖式降温, 并伴有霜冻, 对于正在花期的玫瑰影响巨大, 受灾严重。经核损专家组评估, 灾情共涉及 5 个涉农街道 48 个村的 3344 户花农, 受灾面积 6016.05 亩, 理赔金额 68.8 万元, 最大限度地降低了花农的损失。

**2. 产业发展环境得到进一步优化**

政策性玫瑰保险加大了财政对玫瑰产业的投入, 强化了花农保险意识和管理保护玫瑰的责任意识, 增强了投资玫瑰产业的信心, 激发了生产经营的积极性。截至 2023 年 6 月, 平阴县玫瑰种植遍布 8 个街镇, 面积 6 万余亩, 年产玫瑰花 20 000 余吨, 约占全国的 1/3; 拥有 43 家玫瑰种植专业合作社、40 余家玫瑰生产加工企业, 占企业总户数 90% 以上, 其中, 国家级林业龙头企业 1 家、省级林业龙头企业 8 家、市级农业重点龙头企业 12 家; 产品拓展到医药、化工、食用等多个领域, 研发出玫瑰酒、玫瑰酱、玫瑰精油、玫瑰家纺、玫瑰化妆品、玫瑰细胞液、玫瑰超微粉等 130 多种产品, 全产业链综合产值达 50 亿元, 约占全国的 60%, "平阴玫瑰" 品牌价值达 27.92 亿元, 品牌基地价值达到 172 亿元。

**3. 集体林权制度改革得到进一步巩固**

政策性保险作为推进集体林权制度改革的一项重要配套措施, 既是持续开展林业生产活动的安全保障, 也是森林所有者预防灾害的一种有效手段。玫瑰保险是平阴县林业主管部门为广大林农积极探索林业生产保障渠道, 让花农以较少的投入获得更加稳定的经营保障，使花农发展玫瑰种植和生产的信心更加充足、意愿更加强烈，玫瑰致富增收成效逐步增大，有力地促进了地方稳定和谐。这一举措，得到了广大林农、花农的认可和好评，实实在在地推动了集体林权制度改革的进程。

## 四、案例评析

1. 需要进一步提高认识，加强对林业保险工作的领导

各部门按照责任分工，组织、协调本地林业保险工作，建立健全工作责任制，并抓好政策落实和执行，全力推进林业保险相关工作。

2. 需要进一步加大宣传力度，积极宣传林业保险

充分利用电视、广播、报纸等媒介，及时宣传林业保险的相关政策，提高林农对林业保险的认识程度，引导林农自愿投保。

3. 需要加强专业人才建设，确保林业保险工作扎实稳步推进

尤其是熟悉保险业务和林业知识的复合型人才的吸收和培养。建立各参保公司共享的专家库，加强对保险知识和林业知识的培训，提高业务人员的业务素质。

4. 需要出台更多林业保险政策

对机构设置、财政资金配套、承保模式、投保、查勘定损、理赔等工作环节进行规范、细化。

## 五、其他相关知识

**2020 年玫瑰花目标价格保险工作实施意见**

为贯彻落实国家及省、市推进乡村振兴暨脱贫攻坚精神，推动农村产业兴旺、农民生活富裕，发展壮大我县玫瑰产业，化解玫瑰花种植风险。根据山东省财政厅等五部门《关于开展省财政对地方优势特色农产品保险以奖代补工作的通知》（鲁财金〔2019〕36 号）和济南市发展和改革委员会、济南市财政局《关于印发〈关于支持平阴玫瑰花目标价格保险工作的实施方案〉的通知》（济发改价格〔2019〕169 号）文件精神，我县决定开展 2020 年玫瑰花目标价格保险工作，特制订本实施意见。

**一、保险范围和品种**

全县所有符合种植条件的玫瑰花种植户均纳入本次保险范围，自主自愿参保、应保尽保。品种为当天采摘、正常收购的玫瑰花（包括玫瑰花蕾、花冠和大花）。

## 二、保险金额及保险费率

保险金额为每亩 1500 元，保险费率为 7%，保险费为 105 元/亩。保费由市级财政承担 50%，县级财政承担 20%，投保人自行承担 30%。

## 三、保险期间

本次保险期间为 2020 年玫瑰花自然采摘上市期，初步确定为：4 月 26 日至 5 月 25 日。

## 四、目标价格和实际市场价格

根据前三年的价格行情和生产成本，参照种植户、加工户、销售商及研究机构对玫瑰花的价格预期等因素，确定 2020 年玫瑰花目标价格保险的目标价格为 3.30 元/斤。

玫瑰花价格保险的实际市场价格按照自然采摘上市期监测的玫瑰花蕾、花冠和大花实际收购价格(玫瑰花蕾、花冠和大花的权重分别为 75：15：10)加权平均计算并及时向社会公开发布。

保险人和被保险人以县发改局发布的实际市场价格为准，与目标价格进行对比确定是否理赔。

## 五、保险责任

在玫瑰花自然采摘上市期过后(5 月 25 日以后)，以县发改局采集发布的玫瑰花加权平均价格为准，确定本年度实际市场价格。当实际市场价格低于目标价格时，即视为出险，保险人按保险合同约定负责赔偿。

## 六、出险赔偿

符合保险责任的出险案件，保险人按照以下公式计算赔偿，但每亩赔偿金额最高不超过 1500 元。赔偿金额＝每亩保险金额×[(目标价格－实际市场价格)/目标价格]×保险面积。

## 七、保险签约、保费补贴及理赔方法

保险人与被保险人应签订保单，保险面积、保险金额、保费缴纳等具体内容以保单约定为准。保险签约截止日期为 2020 年 3 月 31 日。

在保险人与被保险人签约后，被保险人应按照投保面积以 31.5 元/亩的标准缴纳保费。在被保险人签单、缴费后，保险人应汇总制作投保明细表，连同签订的保单一同报送县发改局和财政部门进行审核，审核合格后，报上级发改委和财政部门审批。各级财政部门根据经审批的投保明细表和本级应承担的保费补贴额，拨付保费补贴。

当符合保险责任的案件发生时，保险人应通知被保险人提供保单等必要材料进行保险理赔，理赔应在玫瑰花集中销售期结束后(5 月 25 日)2 个月内完成，最迟不得超过 3 个月即 2020 年 8 月 31 日。保险人应在理赔结束后，将理赔情况上报县发改局和财政部门。

### 八、设立监测点

县发改局协同县玫瑰产业发展中心选择部分种植户和收购点设立价格监测点，每天对玫瑰花销售(收购)价格进行采集。自然采摘上市期监测点每天上午十点和下午五点上报当天实际销售(收购)价格和销售(收购)数量。

### 九、参保公示

实行参保公示制度。承保公司做好办理签单前的公示工作，要以村为单位，在"政务公开栏"公示参保农户姓名、参保面积，并做好相关材料的备份留存。公示时间均不少于5天，以保障参保户的参与权和知情权。

### 十、保险经办机构确定

根据《鲁价综发〔2018〕19号》文件精神要求，经研究确定由中国人民财产保险股份有限公司、泰山财产保险股份有限公司共同承保。人保财险济南市分公司做主承保方(55%)，泰山财产保险股份有限公司济南中心支公司(45%)做从共保方。各保险公司要公开、公正、及时做好承保、理赔等工作，为参保农民提供高效便捷的保险服务。对工作不力、理赔不及时、弄虚作假的经办机构将由职能监管部门进行及时调整。

### 十一、成员单位职责

玫瑰花目标价格保险工作由县发改局牵头，成员单位包括县财政局、县玫瑰产业发展中心。县发改局负责牵头协调、组织实施、监督检查等工作，具体包括制定具体实施方案，做好实际价格监测和公示，审核参保明细清单。县财政部门负责保费补贴资金的管理工作，具体包括资金的申请、拨付和清算，以及资金使用的监督检查。县玫瑰产业发展中心协助做好玫瑰花目标价格保险宣传发动、签单、保费收缴、理赔等具体工作事项。各单位要认真履行职责，密切配合，共同推进玫瑰花目标价格保险工作。

### 十二、严查违规行为

保险双方要按照诚实信用原则，对保险数据的真实性、合法性负责，坚决杜绝以"替保""虚保"等手段骗取保费补贴的不法行为。对违纪、违规行为将依据法律、法规进行严肃查处，追究相应的法律责任。

### 十三、特别约定

1. 参保人应在承包土地所在镇街投保，参保面积由参保农户自主确定，并在保险合同中载明。如无不可抗力因素，合同计划不得变更。

2. 因故非工作日销售(收购)价格缺少数据的，按保险责任期间有价日的平均销售(收购)价计算。

3. 保险面积、目标价格是确定保额的依据，出险后按保单载明的保险面积和目标价格计算理赔。

　　4. 各种植户的实际销售价格不作为与目标价格比较的依据，不作为理赔依据。

　　5. 本意见未尽事项，按照保险人与投保人的保险合同约定执行。

## 案例四　福建省设施花卉种植保险

### 一、案例简介

　　福建省漳州市长泰县是中国生态建设示范县，冬暖夏凉，年平均气温 21℃，年降水量 1600 多毫米，土壤肥沃，素有"扁担插下去也会开花"的美誉。长泰县全力打造现代花卉园区，发展花卉生态旅游等休闲农业。2017 年，设施花卉保险在福建省全省范围内铺开后，花卉种植户刘峻为自己的 60 亩大棚买了设施花卉种植保险，保费近 5 万元，种植户自付 3 万余元。同年 9 月，因突发大风，致使刘峻的 6 亩花卉钢架大棚(包含顶膜)不同程度受损。承保公司人保财险第一时间赶赴现场查勘，收集理赔材料，并将 4 万多元的理赔款快速打到刘峻账户上。

　　设施花卉种植保险在福建省各试点县市推行情况不同。延平区、连城县和清流县是容易发生自然灾害的地区，在过去几年里均遭遇过洪灾、寒流，当地花农损失严重。三个区县政府大力扶持花卉产业，清流县和连城县的财政补贴均高于方案要求，因此花农和花企的投保积极性比较高。连城县试点第一年(即 2016 年)达到投保条件的企业和花农有 10 户，投保设施花卉种植保险合计 874.7 亩(分别为大棚 511.53 亩、非洲菊 327 亩、兰花 26.67 亩、月季 9.5 亩)，共计签单 14 份，总计保险金额 1547.8 万元，合计保费 24.2 万元。清流县参保设施花卉种植面积 1397 亩，参保花农及企业 205 户，总保额 2633.62 万元，总保费 43.56 万元。作为著名的百合产区，延平县有 4000 多亩百合，2016 年的投保面积达到了 1000 多亩。2017 年 1 月的"超级寒潮"中，延平区 200 多亩切花百合受到损害，获保险公司 200 多万元的赔偿；连城县共计 8 户 150 余亩大棚出险受灾，均系风灾原因导致大棚棚膜、棚体钢架受损，核定赔款金额合计 41.2 万元。2017 年 5 月 2 日，清流县花卉基地遭受龙卷风袭击，造成 22 户花农的 138 亩花卉大棚及花卉受损，保险公司赔付 161.38 万元。

### 二、主要做法

1. 保持政策稳定性

福建省为促进设施花卉产业发展，有效降低花卉种植风险，增强花卉生产者防灾减灾能力，2016 年选择延平、清流、连城、武平、漳浦、龙海、南靖、福清 8 个县(市、区)开展试点。2017 年，福建省林业厅、财政厅、银保监局联合下发《2017 年设施花卉种植保险试点方案》的通知，将试点范围拓展到全省。2018 年，福建省林业厅、财政厅、银保监局联合印发《2018 年设施花卉种植保险方案》，继续推进设施花卉种植保险工作，促进福建省设施花卉产业发展。

2. 科学制定保险方案

该方案明确设施花卉种植保险标的为花卉种植设施、棚内种植花卉，保险责任包括火灾、风灾、雨灾、水灾、雪灾、冻灾、雹灾、雷击、山体滑坡、泥石流、空中运行物体坠落等自然灾害。每亩保险金额根据保险大棚的造价、新旧程度以及保险花卉在保险期间内所发生的直接物化成本和种子(苗)的成本确定，并设定浮动区间，花卉种植设施和棚内种植花卉保险费率分别 1% ~ 1.5% 和 1.5%~2.5%。省级、县级财政分别给予不低于 20%、10% 的保费补贴。

每个县市根据自己的财政情况制定相应的政策。连城县投保，省级财政补贴保费 20%，市级财政补贴保费 9%，县级财政补贴保费 21%，花卉种植户自缴保费 50%；清流县投保，省级财政补贴保费 20%，县级财政补贴保费 15%，花农自担保费 65%。

## 三、主要成效

福建省开展设施花卉种植保险，为种植户提供了强有力的保障，有效降低了花卉种植风险，增强了花卉生产者防灾减灾能力，促进花卉种植业稳定发展。

2016—2018 年，福建省设施花卉种植保险年平均承保面积约 3291 亩，总保费 312.25 万元，已决赔款 504.6 万元，简单赔付率达 161.6%。

## 四、案例评析

1. 花农和花企参保意愿不强，保险覆盖面不够大

一方面，花农认为保费过高。按方案规定设施保险费率，如果一亩大棚种 8 万苗兰花，每苗按 10 元计，保险费率 1.5%，就需要 1.2 万元，还未算大棚需要的费用。另一方面，各地不同标准的财政补贴也影响了花农的投保积极性。

2. 设施花卉种植保险经营风险高，影响承保公司积极性

三年设施花卉种植保险赔付率达到 161.6%，高赔付率不利于设施花卉保险的开展。即使参保率提高也无法分散风险。若通过提高保险费率来覆盖风险，会增加农户保费负担，也不具有可操作性。这在很大程度上影响了承保公司的积极性。

# 第四节　木本油料作物保险案例

## 案例五　湖南省油茶林特色保险

### 一、案例简介

2016 年，湖南省根据国家林业局的指导，在财政、金融等部门的支持下，将森林保险工作紧紧围绕生态林业、民生林业和生态文明建设不断深化推进。湖南省财政厅下发《关于 2016 年农业保险保费补贴有关重要事项的通知》，鼓励开展特色保险，特色品种及各品种承保数量由各市州、省直管县市自行选择，成效显著。当年，共有五家承保机构开展林业保险项目，主要情况如下：中华财险湖南分公司承保了 6315.01 万亩，其中，公益林 4642.4 万亩，商品林 1672.61 万亩；人保财险湖南省分公司承保了 4127.15 万亩，其中，公益林 1613.05 万亩，商品林 2514.1 万亩；太平洋财险湖南分公司承保了 1949.58 万亩，其中，公益林 882.29 万亩，商品林 1067.29 万亩；平安财险湖南分公司承保了 268.21 万亩，其中，公益林 14.36 万亩，商品林 253.85 万亩；国寿财险湖南省分公司承保了 173.46 万亩，其中，公益林 141.5 万亩，商品林 31.96 万亩。

### 二、主要做法

1. 科学制定保险方案

2016 年，湖南省衡阳市常宁等市（县、区）林业局与人保财险合作推进油茶林特色保险试点工作。人保财险出台了《2016 年油茶林保险工作实施方案》，调整提高了油茶林保额及保险标的范围，分龄期投保，幼龄期保额为 1000 元/亩，生长结果期、盛果期保额为 2000 元/亩；基准保险费率为 1%。衡阳市财政予以50% 保费补贴（即幼龄期补 5 元/亩、盛果期补 10 元/亩），另外 50% 保费由投保人自缴。将暴雨等自然灾害、泥石流等地质灾害及由灾害引起的油茶挂果率降低等均纳入保险责任范围。常宁市尤为重视油茶林保险工作，提出县级财政在衡阳市财政补贴基础上，每亩再补贴保费 3 元，如果保险年度没有出险，则下一保险年度林农不需交保费，而由县级财政全额负担 5 元。衡阳市油茶林特色保险政策的出台提高了油茶种植户造林、投保的积极性。

2. 创新油茶贷保险

为提高油茶种植户风险保障能力，满足林农信贷融资需求，进一步推进农村金融服务，2016 年，中华联合保险公司与中国农业银行湖南省分行开展合作，在湘潭湘乡市等地开发了油茶贷专属保险项目。油茶种植户向保险公司投保，由保险公司提供风险保障，投保了的油茶种植户可据此向农业银行申请贷款，解决种植油茶的融资需求。2018 年，中华财险依托中国农业银行涉农信贷优势，与油茶林保险创新结合，在满足农户油茶种植风险保障需要的同时，更好地解决林农从事油茶种植过程中的融资需求，缓解了"三农"领域融资难、融资贵问题，推进农村惠普金融服务，扩大"三农"领域金融覆盖面。油茶贷项目保险责任较广，包括暴雨、洪涝、风灾、雹灾、冻灾、旱灾、地震、泥石流、山体滑坡、火灾和病虫草鼠害，不同生长期油茶林的保险金额不同，对于农业银行渠道形成且符合条件的油茶贷项目，保险费率可进行优惠调整。目前油茶贷项目已在湘潭湘乡市等地区落地签单。

3. 开发油茶林天气指数保险

2019 年，衡阳市下发《关于印发〈衡阳市油茶林保险实施方案〉的通知》，首次提出了油茶林天气指数保险，天气指数保险属于政策性保险。油茶树生长过程中一旦遭遇干旱、低温、冻害等气象灾害，将导致油茶果产量变化无常。在保险期内，油茶林所在区域的月最高气温或月最低气温达到保险合同约定的起赔标准时，即视为保险事故发生，保险人按照保险合同约定负责赔偿。这样一来，种植户一旦遭遇极端天气，造成油茶产量减少、质量降低，就可以有兜底保障。2019 年，全市共 6 个县(市)开展了油茶林保险工作，完成投保面积共 47.91 万亩，保险金额共计 4.13 亿元，签单保险费为 919.68 万元。根据该通知要求，对于保费，市级财政支持性补贴 40%，县级财政支持性补贴 40%，其余 20% 由种植经营主体承担。2019 年，衡阳市市级财政共补贴保险经费 367.87 万元，承保公司受理油茶林灾害 166 起，已理赔结案 58 起，理赔金额 155.89 万元，未决案件108 起，未决理赔金额 494.83 万元。

## 三、主要成效

通过采用"政府+企业"模式，完成了林业系统与保险公司合作推动油茶林特色保险。在此基础上，保险公司与金融机构结合，保证保险项目融资与借贷活动的顺利安全。在提高风险保障能力方面，在满足林农信贷融资需求的前提下，保险公司开发了多种油茶贷保险专属项目，开发了油茶林天气指数保险等类型丰富的保险项目。

## 四、案例评析

1. 丰富保险产品，满足群众需求

湖南省林业主管部门与保险公司合作，积极创新，推出油茶林保险、油茶贷保险专属项目、油茶林天气指数保险等，丰富了油茶保险市场产品种类，拓宽了林农选择范围，实现保险保障"全面化"。

2. 解决融资难题，保障资金安全

通过采用"政府+企业"模式，完成了林业系统与保险公司合作推动油茶林特色保险。在此基础上，积极创新路径，保险公司与金融机构合作，开发油茶贷保险专属项目、油茶林天气指数保险等保险产品，一方面，满足林农信贷融资需求；另一方面，保证保险项目融资与借贷活动的安全性，是保险支持产业发展的一次良好探索。

## 五、其他相关知识

### 油茶林天气指标保险

1. 产品简介

油茶林天气指数保险是在衡阳市衡南县开办的地方财政补贴险种，市级财政补贴40%、县级财政补贴40%、农户自缴20%。该保险条款名称为《中华财险湖南省衡阳市衡南县地方财政油茶林天气指数保险条款》。

2. 保额及费率

保额为500元/亩，保险费率为6%，保费为30元。

3. 标的选择

符合下列条件的油茶林可作为本保险合同的保险标的(以下简称保险油茶)，投保人应将符合下述条件的油茶林全部投保，不得选择投保：

(1)油茶种植符合当地政府和林业部门的要求和规范标准，栽种的品种符合林业部门的规定。

(2)油茶种植经营主体建有规范的油茶种植生产管理制度，种植记录完整，成本投入凭证及产销记录齐全，能按生产规范规定采取防护措施并有记录。

(3)必须在保险单中列明的种植地点内种植。

投保人应将其所有或管理的，符合上述条件的油茶林全部投保，不得选择投保。

4. 保险责任

在保险期间内，保险油茶所在区域的月最高气温或月最低气温达到保险合同约定的起赔标准时，视为保险事故发生，保险人按照本保险合同的约定负责赔偿。

保险合同约定的月最高气温持续一天的起赔标准是指一个自然日气温最高值达到39℃(含)以上。保险油茶在一个自然月内遭受高温天气为一次保险事故，保险人按一个自然月内发生的"月最高气温"的最高值计算赔付金额。在保险期间内，一个自然月发生多次最高气温达到或高于39℃的高温天气的，保险人只按最高温度的一次灾害损失进行赔偿，每个自然月限制赔偿次数为一次。当月最高气温持续 $N$ 天达到41℃（含）以上时，按照天数对应的最高赔偿比例进行赔偿。

保险合同约定的月最低气温持续一天的起赔标准是指月最低气温在−3℃（含）以下。保险油茶在连续一个自然月内遭受低温天气视为一次保险事故，保险人按一个自然月内发生的"月最低气温"的最低值计算赔付金额。在保险期间内，一个自然月发生多次最低气温达到或低于−3℃的低温灾害的，保险人只按最低温度的一次灾害损失进行赔偿，每个自然月限制赔偿次数为一次。当月最低气温持续 $N$ 天达到−5℃（含）以下时，按照天数对应的最高赔偿比例进行赔偿。

保险合同所涉及的气象数据以衡南县气象局监测的气象数据为准。衡南县气象局由于站点仪器损坏、导致气象数据无法正常获取，以离保险油茶最近距离的气象站观测数据代替，且须经气象部门审核认定。保险油茶所在地域设有多个气象站点的，以本保险合同指定的站点为准，并须在保险单中载明。

5. 赔偿处理

保险油茶发生保险责任范围内的损失，保险人按以下方式计算赔偿，其中：

月赔偿金额＝每亩保险金额（元）×赔偿比例×保险面积（亩）

累计赔偿金额＝$\Sigma$ 月赔偿金额

月最高（低）气温同时满足两个及以上赔付标准时，以赔偿金额最高者为准，每个自然月限制赔偿次数为一次。

高温灾害赔偿标准和低温灾害赔偿标准见表5-2、表5-3。

**表5-2　高温灾害赔偿标准**

| 高温持续天数 | 月最高气温 $M$ | 赔偿比例（%） |
|---|---|---|
| 月最高气温持续 1 天 | 39℃≤$M$<40℃ | 1 |
| | 40℃≤$M$<41℃ | 2 |
| | 41℃≤$M$<42℃ | 3 |
| | 42℃≤$M$<43℃ | 4 |
| | 43℃≤$M$ | 6 |
| 月最高气温持续 7 天（含） | 41℃≤$M$ | 30 |
| 月最高气温持续 10 天（含） | 41℃≤$M$ | 50 |
| 月最高气温持续 15 天（含） | 41℃≤$M$ | 100 |

注：月最高气温精确到小数点后一位。

表 5-3　低温灾害赔偿标准

| 低温持续天数 | 月最低气温 M | 赔偿比例(%) |
|---|---|---|
| 月最低气温持续 1 天 | −4℃<M≤−3℃ | 1 |
| | −5℃<M≤−4℃ | 2 |
| | −6℃<M≤−5℃ | 3 |
| | −7℃<M≤−6℃ | 4 |
| | M≤−7℃ | 6 |
| 月最低气温持续 7 天(含) | M≤−5℃ | 30 |
| 月最低气温持续 10 天(含) | M≤−5℃ | 50 |
| 月最低气温持续 15 天(含) | M≤−5℃ | 100 |

注：月最低气温精确到小数点后一位。

保险期间内保险油茶累计赔偿金额以保险金额为限；多次受灾，累计赔偿金额达到保险金额时，保险责任终止。

# 第五节　古树名木保险案例

## 案例六　浙江省古树名木综合保险

古树名木是大自然的瑰宝，是森林资源的精华，不仅是一种自然遗存，更记载着历史、传承着文化和财富。

### 一、案例简介

浙江省地处东部沿海，是我国受洪涝、台风、暴雨等自然灾害影响最为严重的地区之一，古树名木被摧毁、折断等情况时有发生。1991—2017 年，浙江省湖州市安吉县组织了五轮古树名木调查工作，重点对现存 100 年以上的古树名木进行全面登记调查，对其地理信息、生物学特征、数码影像信息等资料都进行了翔实的记录和整理，并及时录入浙江省古树名木管理系统，制作了二维码保护牌，实行挂牌保护。安吉县共有古树名木 3329 株(其中，名木 41 株、一级古树 48 株、二级古树 131 株、三级古树 3109 株)，散生古树名木 1822 株，古树群 41 个；主要树种有枫香、银杏、金钱松、麻栎、榧树、枫杨等，分 33 科 56 属 73 种。

2021 年 7 月 25 日上午，受台风"烟花"影响，浙江省安吉县一株 210 年树龄的银杏树部分主干枝条折断，影响周边居民安全，需立即进行施救，消除安全隐患。

## 二、主要做法

接到报案后，中国太保产险浙江分公司农险服务专员第一时间赶往现场，联合当地村委进行现场查勘。根据现场受损情况和第三方施救方案核定，保险公司启动"烟花"大灾农险绿色理赔通道，简化单证材料，快速理赔结案，并及时将赔款支付给当地村委。这是台风"烟花"期间中国太保产险浙江分公司完成的全省首件古树名木综合保险赔案。

## 三、主要成效

自 2017 年浙江省政府颁布《浙江省古树名木保护法》后，全省各级政府加大对古树名木的保护力度，为全省 30 多万株古树名木提供保护经费。2019 年 5 月，中国太保产险浙江分公司在浙江省林业局的支持下，在磐安县正式签发了全省第一单古树名木综合保险。截至 2021 年 7 月，大保产险已经累计为全省 19 个区、县的 13 237 棵古树名木提供总保额达 3.2 亿元的保险保障。安吉县还先后推出了古树名木"健康体检"全覆盖、"一树一策"全面保护、古树名木保护专项执法行动等举措。古树名木综合保险产品对较大的自然灾害给予一定程度的施救费用支持，解决了因地方政府每年为此预留的帮扶资金不能确定的问题。

## 四、案例评析

浙江太保产险创新开发的古树名木综合保险产品，对古树名木养护中最常见的自然灾害、意外事故、病虫害等导致的施救费以及第三者责任（人身损害损失和财产损失）等提供综合性风险保障，有效解决了政府因经费不足等问题而无法全面保护古树名木的困境，同时也是创新特色森林保险的一次良好探索。

## 五、其他相关知识

2020 年 1 月起，浙江省湖州市安吉县推出了古树名木综合保险，保险内容包含施救费用保险和第三者责任保险两部分。为了加强古树名木保护和风险管理，安吉县为全县 3329 株古树名木购买政策性保险，对由于自然灾害、病虫害等原因造成古树名木倾倒、倾斜、蛀干（蛀枝）、枯萎、主干分枝折损事故及第三者责任事故，每株古树名木最高可获赔偿 2 万元。

1. 施救费用保险

由于下列原因造成古树名木倾倒、倾斜、蛀干（蛀枝）、枯萎以及主干分枝折损事故，保险人按照保险合同的约定，对发生必要而合理的施救（包括查勘鉴定）费用负责赔偿，每株古树名木最高赔偿限额为 2 万元：火灾、爆炸、雷击、暴风、台风、龙卷风、暴雨、雪灾；空中飞行物体坠落；病虫害，包括标的叶片遭受食叶性昆虫大范围(单株标的受损 20% 以上)吞噬破坏的。

2. 第三者责任保险

因古树名木发生倾倒、倾斜、折断以及主干分枝折损掉落等情况，导致第三者人身伤亡和财产损失的，依照中华人民共和国法律(不包括港澳台地区法律)应由被保险人承担的经济赔偿责任，保险人按照保险合同约定负责赔偿。单次人身伤亡事故最高赔偿限额为 20 万元(含医疗费用 2 万元)，造成第三者财产损失的，每株古树名木最高赔偿限额为 2 万元。

# 第六节　气象指数保险案例

## 案例七　浙江省油茶低温气象指数保险

浙江省衢州市常山油茶种植历史悠久，素有"浙西绿色油库"的美称，是浙江省名特优经济林重点产区县，被誉为"油茶之乡"。随着人们绿色消费、健康消费需求的快速增长，油茶产业渐已成为山区林农增收致富的重要源泉。但油茶生产易受自然灾害侵袭的风险始终制约着油茶产业的发展，多年来各级林业主管部门急群众之所急，积极寻求解决办法。常山县属亚热带季风气候，四季变化明显。冬、春季节(12 月至次年 3 月)，每当强冷空气南下时，低温天气易导致山茶花冻死与脱落，抑制山茶花结果及幼果形成，导致次年的茶油产量下降，阻碍了山茶油产业健康发展。

### 一、案例简介

2016 年 1 月 25—27 日，持续低温冻害天气使得油茶幼果受损严重，全国油茶大面积减产，比 2015 年减产接近 2/3，林农损失惨重，直接导致 2016 年年底市场上的油茶原油(毛油)价格从 30~35 元/斤提高到 60~65 元/斤。

### 二、主要做法

浙江省林业、保险、气象等部门开始关注油茶灾害性气候保险工作。2016 年年底，常山县制定《常山县油茶产业发展三年行动计划(2017—2019 年)》，特别增加油茶低温干旱气象灾害性保险扶持政策。2017 年，浙江省林业厅、省人保公司、省气候中心、县农险办和县林业局组织有关专家多次深入常山县油茶主产区开展实地调查和座谈工作，在广泛听取多方意见的基础上，制定了《常山县油茶低温气象指数保险试点方案》和《地方财政补贴型油茶低温气象指数保险条款(常山专用)》。实现投保理赔"一站式办理"。根据茶油低温冻害等致灾指标,搭建理赔计算模型,当触发理赔条件时后台自动计算出最高理赔金额。通过应用实现线上免申即赔,农户在保期结束后第2天即可获得相应赔付款。实现多跨部门"一件事联办"。归集气象、农业农村、财政、保险等部门等33项数据,为农业布局、灾害救助、险种调整等提供决策依据。统筹气象、财政等部门,建立气象指数保险理赔业务协同机制。常山县人保创新推出"农保贷"等信贷产品,缓解新型农业经营主体融资难、担保难等问题。实现规则变革"标准化赔付"。出台地方财政补贴油茶专用条款,建立农险险种目录清单管理和"政府主导+企业投入+农户受益"的平台运行管理机制,推动建设气象指数保险地方标准。打破传统保险流程,以固定气象站点的监测数据为理赔依据,省去6个环节,办理流程减少5项,平均每项理赔业务节约人工3天以上。

## 三、主要成效

浙江省常山县2016—2019年累计缴纳保费429.4万元,触险理赔438.764万元,赔付率102%。青田县2019年缴纳保费125.62万元,触险理赔125.62万元,赔付率为100%;2020年缴纳保费289.176万元,触险理赔722.94万元,赔付率为250%。

2017年,常山县投保农户(家庭农场)9户,投保面积达1960亩,保费为11.76万元,实际保险理赔为101.92万元,亩均赔付520元。保险农户实实在在享受到保险红利,有效降低了自然灾害造成的油茶种植培育损失。

## 四、案例评析

随着国家森林保险政策的大力宣传和推广,森林保险覆盖面不断扩大,深入千家万户,针对森林火灾、柑橘水果冻害、茶叶低温等农业生产灾害设计的诸多森林保险已广泛推广,提高农户抵御自然风险的能力,降低农户受自然灾害损失的程度。油茶低温气象指数保险运用气象监测数据,对低温冻害进行监控定损,当达到起赔温度后立即启动赔付程序,有效提高了理赔效率。同时,该保险具有大灾大赔、小灾小赔特性,赔付精准,为林农收益系上保险索,增效增收保障程度得到有效提高。

## 五、其他相关知识

常山县油茶低温气象指数保险是浙江省林业部门首个林木气象指数保险险种,备受社会关注和期待。该保险条款的保险标的需符合以下条件:一是全县范围内,种植面积在50亩(含)以上的油茶种植户;二是种植面积未达到50亩的种植户通过专业合作组织或以乡、村为单位以统保方式投保；三是油茶种植户或种植企业信誉良好，无违法违纪记录；四是符合农业部门规定的种植规范和技术管理要求，生产正常。在保险期间内，保险油茶在开花期(每年 12 月 1 日至次年 3 月 31 日)遭受 0℃(含)及以下的低温天气，且通过保险合同约定的气象观测站实测到的气象数据达到约定理赔标准，保险人将按照保险合同承担赔偿责任。保险油茶发生保险责任范围内的损失，保险人按以下方式计算赔偿：

①每亩赔偿金额为保险期间内低温值所对应赔付表中最高理赔金额。

②赔偿金额＝∑每亩赔偿金额。

低温值由两项内容组成，一项为保险期间各时间段内实际观测的日最低气温值，另一项是由于持续低温增加冻害严重程度的低温附加值(强度系数)。

计算方式是在"12.1~12.21""12.22~12.31""1.1~1.31""2.1~2.29""3.1~3.31"各时段中，分别统计小于等于各时段约定的日最低气温(表5-4)的发生天数所对应的强度系数(表5-5)，强度系数分别与各时段内所对应的日最低气温的最低值的乘积(四舍五入)即为最终的低温值。可用此低温值对照每亩赔付表(表5-6)找到相应的理赔金额。

表 5-4　各时段对应的日最低气温　　　　　　　　　　　　　　　　　　℃

| 日期 | 12.1~12.21 | 12.22~12.31 | 1.1~1.31 | 2.1~2.29 | 3.1~3.31 |
|---|---|---|---|---|---|
| 日最低气温 | ≤0 | ≤-2.5 | ≤-5.0 | ≤-2.5 | ≤-2.0 |

表 5-5　低温发生天数对应的强度系数

| 发生天数<br>(天) | ≤1 | 2 | 3 | 4 | 5 | 6 | 7 | ≥8 |
|---|---|---|---|---|---|---|---|---|
| 强度系数 | 1.0 | 1.02 | 1.04 | 1.07 | 1.1 | 1.13 | 1.16 | 1.2 |

表 5-6　保险期间各时段低温值对应的每亩赔付金额　　　　　　　　　　元

| 低温值(℃) | 日期 | | | | |
|---|---|---|---|---|---|
| | 12.1~12.21 | 12.22~12.31 | 1.1~1.31 | 2.1~2.29 | 3.1~3.31 |
| [0~-0.5) | 20 | 0 | 0 | 0 | 0 |
| [-0.5~-1.0) | 30 | 0 | 0 | 0 | 0 |
| [-1.0~-1.5) | 40 | 0 | 0 | 0 | 40 |
| [-1.5~-2.0) | 50 | 0 | 0 | 0 | 60 |
| [-2.0~-2.5) | 60 | 0 | 0 | 40 | 80 |

（续）

| 低温值(℃) | 日期 | | | | |
|---|---|---|---|---|---|
| | 12.1~12.21 | 12.22~12.31 | 1.1~1.31 | 2.1~2.29 | 3.1~3.31 |
| [-2.5~-3.0) | 70 | 20 | 0 | 60 | 100 |
| [-3.0~-3.5) | 80 | 40 | 0 | 60 | 120 |
| [-3.5~-4.0) | 80 | 50 | 0 | 80 | 146 |
| [-4.0~-4.5) | 90 | 54 | 20 | 90 | 164 |
| [-4.5~-5.0) | 108 | 64 | 40 | 102 | 198 |
| [-5.0~-5.5) | 130 | 72 | 60 | 128 | 262 |
| [-5.5~-6.0) | 146 | 82 | 72 | 154 | 294 |
| [-6.0~-6.5) | 162 | 90 | 90 | 180 | 326 |
| [-6.5~-7.0) | 182 | 108 | 100 | 204 | 360 |
| [-7.0~-7.5) | 218 | 132 | 126 | 254 | 436 |
| [-7.5~-8.0) | 262 | 172 | 162 | 304 | 726 |
| [-8.0~-8.5) | 290 | 218 | 204 | 406 | 908 |
| [-8.5~-9.0) | 326 | 304 | 290 | 520 | 1036 |
| [-9.0~-9.5) | 560 | 500 | 500 | 864 | 2000 |
| [-9.5~-10.0) | 700 | 600 | 600 | 1152 | 2000 |
| ≤-10.0 | 1000 | 900 | 900 | 2000 | 2000 |

注："["表示含，")"表示不含。

# 第七节　价格指数保险案例

## 案例八　福建省蜜柚价格指数保险

福建省漳州市平和县素有"中国柚乡、世界柚都"的美誉，蜜柚产业是平和县农业支柱产业，也是最大的脱贫产业。据统计，全县 3356 户建档立卡贫困户中有 2416 户种植蜜柚，总面积为 10 300.05 亩，年产值可达 6180 万元，可为贫困户年增加纯收入 3660 万元，户均约 1.5 万元。

### 一、案例简介

近年来，平和县之外的蜜柚产量大增，市场价格持续走低，尤其是 2020 年年初出现的新冠疫情对蜜柚价格造成较大冲击。为防止建档立卡贫困户因蜜柚销售市场变动等因素导致收入减少，平和县与人保财险平和支公司合作，创新实施蜜柚价格指数保险，由县财政专门拨出 200 万元，为全县所有贫困户种植的琯溪蜜柚投保价格指数保险。

## 二、主要做法

一是创新保险标的。蜜柚价格指数保险标的包括贫困户种植的各品种蜜柚，包括白柚、红柚、三红柚、黄金柚等。二是确定目标任务。目标价格按照不同地区贫困户种植的蜜柚当年投入的直接物化成本及人工成本加适当的利润来确定，套袋果目标价格为 1.6 元/千克，无套袋果目标价格为 1.4 元/千克。三是确定目标产量。按照每亩 50 株计算，树龄在 6 年(含)以上，蜜柚产量为 2500 千克/亩；树龄在 3~5 年，蜜柚产量为 1250 千克/亩。保险费率为 5%。亩保险费＝约定的亩产量×约定的目标价格×5%。

保险期间，在约定的采摘收获期内，贫困户出售的蜜柚低于约定的目标价格时，视同保险事故发生，保险公司即启动理赔程序。贫困户出售的蜜柚价格，以所在地一星期内(7 天)平均收购价作为依据。数量、单位价格经当地村支书、村委会主任、挂钩帮扶干部、江夏堂网络科技有限公司签字确认后，连同过磅单提交到乡镇扶贫办公室，乡镇扶贫办公室审核盖章后，送交人保财险平和支公司理赔。每亩赔偿金额＝(约定的目标价格−约定的采摘期限内平均收购价或贫困户出售价格)×贫困户实际销售蜜柚重量(以磅单为依据，但最高不超过约定的每亩产量)。在约定的目标价格内，每千克赔偿金额最高不超过 0.6 元。

## 三、主要成效

2020 年，平和县全县产业扶贫保险共投保 2406 户，总保费 201.9 万元，总保额 4039.5 万元，覆盖率 71.7%，取得良好的成效。县政府决定在产业扶贫保险的基础上，为全县 3365 户 10 543 人中有种植蜜柚的建档立卡贫困户购买蜜柚价格指数保险，促进建档立卡贫困户稳定增收。县政府与人保财险公司为贫困户种植的蜜柚约定赔偿额度，每斤赔偿金额最高可达 0.3 元，确保贫困户种植的蜜柚不亏本、有微利，增强扶贫产业抵御和防范市场价格波动风险的能力，让贫困柚农吃上"定心丸"。

## 四、案例评析

(1)创新险种设计，对贫困柚农实施价格保险，支持特色产业发展。

(2)建立理赔机制，对适赔对象实现应赔尽赔，稳定柚农的收益预期。

# 第八节　收入保险案例

## 案例九　广西壮族自治区油茶收入保险

广西壮族自治区是我国南方重点集体林区和林业资源"富矿区"，是生态保护重点区域和生物多样性富集地区。全区林地面积 2.39 亿亩，占全区国土面积的 67.21%，居全国第六位；森林覆盖率达 62.28%，居全国第三位；森林蓄积量6.4 亿立方米，居全国第七位。

油茶产业被列为广西壮族自治区推进农业结构调整的九大产业之一，不仅可以促进现代林业发展，带来良好的经济效益、生态效益和社会效益；还可以助推脱贫攻坚，带领人民走向生态富强之路；更能为实现乡村振兴奠定产业兴旺基础。由于广西壮族自治区油茶低产林较多，组织化程度低，并且油茶抵御风险能力较差，油茶的综合效益没有得到充分地体现，导致山茶油产业未能健康发展。

### 一、案例简介

广西壮族自治区是全国油茶重点产区，油茶产业发展基础好、条件优越、潜力巨大，有高产油茶林 680 万亩，年产茶籽 25 万吨、茶油 6.5 万吨，3 项指标均居全国第三位。

随着国家森林保险政策的大力宣传和推广，广西壮族自治区有关部门接连出台一系列配套政策，尤其是落实油茶产业政策性森林保险扶持政策。有关部门将油茶造林列入重点保障内容，积极探索建立油茶产业保险政策试点，提高造林户抵御自然灾害等风险的能力，增强广大油茶造林者的信心，为本省油茶产业发展提供了有力保障。2018 年，广西壮族自治区政府印发《关于实施油茶"双千"计划助推乡村产业振兴的意见》，全面实施千万亩油茶基地、千亿元油茶产业的"双千"计划，扩大广西壮族自治区油茶种植规模，提高油茶产量与质量，优化油茶产业结构，提升综合效益。2019 年 10 月，四部委联合印发的《关于加快农业保险高质量发展的指导意见》进一步指出，"收入保险成为我国农业保险的重要险种"，同时提出"扩大农作物收入保险试点、探索收入保险+期货（权）试点"，为探索油茶收入保险的发展提供政策依据。与一般保险不同，收入保险需同时确定收获时的产量和价格。

### 二、主要做法

2020 年 7 月，广西壮族自治区财政厅、林业局联合下文，率先在全国试行了油茶收入保险。2020年9月1日，人保财险广西分公司开发全国首个油茶收入保险，首批试点选取了柳州市(含三门江林场)、三江侗族自治县、右江区、田阳区、田东县、凌云县、田林县、昭平县、东兰县、凤山县、巴马瑶族自治县和来宾市本级(含维都林场)等地，选取面积约为18万亩。

此次试点的保险费率为5%，财政补贴70%，农户自负30%，建档立卡贫困户给予免缴政策。列入保险标的范围的油茶林苗木需通过国家或自治区林木良种审(认)定且适宜当地栽培，且按照《油茶栽培技术规程》(DB 45/472—2018)进行种植和管护，连片种植面积100亩(含)以上，树龄5年(含)以上等。试点保险期限为一年，投保时间不得晚于2020年10月1日前。根据保险合同的约定，由于自然灾害、意外事故、病虫草鼠害和市场波动造成油茶鲜果实际收入低于合同约定的每亩保险金额时，人保财险按照保险合同的约定金额负责赔偿。

在保险金额方面，根据树龄不同，对5~7年树龄的油茶良种和8年以上树龄的油茶良种差异设置不同保险金额。对于8年以上树龄油茶良品约定目标收入2700元/亩，5~7年树龄油茶良品约定目标收入1800元/亩，从而确保能够有效稳定农户收入，保持油茶产业平稳发展。

在理赔方面，采用"卫星遥感+地面采样"相结合的方式，对油茶的实际产量进行确定。每年从2月至10月，定期用卫星拍照的方式对投保油茶林进行跟踪监控，分阶段完成确定投保边界、跟踪抚育情况、采集长势信息、建立产量模型等工作。每年10月下旬，根据对卫星遥感数据的分析，确定各地区具有代表性的油茶样地，由林业技术部门、行业协会、第三方科技机构、保险公司等组成实地测产小组收集产量数据。由油茶产量测定专家小组对卫星遥感、地面采样数据进行综合分析，由行业协会等公布投保区域实际平均产量。若农户对于保险人确定的平均产量不认可，可委托当地林业部门或林业技术单位对保险油茶进行抽样测产，取平均值后确定为当地油茶实际平均产量。实际平均收购价格由自治区发展和改革委员会监测辖区内收购期每周油茶鲜果收购价格，取算术平均值作为实际平均收购价格。

### 三、主要成效

2020年，广西壮族自治区油茶收入保险累计为7282亩油茶提供1910.81万元风险保障，为推动广西壮族自治区油茶产业升级发展、助推林农增收做出了积极贡献。截至2020年10月，全自治区已完成51.23万亩油茶新造林，超额完成任务计划，改造近28万亩低产林，达成原定计划的93.3%。油茶"双千"计划实施以来，累计已完成油茶新造林141万亩，实施低产林改造109万亩，油茶产业实现高质量发展，成功带动40多万贫困人口脱贫增收。

## 四、案例评析

油茶收入保险作为广西壮族自治区林业部门主导开发出的一款创新型产品，创新模式位居全国的前列，以现代保驾护航。但是由于首次试行，缺少历史数据的支撑，创新产品在设计上存在一些不合理之处，导致首年赔付率过高。保险机构之后应当积极配合林业部门完善油茶保险产品的设计，在保障农户实实在在享受到保险红利的前提下，推动油茶产业持续、健康、稳定发展。

## 五、其他相关知识

**广西油茶收入保险**

产品名称：油茶收入保险。

开办地区：广西壮族自治区柳州市。

承保机构：太平洋产险。

保险责任：在保险期间内，由于自然灾害、意外事故及病虫草鼠害导致保险油茶实际产量降低，或由于市场因素导致保险油茶价格下降，抑或两者同时发生，造成被保险人保险油茶鲜果的每亩实际收入低于每亩保险收入时，视为保险事故发生，保险人按照本保险合同的约定负责赔偿。

油茶鲜果保险价格：4.5元/千克。

每亩保险产量：8年(含)以上树龄良种林(岑软、湘林、长林等系列)为600千克/亩；5年(含)至7年(含)树龄良种林(岑软、湘林、长林等系列)为400千克/亩。

每亩保险金额：8年(含)以上树龄良种林(岑软、湘林、长林等系列)为2700元/亩；5年(含)至7年(含)树龄良种林(岑软、湘林、长林等系列)为1800元/亩。

理赔方式：总赔偿金额=每亩赔偿金额(元/亩)×保险面积(亩)。

每亩赔偿金额=每亩保险金额(元/亩)−每亩油茶鲜果实际收入(元/亩)。

每亩油茶鲜果实际收入=实际平均产量(公斤/亩)×实际平均收购价格(元/公斤)。

# 第九节　林木碳汇保险案例

## 案例十　林业碳汇保险案例

## 一、案例简介

林业碳汇保险标的森林面临着灾、雨灾、风灾、水灾、雹灾、冻灾、雪灾、雨凇、旱灾、泥石流、山体滑坡、林业有害生物等自然灾害和意外事故风险；同时，自我国碳排放权交易启动以来，林业碳汇交易价格运行一直波动不稳，给碳汇林种植企业和林农的林业碳汇交易收入带来极大的不确定性。针对上述风险点，林业碳汇保险产品开发重点定位于保障林业碳汇保险标的森林生长过程中由于自然灾害和意外事故所面临的风险，以及林木产生的碳汇面临的市场交易价格的下跌造成客户参与碳汇交易的收入下降风险。

2021年福建省商业性林业碳汇价格保险和广东省商业性林业碳汇价值综合保险比较有代表意义。

## 二、主要做法

1. 开创新模式 走出新路径——签订全国首单"碳汇贷"银行贷款型森林火灾保险

2021年3月30日，人保财险福建省顺昌支公司与顺昌县国有林场签下全国首单"碳汇贷"银行贷款型森林火灾保险，为碳汇林提供2100万元风险保障。

2. 农险创新 点"碳"成金——签订全国首单林业碳汇价格保险

2021年5月25日，人保财险南平市分公司与福建省顺昌县国有林场正式签订《"碳汇保"商业性林业碳汇价格保险协议》，为南平市顺昌县国有林场提供保额100万元、保险期限一年的林业碳汇价格损失风险保障。在保险期内，当市场林业碳汇项目价格波动造成保险碳汇的实际价格低于目标价格时，就视为保险事故发生，人保财险则按照合同约定进行赔偿。

福建省顺昌县国有林场是当地省级林业碳汇项目试点林场，本次承保的林业碳汇项目面积达6.9万亩，总减排量可达25.7万吨，从2009年政策性森林保险开办以来，人保财险便一直承保顺昌县国有林场的森林。为更好地促进林业碳汇项目发展，人保财险开发了全国首个"碳汇保"林业碳汇价格保险，这也是全国首个针对林业碳汇交易项目开发的保险产品。

3. 人保财险联合广州碳排放权交易所落地广东省首单林业碳汇综合价值保险

2021年6月30日，广东省首单林业碳汇价值综合保险落地云浮市，由人保财险广东省分公司为云浮大云雾林场碳汇造林项目提供118万元的风险保障。

林业碳汇价值综合保险的开发和落地得到了林业、生态环境、银保监、金融监管等部门的大力支持，广东人保财险联合广州碳排放权交易所（以下简称"广碳所"）深度合作，由广碳所为本项目提供林业碳汇价值认定的技术支持，从而让广东首单碳汇价值保险更具科学性与前沿性；保单中的碳汇价值由广州碳排放权交易所出具的认证报告确定，以确保数据权威有效。

## 三、主要成效

(1)"碳汇贷"是福建首例以林业碳汇为质押物、全国首例以远期碳汇产品为标的物的约定回购融资项目。由于林业碳汇项目普遍存在的签发周期长、生态价值实现难等问题，人保财险联合兴业银行、海峡股权交易中心开创了"林业碳汇质押+远期碳汇融资+林业碳汇保险"的绿色金融新模式，将森林保险与碳汇质押、碳汇融资进行有机融合，把碳排放权转化为经济价值，为生态产品价值实现提供了新路径。

（2）林业碳汇价格保险不同于传统森林保险将保险对象认定为各类树木，它的创新之处在于聚焦森林的碳汇功能，利用保险手段有效防止碳汇林种植企业受到价格极端下跌的波动，稳定林业碳汇交易收入，从而保障林业所产生的富余价值、生态环保价值、碳汇恢复期间耗损、固碳能力修复成本以及碳排放权交易价值。

（3）广东林业碳汇综合价值保险首单落地，意味着广东保险业助力碳达峰、碳中和迈出了重要一步。

## 四、案例评析

（1）"碳汇贷"新模式的出现为碳汇质押贷款增信，增强了碳汇融资力度，在探索林业碳汇保险方面跨出了坚实一步。

（2）开展林业碳汇价格保险有利于提升碳汇林种植企业经营森林、植树造林、提高森林固碳能力的积极性，助力我国碳达峰、碳中和目标的实现。

（3）广东林业碳汇综合价值保险项目有四点创新。一是与传统的林木保险不同的是，广东人保财险在林木保险的基础上引入了林木碳汇价值的保障，不仅对林木本身的经济价值做出保障，而且对林木吸收固定二氧化碳的生态价值做出了保障，可以说是对林木的经济价值与生态价值的双重保障。二是此次林木保险引入了专业的碳汇交易平台——广碳所为林木碳汇的价值提供专业、公允的认证，保证了林木碳汇价值的科学性、公允性。三是此次保险中的林木碳汇价值认定，是由广碳所在广东省碳普惠制方法学的基础上开展的，充分将碳普惠制与保险相衔接，实现了多重机制的结合与创新。四是此次保险的保额确定方法中，加入了森林生态系统的水源涵养、空气净化、水土保持、生物多样性等功能价值的调节系数，通过调节系数的设置，体现本次保险对大云雾林场多重生态效益的认可与支持。

（4）开展林业碳汇保险需做好林业碳汇保险业务风控。一是以近三年林业碳汇交易价格为基础进行费率测算，确保费率厘定科学精准。二是根据经营情况对产品进行定期跟踪，与林业经营主体和林农做好沟通，如碳汇价格发生极端变化趋势，将及时调整保险方案、动态调整保险费率。三是加强与林业和草原主管部门和基层部门在灾情预警、信息分享和灾害共同应对等方面的深入合作，鼓励和督促林农自觉做好森林防灾防损工作。四是加强与政府相关部门联系，加强林业碳汇储量和林业碳汇项目交易情况的信息共享。

森林碳汇将在聚焦国家碳达峰、碳中和"3060"双碳重大战略决策实施中扮演重要角色，探索开办林业碳汇保险成为林业保险发展的新方向。

## 五、其他相关知识

### 1. 碳汇

碳汇是指通过植树造林、森林管理、植被恢复等措施，利用植物光合作用吸收大气中的二氧化碳，并将其固定在植被和土壤中，从而减少温室气体在大气中浓度的过程、活动或机制。

### 2. 碳汇林业

《中共中央 国务院关于2009年促进农业稳定发展农民持续增收的若干意见》中要求"建设现代林业，发展山区林特产品、生态旅游业和碳汇林业，中央首次提出了"碳汇林业"的概念。

### 3. 碳交易

企业分配碳排放配额，如果企业排放高于配额，需要到市场上购买配额。与此同时，部分企业通过采用节能减排技术，最终碳排放低于其获得的配额，则可以通过碳交易市场出售多余配额。双方一般通过碳排放交易所进行交易。2011年以来，我国设立了9个地方性的碳交易所作为试点(湖北、北京、天津、上海、江苏、福建、广东、重庆、深圳)。

### 4. 国家核证自愿减排量(CCER)

国家核证自愿减排量(Chinese Certified Emission Reduction，简称CCER)，指对我国境内特定项目的温室气体减排效果进行量化核证，并在国家温室气体自愿减排交易注册登记系统中登记的温室气体减排量。CCER交易指控排企业向交易所的其他企业购买可用于抵消自身碳排的核证量。

### 5. 林业碳汇交易

林业碳汇是根据植物碳汇功能开发的CCER项目，在2012至2017的CCER项目中，林业碳汇项目仅占所有项目比例的3%。林业碳汇项目根据林业方法学进行开发，按国家有关政策和规则进行独立审定与核证，获得国家主管部门的备案和林业碳汇CCER签发，才能实现碳汇交易。林业碳汇项目开发周期较长且审核非常严格，因此交易量较小。

# 第十节 野生动物致害保险案例

## 案例十一 四川省野生动物毁损农作物保险赔偿

### 一、案例简介

随着四川省广元市生态环境不断优化，森林覆盖率达 57.47%，良好的生态环境为野生动物栖息繁衍创造了有利条件，野猪、黑熊等野生动物野外种群数量持续上升，活动范围不断扩大，野生动物损坏农作物、危害畜禽、伤人致残的事件呈逐年上升趋势。近年来，广元市青川县生态环境也明显改善，野生动物种群数量明显增加，特别是野猪数量急剧增长，2019 年全县野猪种群数量预计超过 20 万头。据不完全统计，青川县参与政策性农业保险的玉米和马铃薯面积为 10.05 万亩，由野猪等野生动物造成的农作物损毁面积近 60%，经济损失达 2400 万元，共收到群众关于庄稼被毁来信 20 余封、野生动物伤人事件来信 2 封。2013—2020 年，四川省广元市陆生野生动物损毁农作物面积达到 27.3 万亩，危害家畜家禽 3591 头（只），发生伤人事件 25 起（造成一级伤残 1 人）。

### 二、主要做法

2019 年，四川省野生动物毁损农作物保险已正式运行。为加大广大群众知晓度，青川县林业局主管部门协同县融媒体中心、县财政部门，加大宣传力度，通过电视、短信平台发布宣传信息，并强化和细化预防、控制致害的措施，增加保险赔偿制度，强化致害补偿要求。

1. 开展保险试点工作，保障群众生命安全

青川县综合考虑野生动物致害问题发生频率、发生地区等因素，严格筛查保险公司资质，从 2016 年起，与青川县内保险公司参与保险会商，签订《野生动物伤人事故责任险（试行）》保险合同，明确赔偿标准，每年投保费用为 20 万元。截至目前，野生动物伤人事故共发生 18 起，共赔付 18 起，赔付金额 30.44 万元。

2. 升级保险救助责任，保障群众财产安全

从 2020 年 9 月起，青川县每年投保 40 万元，将野生动物致害农作物、畜禽纳入保险，签订《野生动物致害政府救助责任保险（试行）》，保障人民群众的财产在遭受野生动物损害后能够及时得到相应的经济补偿。截至目前，野生动物致

害农作物、畜禽保险共理赔 1739 件，共赔付金额 26.63 万元。

3. 建立专业猎捕团队，科学管控致害风险

2022 年，青川县向四川省林业和草原局、省民政厅申请成立了专业猎捕队伍，积极与省市沟通，申请到 200 头野猪限额猎捕指标，探索军(警)民合作、市场化等多股力量参与的猎捕方式，科学控制野生动物数量，降低野生动物致害风险，保障保护与发展之间的平衡。

## 三、主要成效

截至 2022 年初，野生动物伤人事故共发生 18 起，共赔付 18 起，赔付金额 30.44 万元。野生动物致害农作物、畜禽保险共理赔 1739 件，共赔付金额 26.63 万元。

## 四、案例评析

(1)四川省野生动物毁损农作物保险主要对约定区域内的野生动物致使农作物损失、家养畜禽伤害进行赔付，为广大人民群众的生命财产安全系上"安全带"，有利于调动群众保护野生动物的积极性，缓和野生动物保护与经济社会发展间的矛盾，推进生态文明建设，建设人与自然和谐共生的美丽家园。

(2)《中华人民共和国野生动物保护法》(2018 版)(以下简称《野生动物保护法》)规定，保护本法规定保护的野生动物，造成人员伤亡、农作物或者其他财产损失的，由当地人民政府给予补偿，但部分省市并未配套具体的办法和标准。野生动物致害赔偿保险由于资金筹措难、操作难度大等原因难以推广。

## 五、其他相关知识

1. 四川省广元市青川县野生动物致害农作物及畜禽政府救助责任保险

产品名称：四川省广元市青川县野生动物致害农作物及畜禽政府救助责任保险

开办公司：中华财险。

保险责任：在保险合同有效期内，凡青川县行政辖区范围内受到野生动物致害的农作物及畜禽(其中，农作物品种为玉米、红薯、黄豆、马铃薯，畜禽品种为牛、羊、猪、鸡)。

费率：全县每年投入 40 万元保费。

保险金额：赔付标准以保成本测算，即玉米 200 元/亩、红薯 150 元/亩、黄豆 200 元/亩、马铃薯 150 元/亩、牛 3000 元/头、羊 500 元/只、猪 500 元/头、鸡 30 元/只；年度累计赔付限额为 800 万元，若超过总额，由县林业局提请县政

府专题研究。

备注：对受损较为严重的单次事故，给予最高 5 万元、法律费用最高 3 万元的赔偿限额。县林业局组织各乡镇森林巡护员进行统一培训，协助保险公司处理案件查勘定损和理赔资料收集工作，部分理赔资料由乡镇政府直接开具证明，赔付办理时间 10 日内履行赔偿义务。

2. 四川省广元市旺苍县野生动物致害政府救助责任保险

---

**旺苍县林业局关于在全县开展野生动物致害政府救助责任保险的通知**

旺林〔2021〕175 号

各乡镇人民政府，人保财险旺苍支公司：

近年来，随着林业相关法律法规的完善以及林业工程的大力实施，全民保护环境、保护生态意识普遍增强，陆生野生动物种群、数量逐年递增，对人畜农作物的致害事件由过去的偶然发展到成为普遍现象。为缓解我县在野生动物保护和野生动物对人员伤害、财产损害方面的矛盾和纠纷，保障居民和相关单位在受到野生动物伤害后能够及时地得到相应的经济补偿，经县委、县政府研究，同意在我县推广野生动物致害政府救助责任保险，现将有关工作通知如下：

**一、高度重视，切实加强组织领导**

野生动物致害政府救助责任保险是保障群众利益、弥补经济损失、化解社会矛盾、减轻政府压力的一项重要举措，该保险是由政府统一购买、群众受益的一项惠民工程。各乡镇务必高度重视，切实加强对野生动物致害政府救助责任保险的组织领导，确保该项工作有人管、有人抓，让保险的赔付工作落实到位，让群众真正受益。

**二、认真学习，加强政策宣传引导**

（一）保险责任。

在保险期间内，居民或流动人口在承保区域内，遭受野生动物伤害导致人身伤亡或农作物及畜禽，无法找到责任人或者责任人无力赔偿，对被保险人依据国家或地方法律法规规定给付的一次性伤亡救助金、支付的医疗费用以及财产损失补偿金，保险人按照本保险合同的约定负责赔偿。野生动物范围由被保险人根据国家和地方野生动物名录确定，承保区域内是指在旺苍县辖区内，保险期限为一年，即 2021 年 11 月 17 日 0 时至 2022 年 11 月 16 日 24 时止。

（二）赔偿额度及标准。

1. 野生动物伤害导致人身伤亡。

每次事故每人死亡伤残赔偿限额 20 万元；

每次事故每人医疗费用赔偿限额 3 万元；

每次事故赔偿限额 30 万元。

2. 野生动物致害的农作物及畜禽。

在保险合同有效期内，凡本行政辖区范围内受到野生动物致害的农作物及畜禽。其中农作物品种为玉米、红薯、黄豆、马铃薯，畜禽品种为牛、羊、猪、鸡（表 5-9）。

表 5-9  野生动物政府救助责任保险赔偿额度及标准

| 序号 | 品种 | 单一品种赔偿限额 | 每次事故赔偿限额 | 每次事故法律费用赔偿限额 |
|------|------|------------------|------------------|--------------------------|
| 1 | 玉米 | 300 元/亩 | | |
| 2 | 红薯 | 150 元/亩 | | |
| 3 | 黄豆 | 200 元/亩 | | |
| 4 | 马铃薯 | 150 元/亩 | 5 万元 | 3 万元 |
| 5 | 牛 | 3000 元/头 | | |
| 6 | 羊 | 500 元/只 | | |
| 7 | 猪 | 500 元/头 | | |
| 8 | 鸡 | 30 元/只 | | |

注：每次事故是指因在连续 24 小时内遭受一头或者一群野生动物损害所致损失应视为一起单独事件。

（三）免赔及赔偿。

1. 野生动物伤害导致人身伤亡。

每次事故免赔额 100 元或损失全额的 10%，两者以高者为准。

2. 野生动物致害的农作物。

每次事故免赔额 100 元或损失金额的 10%，两者以高者为准；在赔偿限额内按照农作物生长期对应比例给予赔付。农作物生长期赔偿标准对照表见表 5-10～表 5-13：

表 5-10  玉米不同生长期的最高赔偿标准

| 生长期 | 每亩最高赔偿标准 |
|--------|------------------|
| 移栽成活/定苗—分蘖期 | 每亩保险金额×50% |
| 拔节期—抽穗期/抽雄期 | 每亩保险金额×80% |
| 扬花灌浆期—成熟期 | 每亩保险金额×100% |

**表 5-11 红薯不同生长期的最高赔偿标准**

| 生长期 | 每亩最高赔偿标准 |
| --- | --- |
| 分枝结薯期 | 每亩保险金额×50% |
| 薯蔓同长期 | 每亩保险金额×80% |
| 薯块盛长期—成熟期 | 每亩保险金额×100% |

**表 5-12 黄豆不同生长期的最高赔偿标准**

| 生长期 | 每亩最高赔偿标准 |
| --- | --- |
| 幼苗期 | 每亩保险金额×50% |
| 花期 | 每亩保险金额×80% |
| 鼓粒期—成熟期 | 每亩保险金额×100% |

**表 5-13 马铃薯不同生长期的最高赔偿标准**

| 生长期 | 每亩最高赔偿标准 |
| --- | --- |
| 苗齐期 | 60% |
| 幼苗期 | 70% |
| 发棵期 | 80% |
| 结薯期 | 90% |
| 成熟期 | 100% |

3. 野生动物致害的畜禽。

牛、羊、猪：每次事故绝对免赔 100 元，超过 100 元的部分在单一品种赔偿限额内按赔偿比例 90% 赔偿；

鸡：每次事故绝对免赔 10 元，超过 10 元的部分在单一品种赔偿限额内按赔偿比例 100% 赔偿。

**三、坚持赔付流程和标准，做到依法合规经营**

（一）报案。保险事故发生后，保险标的所有人或乡镇应在 48 小时内向保险机构报案（报案电话见附件），告知出险时间、出险地点、出险原因、损失情况等相关信息。

（二）现场查勘与损失核定。保险机构接到报案后，需要现场查勘的应及时通知乡镇由村社核定损失并留取影像资料、提供损失清单，收集理赔资料。同一保险标的多次遭受损失的，以最终的损失进行赔付，相关工作人员应告知保险标的所有人相关的后续处理流程。

（三）现场复勘。对于所有伤人事故、农作物及畜禽单笔损失金额在 2000 元以上的，保险机构须进行现场复勘，与乡镇共同确定最终损失金额。

（四）保险索赔时，至少应提交以下材料：

1. 损失清单和照片；

2. 查勘报告：即灾害发生时间、地点等内容的书面情况说明，并由查勘人员签字，所在的村或乡镇盖章确认；

3. 保险受益人的身份证正反面、银行卡照片及账户信息、联系电话等信息；

4. 对于单笔损失金额在 5000 元以上的由事故发生所在乡镇或旺苍县林业局出具事故鉴定证明；

5. 根据事故状况，投保人/被保险人、受益人所能提供的与确认保险事故性质、原因、损失程度等有关的其他证明和资料。

（五）损失金额确定后，理赔资料收齐后的 10 个工作日之内进行赔付。对不属于保险责任的，保险人应当自做出核定之日起三个工作日内向受益人发出拒赔通知书，并说明理由，对于预估损失金额在 5000 元以上的，拒赔通知书同时抄送旺苍县林业局。

（六）投保人/被保险人、受益人不能提供损失清单和照片的，导致保险人无法核实损失情况的，保险人对无法核实的部分不承担赔偿责任，保险受益人若有弄虚作假、重复理赔的，要承担相应的法律责任。保险机构要严格把关理赔资料的规范性和完整性，确保依法合规的经营。

### 四、切实履行工作职责，认真抓好工作落地

今年是野生动物致害政府救助责任保险试行的第一年，各乡镇以及承保机构要不断地总结完善流程和配套机制，确保工作顺利推行。野生动物致害政府救助责任保险由旺苍县林业局作为主管部门统一投保并交纳保险费。各乡镇辖区内遭受野生动物致害的农作物、畜禽的所有者和人员为受益人。该保险通过招标流程确定由人保财险广元市分公司经营，具体工作由下辖的旺苍支公司负责工作的开展。

各乡镇政府要统筹安排野生动物致害政府救助责任保险的工作落地，要确定专人负责统筹协调，配合保险机构开展理赔工作，安排村社开展损失核定和资料收集，为保险机构理赔提供相关资料，确保应赔尽赔，保障群众利益；请各乡镇人民政府在 11 月 20 日确定专人负责并将名单上报县林业局森林资源股

（301、306室）；人保财险旺苍支公司要做好承保服务和理赔服务，积极主动与乡镇共同开展理赔工作，做到有案必赔。工作开展初期，保险机构要积极组织乡镇村社人员开展培训工作，宣导保险方案和理赔的流程、理赔标准等内容，从而保障工作的顺利进行。保险机构需每月按时向旺苍县林业局报送理赔数据，对于大案要案及时向主管部门及乡镇反馈。

特此通知。

旺苍县林业局
2021 年 11 月 15 日

## 案例十二　浙江省野生动物肇事公众责任保险

### 一、案例简介

钱江源国家公园体制试点以来，浙江省衢州市开化县相继开展了"清源"一号、二号行动，"黎明"专项行动，出台了《钱江源国家公园野生动物保护举报奖励暂行办法》《开化县人民政府关于禁止猎捕野生动物的通告》等。近年来，开化县境内野生动物栖息环境不断改善，生物多样性得到良好保护，群众的生态保护意识显著增强，野生动物种类和数量明显增多。特别是野猪，因天敌少且繁殖能力强，野外种群数量明显增大，危害农作物的现象时有发生，野生动物保护与山区老百姓利益之间的矛盾日益突出。为此，衢州市林业主管部门主动对接保险公司，于 2020 年 4 月开始，在开化、常山、龙游三地推行野生动物肇事公众责任保险政策。

### 二、主要做法

2020 年 3 月 31 日，钱江源国家公园管理局与人保财险开化支公司举行签约仪式，在衢州市率先实施野生动物肇事公众责任保险，对在承保区域内受到野生动物伤害导致人身伤亡或财产损失的可由保险公司理赔。钱江源国家公园管理局作为该项保险投保人，缴纳 18 万元保费。该险种年度累计赔偿限额 1000 万元，每次事故赔偿限额 300 万元，每人赔偿限额 30 万元(其中，每次财产损失限额 4 万元，人员受伤医疗费限额 4 万元，住院津贴 80 元/人/天，每次最高以 180 天为限)。

### 三、主要成效

该险种是专为因野生动物保护造成的肇事情况而实施的，只要受灾农户拨打保险公司电话，就会有专人去现场查勘定损，并根据受损情况进行赔付。自推行该保险政策以来，开化、常山、龙游三地已接到村民反映野生动物危害作物 700 余起。特别是开化县，从实施野生动物肇事公众责任保险以来，共接到村民反映野生动物危害作物 500 起，保险公司理赔 300 余起，赔偿金额 20 余万元。

2020 年 11 月，衢州市龙游县林业水利局统一招标购买野生动物肇事公众责任保险。中标单位为人保财险龙游支公司，投保额 18.7 万元，保险期限一年，从保单签订的次日起开始生效。保险条款与开化县相同。

### 四、案例评析

该险种的实施使野生动物肇事赔偿由政府补偿开始向商业赔偿转变，在一定程度上缓解了政府补偿压力，有利于缓和野生动物保护和农民生产生活之间损害赔偿的矛盾，助推野生动物保护。

### 五、相关知识

我国野生动物肇事类型可大致分为人身伤害、农作物损失以及家禽家畜损失三类。2017—2020 年，我国 31 个省、自治区、直辖市以及新疆生产建设兵团共上报各类野生动物肇事事件约 381.13 万起，其中包括约 3648.93 万亩的农田、林地损失，以及超过 2.4 万起人员伤亡事件。三年里，野生动物致害事件在我国共造成直接经济损失超 153.8 亿元，且肇事事件数量及造成损失金额均呈逐年增加的趋势。其中，野猪作为我国分布范围最广、破坏力较强的典型致害物种之一，其肇事案件数量达 255.28 万起，为总案件数量的 67% 左右；野猪以其"春拱种、夏毁苗、秋啃果"的破坏方式，造成的农田及林地损失为所有野生动物造成土地损失面积的 44.6% 左右，达 1627.98 万亩。

我国《野生动物保护法》第 14 条规定，因保护国家和地方重点保护野生动物，造成农作物或者其他损失的，由当地政府给予补偿。补偿办法由省、自治区、直辖市政府制定。然而，在具体的补偿实践中存在无法可依，甚至找不到确定的补偿主体和补偿依据，补偿方式过于单一，补偿标准低，受害人的利益得不到及时合理的维护。2010 年以来，我国开始探索野生动物致害保险，取得了积极成效，将成为解决野生动物致害补偿的重要方案。

## 案例十三　浙江省野生动物肇事赔偿保险

### 一、案例简介

浙江省丽水市莲都区林地面积 175 余万亩，森林覆盖率 76.84%，为国家森林城市、国家园林城市，野生动物有 5 纲 37 目 76 科 400 多种。莲都区有国家一级保护动物黑麂、云豹、黄腹角雉等，国家二级保护动物猕猴、鬣羚、中华斑羚、白鹇、大鲵、游隼、领角鸮、黑冠鹃隼等，还有新物种丽水树蛙、丽水异角蟾。2016—2020 年，莲都区全区共发生野生动物损害案件 900 多起；损害茭白、番薯、水稻、猕猴桃等农林作物 6310 亩，损失金额达 144.1 万元。该区仅在 2020 年，被蛇咬伤的事件就发生了 60 多起。

### 二、主要做法

2020 年 10 月，浙江省丽水市莲都区生态林业发展中心与人保财险丽水市分公司签约投保野生动物肇事公众责任险。保险期内，莲都区居民或流动人口在承保区域内遭受野生动物伤害，导致人身伤亡或财产损失，对被保险人依据国家或地方有关法律法规规定给付的一次性伤亡救助金、支付的医疗费用以及财产损失补偿金，一次性单笔最高赔付 300 万元。莲都区居民发生此类事故，需在 24 小时之内先拨打 95518 出险报案电话报案或保险公司工作人员电话报案。

农作物约定保险赔偿分为粮食经济作物 7 种，分别为油菜、单季稻、土豆、大豆、番薯、板栗和玉米；中药材、名贵树 6 种，分别为铁皮石斛、皇菊、黄芩、香榧、三叶青和红豆杉；蔬菜瓜果 10 种，基本涵盖了莲都区所有特色农产品、珍贵树种和中药材。未明确保险赔偿的农作物，受损情况通过第三方评估方式进行赔付。

### 三、主要成效

此类保险的保险理赔对象主要是农林作物和人，年度累计赔偿限额 3000 万元，每次事故赔偿限额 300 万元，每人伤亡责任限额 30 万元，每户财产损失责任限额 10 万元。蛇类咬伤事件按定额 1000 元/人赔偿；其他类型事件（如野猪伤人、动物咬抓伤）在分项责任限额内依据医疗发票等予以赔偿。

### 四、案例评析

野生动物肇事公众责任保险具有"政府部门投保、保险公司理赔、受灾群众受益"的特点。投保野生动物肇事公众责任保险，既是绿水青山就是金山银山理念的生动实践，也是推动地方经济社会和谐发展、保障群众利益的重要举措，对促进生态文明建设具有重大意义。

### 案例十四　云南省野生动物致害保险

云南省野生动物资源丰富，记录有脊椎动物 2273 种，其中，原生脊椎动物 2242 种，占全国的 51.4%；已列入国家重点保护野生动物名录的有 242 种，占全国的57.1%；列入国家"三有"动物名录的有781种，省级重点保护的有13种。

## 一、案例简介

由于农林交错特点显著，人为活动和动物栖息地交叉较多等原因，亚洲象、黑熊、野猪、猕猴、蛇类和鸟类等野生动物损害造成的人身伤亡和经济损失较为严重，极大地影响了当地群众的正常生产生活秩序。据统计，2005—2019年，云南省野生动物肇事共造成经济损失9.3亿元，造成人员受伤、死亡3657人。其中，2013—2019年，亚洲象造成41人死亡、32人受伤，每年伤亡超过10人；造成直接财产损失约2.1亿元，每年超过3000万元。

为保护好云南省的野生动物资源，有效解决野生动物给人民群众造成的人身伤害和财产损失，依据《野生动物保护法》，1998年，云南省人民政府常务会议通过《云南省重点保护陆生野生动物造成人身财产损害补偿办法》。2010年，云南省率先在全国启动野生动物肇事公众责任保险试点工作，尝试运用市场机制，逐步实现由政府直接补偿向商业保险补偿方式的逐步转变。该项工作在亚洲象肇事严重的西双版纳州和临沧市沧源县开展试点。因保险工作高效、补偿程序规范，保险试点工作得到广泛认可，范围逐步扩大。2014年，野生动物公众责任保险在云南省委、省政府的有力推动下实现全省覆盖。2014—2019年，合计投入保费3.52亿元，核定野生动物肇事保险案件13万余件，包括死亡92人、受伤3411人，兑付保险金2.97亿元。2018年的调查评估显示，71%的群众对野生动物公众肇事责任保险表示满意，82%的受访者表示伤害野生动物的情况减少或消失，46%的人认为保险实施后人们对待野生动物的方式发生了变化。

## 二、主要做法

### 1. 不断完善补偿制度

1998年，云南省人民政府第8次常务会议通过了《云南省重点保护陆生野生动物造成人身财产损害补偿办法》，在全国率先建立野生动物肇事补偿制度，利用财政资金对野生动物肇事受害群众给予适当经济补偿。该办法规范了野生动物损害补偿范围、损失申报、调查登记、损失评估、补偿标准和资金保障等基本制度，为保障补偿工作规范持续开展奠定了坚实基础。2017年，保山市林业局制定《保山市陆生野生动物损害补偿管理办法》。2019年，云南省林业和草原局启动《云南省重点保护陆生野生动物造成人身财产损害补偿办法》修订工作，进一步完善补偿制度。

### 2. 政府全额出资投保

云南省省级财政设立野生动物肇事公众责任保险专项补助资金，对下转移支付。云南省部分州(市)林业和草原局预算了州(市)级或县级配套补助资金。2019 年，全省投保总额 5997.49 万元，其中，中央财政(总理基金)投资 500 万元，占比 8.34%；省级财政投资 5000 万元，占比 83.37%；州(市)和县级投资 497.49 万元，占比 8.29%。

3. 合理制定补偿范围和标准

云南省 16 州(市)分别投保，依据州(市)动物肇事动物种类、损害对象等特点研究制定保险方案，规定补偿对象和标准，重点解决群众关心的问题。例如，普洱市针对亚洲象造成人员伤亡案件较多、群众反映强烈的问题，特别将人员死亡案件的一次性赔付由 20 万元提高到 40 万元，增加了伤残补助和住院期间的误工和护理补偿；西双版纳傣族自治州(以下简称西双版纳州)根据地方经济作物受损特点，特别约定了橡胶、香蕉等作物受损的补偿标准。

4. 探索改进保险服务

一是择优承保。采用招标投标、竞争性谈判等方式，公开、公平、公正地选择承保公司。太平洋产险、人保财险、阳光财险、诚泰财险和国寿财险等多家保险公司，参与了承保工作。普洱市等州(市)还探索了两家保险公司，组成联合共保体承保模式，便于整合不同保险公司人力、物力、财力资源，以提供更好的保险服务。二是规范操作。西双版纳制定了《西双版纳州野生动物损害公众责任险理赔流程》；丽江市对保险公司的服务实施评分制；昭通市总结固定勘查员成功经验，编制勘查员操作手册、公示制度等。通过明确管理部门与承保公司的责任分工，用合同约束保险公司履职，建立优先、退出机制。

5. 宣传、培训和普及补偿政策

为保障野生动物补偿工作全覆盖，云南省多次通过报纸等公共媒体报道了野生动物补偿政策及实施进展；各州(市)与承保公司通过印制发放保险理赔手册、宣传挂历、扑克等资料，或举办保险宣传培训班等方式，让群众知晓保险范围、赔偿标准等内容和要求。一方面，为顺利开展公众责任保险试点工作奠定良好的群众基础；另一方面，确保保险制度惠及全省群众。

6. 安全防范，降低损害

为减少野生动物肇事损失，云南省大力开展野生动物安全防范宣传。2018 年，云南省林业和草原局出资编制出版了《防范野生动物伤害手册》，系统介绍了黑熊、亚洲象、野猪、毒蛇、有毒动物等不同分类阶元野生动物系统的形态特征、生活习性、伤害案例及防范措施。昭通市、玉溪市等多地组织猎捕，调控野猪种群；普洱市、西双版纳州针对亚洲象频繁肇事伤人情况，自 2016 年以来，探索实施了亚洲象栖息地修复和食源地建设、护栏等安全防范设施建设、监测预警和应急处置建设等工作。

## 三、主要成效

经过多年实践，云南省野生动物肇事公众责任保险取得了显著成效，有力解决了野生动物损害补偿问题，推进政府、企业和群众实现"多赢"，促进了人和动物的和谐共处。

### 1. 受灾群众及时获得补偿

实施保险试点之前，政府直接补偿方式是当年调查统计上报损失，次年拨付补偿经费兑现。购买公众责任保险后，在受理赔案的下一季度即可进行赔付，受灾群众的损失得到及时补偿。

### 2. 补偿标准调整贴合实际

云南省各州（市）分别投保后，保险合同约定的补偿对象和补偿标准贴合各个地方的经济实情。

### 3. 损失评估专业准确

保险公司的进入，在政府和受灾村民之间增加了中间人，利用其在查勘定损方面的专业性和规范性，较为客观、公正地开展调查评估，使定损准确性和查勘安全性有较大改进，克服了由于政府部门人员不足、群众期望值高等原因带来的问题和困难。

### 4. 依法理赔减少社会矛盾

与政府直接补偿受灾群众相比，保险理赔具有成熟的体系和规范，保险公司行使的权利和义务受法律约束和保护，通过保险公司实施肇事补偿，既保护了群众的合法权益，又减少了群众与政府的直接冲突和矛盾，改善了干群关系，促进了和谐稳定。

### 5. 提高行政服务效率

野生动物肇事具有零星、分散、地点偏远以及案件重复等特点，肇事案件的调查、评估、定损和补偿兑现等工作繁重，需要花费大量的人力、物力和财力。政府购买保险服务后，以上工作由保险公司承担，减少了政府部门的工作量，降低了行政工作成本，提高了政府服务效率。

## 四、案例评析

开展野生动物肇事公众责任保险试点，由政府全额出资投保，在发生野生动物损害案件后，依法补偿群众因野生动物肇事受到的人身和财产损失。探索和完善科学的野生动物保护机制和野生动物肇事补偿机制，可以有效平衡野生动物保护与肇事的矛盾，推进实现人与动物和谐相处、人与自然和谐共生。

### 五、其他相关知识

#### 1. 湖南省南山国家公园野生动物致害公众责任保险

随着湖南省南山国家公园体制试点工作的深入开展和生态保护工作的不断加强，试点区植被覆盖和生态功能的水平得到提高，野生动植物栖息地碎片化、破碎化情况得到有效整合和改善，环境质量显著提高，野生动物数量逐年增加，山猫、野猪、黄鼠狼等野生动物猎食家畜家禽、破坏农作物的事件经常发生，对境内农户财产造成一定损害。

2020 年 6 月，为更好地解决野生动物致害问题，保障试点区居民权益，南山国家公园管理局通过实地查验损毁情况进行信息统计分析、重点研究和借鉴国内外自然保护地野生动物致害补偿经验，按照《野生动物保护法》《中华人民共和国陆生野生动物保护实施条例》和《湖南省野生动植物资源保护条例》等法律法规的规定，制定出台《南山国家公园重点保护陆生野生动物致害补偿办法》，明确国家公园体制试点区内野生动物造成人身伤害或者财产损失采用购买商业保险的形式予以补偿。

2020 年，南山国家公园管理局共投保 30 万元，总赔偿限额为 3000 万元，每次事故赔偿限额为 100 万元。其中，每人人身伤亡赔偿限额 30 万元，每人医疗费用限额 5 万元；每次事故农作物、林木和经济作物合计赔偿限额最高 10 万元；每次事故家养牲畜、家禽、水产品赔偿限额最高 10 万元。保险范围为南山国家公园所辖范围。在保险范围内，凡是出现野生动物伤害导致人身伤亡或者财产损失的情况，在理赔人员现场勘查确认后，被保险人可获得一定的保险赔偿。

#### 2. 将野生动物致害责任纳入存量保险产品

福建和贵州两省明确将野生动物致害责任纳入已有政策性农业保险赔偿范围。福建省于 2020 年先后印发《关于做好水稻种植保险工作的通知》《关于做好森林综合保险工作的通知》，明确将野生动物致害补偿纳入水稻种植综合保险、森林综合保险范围。贵州省部分地区参保政策性农业保险的水稻，在发生野生动物肇事时可以获得理赔。

# 第六章　创新机制典型案例

随着市场需求的逐步释放，森林保险在体制机制和经营模式上也开展了积极的探索和实践。本章从管理创新、技术创新、防灾减损及护林员保险四个方面梳理了典型案例，这些创新集合起来形成了森林保险发展的集群效应，展示出我国森林保险产品在推进过程中的蓬勃朝气和活力。

## 第一节　管理创新

近年来，各地区和单位不断在森林保险领域开展积极探索，摸索出一些切实有效的管理机制，为森林保险发展营造了良好的市场环境。

### 一、创新特色管理模式

为贯彻落实中办、国办印发的《关于全面推行林长制的意见》和安徽省委、省政府印发的《关于建立林长制的意见》《安徽省加快农业保险高质量发展工作方案》等文件精神，充分发挥森林保险在深化新一轮林长制改革、保护森林资源安全等方面的作用，安徽省林业局与安徽国元金融控股集团有限责任公司联合制定了《安徽省"林长制国元护林保"实施方案》。该方案按照林长制改革"五绿"并进的总体要求，以"1+2N"即基本险和各种特色林产品保险、特色林业保险的总体发展思路，积极创新构建"5+1"总体发展框架，实施"五绿"并进保险保障、试点建设"林长制国元护林保"示范区，涉及生态护林员意外伤害、古树名木等17个保险品种(类)，具体如下。

#### (一)总体目标

坚持以习近平新时代中国特色社会主义思想为指导，深入学习贯彻习近平生态文明思想和习近平总书记考察安徽重要讲话指示精神，按照林长制改革"五绿"并进的总体要求，遵循政府引导、市场运作、自主自愿、协同推进的原则，不断创新森林保险产品，扩大保险覆盖面，提高保障水平，拓宽服务领域，完善防灾减损体系，促进森林保险高质量发展，为深入推进林长制改革提供坚强保障。

**（二）主要内容**

**1. 创新保险产品，保障"增绿"质量**

结合全省森林资源特点和林业经营主体生产需求，加大森林保险产品创新力度，不断丰富森林保险产品供给。大力发展油茶、山核桃、毛竹、香榧、苗木花卉等特色林产品保险，逐步实现特色林产品保险全省全覆盖。探索开展安徽省林木优质种质资源保险、林木育种保险，提高全省重点林木良种基地保障水平。推动林下经济产业高质量发展，试点开展林下经济保险工作，推出林下种植、养殖保险产品。

**2. 提升保障水平，增强"用绿"效能**

在继续巩固政策性森林保险成果基础上，进一步提高商品林参保率，实现标的"应保尽保"和林农"愿保尽保"。应对林木种植成本高等特点，试点推广森林"基本险+林木火灾险""基本险+特色林产品险"、特色林产品保险在现有政策基础上叠加商业险等，不断满足林业经营主体高保障需求。积极推动生态旅游保险、现代林业产业园区综合保险等。围绕地方优势特色林业产业，建立林产品追溯监测系统，打造绿色林产品溯源平台，探索开发绿色林产品溯源保证保险、产品质量保证保险。

**3. 拓宽服务领域，提高"护绿"水平**

满足多元化的风险保障需求，探索开展国有林场一揽子综合险，将国有林场场房、仓库、林业机具等生产设施设备纳入保险保障范围。进一步巩固脱贫攻坚成果，针对低收入和易致贫人口生态护林员，开展生态护林员意外伤害保险，建立生态护林员风险转移分散和保障机制。加大野生动植物和生物多样性保护力度，试点推动野生动物肇事责任保险、古树名木保险；探索自然保护地和湿地保护保险服务新模式，促进生态绿色发展。

**4. 增信融资功能，提升"活绿"能力**

充分发挥森林保险融资增信功能，建立保险服务与森林"防火码"有效衔接机制，打造"林信码"服务体系，积极探索"保险+担保"及"见码放贷"服务模式，进一步完善"政银担保企"融资合作机制。试点开展保单质押贷款、林业企业贷款保证保险，缓解林业经营主体"融资难、融资贵、融资慢"等问题，为安徽省林业延伸产业链、提升价值链、打造供应链"三链共进"提供更加全面的综合性金融服务。

**5. 建立防灾体系，夯实"管绿"基础**

深化林业部门和国元保险的共商合作机制，健全森林防灾减损体系。定期召开会议，研究解决森林保险工作中存在的主要问题；加强森林保险的政策宣传和业务培训；充分发挥林业部门技术优势，指导和协助保险经办机构做好承保、查勘定损理赔等工作；加大投入，共同做好森林防火、林业有害生物防治等防灾减损工作，发挥森林保险事前风险防预、事中风险控制、事后理赔服务等方面的功能作用，不断增强林业经营主体和林农抵御自然灾害和意外事故的能力。

**(三)保障措施**

1. 试点先行，创建"林长制国元护林保"示范区

选择有条件的市、县(市、区)试点创建"林长制国元护林保"示范区，积极推动示范区森林保险创新试点工作，不断扩大森林保险覆盖面，增加保险品种供给，提高风险保障水平，促进示范区林长制改革"五绿"并进，实现林业高质量发展。

2. 发挥林长作用，加大政策宣传

各地要依托林长制改革，充分发挥各级林长作用，推进"林长制国元护林保"组织实施。要加大宣传力度，积极运用传统媒体和新媒体，广泛开展保险政策宣传普及，让保险政策进山入林、家喻户晓，让林业经营主体和林农知晓政策、懂得政策、运用政策，增强风险意识，充分调动各类林业经营主体参保积极性，营造良好林业经济发展环境。

3. 强化科技支撑，加强技术服务

各地要强化林业、财政、保险等多部门合作机制，实现山林确权发证、林业灾害风险评估等信息共享，依托国元"乡村振兴"网上服务平台，建立全方位、创新型林业保险服务网络体系；加快建立"林长制国元护林保"专家库，实现线上线下专家技术指导和科技服务，扎实做好承保查勘定损理赔等各项工作；充分利用林业部门基层站所和国元农险基层网点健全优势，加强从业人员政策和业务培训，不断提高森林保险服务质量，全面提升森林保险综合服务水平。

## 二、提升理赔能力

### (一)成立森林保险定损专家库

为加强与林业专业技术人员的沟通交流，加强森林保险理赔专业性，实现理赔高效化、科学化、精准化，更好地提升森林保险服务水平和服务效率，人保财险甘肃省分公司协同甘肃省林业主管部门成立森林保险定损专家库。专家库成员由具有林业资格高级职称、长期从事林业研究、经验丰富、在当地林业部门具有一定影响力的工作人员组成。2020年，人保财险协同甘肃省林业工作站管理局领导，聘请专家约40人次，参与了盐池湾、安南坝、敦煌-西湖、祁连山、小陇山、兴隆山、连古城、太子山、尕海-则岔、洮河保护局10个自然保护区管理局的省局直属单位的森林查勘定损工作(图6-1)。

### (二)引入第三方评估

森林保险经办初期，灾害发生后由保险公司组织，约请参保单位的技术专家

图 6-1　甘肃省林业和草原局直属单位森林查勘定损

进行现场查勘定损，在一定程度上存在参保单位既是"运动员"又是"裁判员"的问题。为更加规范森林保险理赔环节，从 2019 年开始，中华财险内蒙古分公司与内蒙古正祥保险公估有限公司、内蒙古首佳保险公估公司签订公估协议，作为第三方公估机构，在森林保险报灾后进行现场查勘定损并做出灾情鉴定工作。这一查勘定损的新途径提高了对案件的客观、公正的评价，避免产生赔偿纠纷。

## 三、优化赔付方式

### (一)江西省"还林到户"理赔模式

当前基层单位在森林保险的运作过程中存在权责不对等的现象，如保险赔款赔付给林农之后，往往被用于其他消费，林草部门无法监督林农使用赔款恢复造林，森林保险的作用没有得到体现，这与恢复造林管理、林业产业特性不相符。

在实践中，江西省创新森林保险运作模式，开展"还林到户"的运作方式，即针对林农散户，由县级政府指定造林单位，通过组织召开村民代表大会，委托造林单位代为办理承保、理赔以及恢复造林事宜，并以当地政府发文形式对上述操作方式和造林后林木所有权归林农所有予以明确，确保以实物方式"还林于农"。该方式通过实物赔付方式解决了到户问题，将以往直接面向林农的承保理赔等具体事项转化为由受托方代理并接受多方监督的操作方式，兼顾了政府、林农、公司三方需求，简化了运作流程，降低了操作成本，充分发挥了林业保险成效。

**（二）理顺保险理赔和防治费支付**

近年来，福建省尤溪县 380 多万亩森林每年森林综合保险参保率均达 98% 以上，有效保障了林农利益。为了协调集体林参保业主村、保险公司、防治公司三方森林保险理赔与林业有害生物防治的关系，促进林业有害生物防治和森林灾害保险理赔工作发展，2020 年 4 月，尤溪县林业局召集集体林参保业主村、保险公司和防治公司，就保险理赔与防治工作进行充分协商，形成三方协议，同意以参保森林有害生物无人机防治费（含无人机施药服务费和药剂费）作为实际理赔款给予森林灾害保险理赔，在防治任务完成后，由保险公司直接将保险理赔款转付给防治公司，有效解决了保险理赔困难和防治经费不落实的问题。

**（三）无赔款优待**

为进一步巩固广东省河源市和平县政策性商品林保险高覆盖率成果，贯彻落实《关于大力推动农业保险高质量发展实施意见》提出的"探索在森林保险等条件成熟的险种领域开展无赔款优待试点"，在广东省林业局的支持和协调下，人保财险广东省分公司与河源市林业局共同探索推进和平县商品林保险无赔款优待试点工作。根据河源市林业局方案，对于上一年度未发生赔款的林农（企），免除其 10% 的自缴保费，各级财政补贴保费保持不变，即林农（企）自缴保费由 0.6 元/亩调整为 0.4 元/亩。人保财险在和平县连续实行全县商品林（松树/杉树）政策性森林保险统保，为 121.48 万亩松树以及杉树提供 6.07 亿元的风险保障。无赔款优待为全县林农（企）节省了 24 万元保费支持，有效激发林农投保积极性，实现了全县商品林保险全覆盖。

## 四、森林保险风险区域划分

### （一）广东省

1. 保险范围全省铺开

在现行 10 个试点地市基础上，森林保险在全省范围（不含深圳市、军事管理区、农垦）铺开。

2. 适度调高保额

在综合考虑灾后再植成本和财政负担能力的情况下，2021 年将保额由 500

元/亩调整为 1200 元/亩，并取消绝对免赔额。

3. 保险费率分类厘定

根据沿海与内地、公益与商品林不同风险系数，调高了沿海商品林保险费率，调低了内地公益林保险费率，沿海公益林和内地商品林保险费率保持不变。调整后，内地公益林保险费率为 0.2%，即保费 2.4 元/亩，商品林保险费率为 0.4%，即保费 4.8 元/亩(农户自负 1.44 元)；沿海公益林保险费率为 0.4%，即保费 4.8 元/亩，商品林保险费率为 0.8%，即保费 9.6 元/亩(农户自负 2.88 元)。

### (二)广西壮族自治区

为了提升贫困地区抵御风险能力，在全国脱贫攻坚的决胜阶段，广西壮族自治区政策性森林保险注重加强对深度贫困县的扶持力度，成为脱贫攻坚的"助推器"。

2019 年以来，广西壮族自治区进一步降低深度贫困地区中央财政补贴型林业保险费率，持续提高保险金额，在年初已降费的基础上，对全自治区 20 个深度贫困县的中央财政补贴型险种保险费率再降低 10%、保额提高 11%。中低风险区域商品林保险费率由 0.2% 下调到 0.18%，保额从 1000 元提高到 1111 元，保费 2 元/亩；高风险区域商品林保险费率由 0.4% 下调到 0.36%，保额从 1000 元提高到 1111 元，保费 4 元/亩；公益林保险费率由 0.2% 下调到 0.18%，保额从 500 元提高到 556 元，保费 2 元/亩。

在极度贫困地区，广西壮族自治区开展特色林产品保险创新试点，加快提升扶贫产业及贫困地区抵御风险能力。在现有政策性森林保险的基础上，广西壮族自治区支持大化、都安、隆林和那坡四个极度贫困县创新开展一项政策性林业保险产品，自治区财政对创新开展的险种给予 50% 的保险补贴。

广西壮族自治区林业部门积极鼓励各承办机构聘请具有一定工作能力且有工作意愿的建档立卡贫困户，作为当地林业保险协保、协赔人员，扩宽贫困户收入来源。建档立卡贫困户的协保费用在原有种植险费用 4% 的基础上提高到 5%。同时，还落实贫困农户购买森林保险免交保费政策，帮助贫困农户降低生产风险。

据统计，2019 年，森林保险为全自治区贫困户提供风险保障 63.06 亿元，承保贫困户 9.73 万户次，承保面积 689.47 万亩，支付赔款 334.16 万元，减免贫困户保费 283.53 万元。

2021 年度，广西壮族自治区政策性森林保险的保险金额和保险费率执行了以下两个标准。

(1)2021 年 1 月 1 日至 5 月 31 日，根据广西壮族自治区财政厅印发的《关于开展 2021 年政策性农业保险工作的通知》文件精神，公益林保险金额为 500 元/亩，保险费率为 0.2%，单位保费为 1 元/亩。商品林保险金额为 1000 元/亩，低风险地区保险费率为 0.2%，单位保费为 2 元/亩；高风险地区保险费率为 0.4%，单位保费为 4 元/亩。

（2）2021 年 6 月 1 日至 12 月 31 日，根据广西壮族自治区财政厅印发的《关于提高部分政策性农业保险风险保障水平有关事项的通知》文件精神，公益林保险金额为 1000 元/亩，保险费率为 0.1%，保费为 1 元/亩。商品林保险金额为 1250 元/亩，中低风险地区保险费率为 0.16%，保费为 2 元/亩；高风险地区保险费率为 0.32%，保费为 4 元/亩。

根据《广西壮族自治区财政厅关于下达 2021 年政策性农业保险计划有关事项的通知》文件精神，为切实做好 2021 年度政策性森林保险，现将有关事项通知如下。

主要险种保费情况

中央财政补贴险种。2021 年，中央财政补贴险种是公益林和商品林，油茶种植保险和核桃保险按商品林种植险投保，各险种保险金额、保险费及保险费分担比例如下。

1. 保险金额。公益林 500 元/亩、商品林 1000 元/亩。

2. 保险费。公益林 1 元/亩；商品林分中低风险区域和高风险区域，中低风险区域（南宁、柳州、桂林、贺州、百色、河池、来宾）2 元/亩，高风险区域（钦州、北海、防城港、梧州、贵港、玉林、崇左）4 元/亩。

3. 保费分担比例。公益林保险保费由财政全额补贴，其中，中央财政补贴 50%，自治区财政对县域补贴 40%、对各设区市所辖城区补贴 35%，设区市财政对所辖城区补贴 5%，县（市、区）财政补贴 10%，区直林场无须市、县（市、区）财政负担，相应部分由自治区财政承担。商品林保险保费由农户负担 20%，财政补贴 80%。在财政承担的补贴比例中，中央财政补贴 30%，自治区财政对县域补贴 40%、对各设区市所辖城区补贴 35%，设区市财政对所辖城区补贴 5%，县（市、区）财政补贴 10%，区直林场无须市、县（市、区）财政负担，相应部分由自治区财政承担。

## 五、再保险助力保险产品创新

### （一）再保险市场稳步发展

2020 年，我国森林再保险市场稳健发展，总体保持了稳中有增的局面。一方面，随着保险行业整体对森林保险承保技术的不断发展、风险识别能力的不断提升以及各保险主体在森林防灾减灾工作中的参与度不断加强，森林保险的经营情况近年保持稳定，行业新增的风险分出需求不多；另一方面，森林再保险承保能力仍保持充足供给，森林再保险的市场价格保持平稳，为我国森林保险市场平稳运行和风险分散体系不断完善提供了坚强支撑。

根据中国农业保险再保险共同体(以下简称农共体)相关数据测算,2020 年,我国森林再保险业务共计实现保费收入 8.33 亿元,与 2019 年相比增长了 13.13%;提供森林再保险风险保障金额 3533.16 亿元,同比 2019 年增长 7.78%;截至 2020 年年底,已支付再保险赔款 2.01 亿元。从业务结构来看,我国森林再保险以比例再保险为主,2020 年占比达到 97.96%,同比 2019 年下降了 0.73 个百分点;2020 年非比例森林再保险业务占比 2.04%(表 6-1)。

**表 6-1  2016—2020 年我国森林再保险发展情况**

| 年份 | 再保险保费规模（亿元） | 业务结构 | | 保障金额（亿元） | 赔款金额（亿元） |
|---|---|---|---|---|---|
| | | 比例(%) | 非比例(%) | | |
| 2016 | 4.59 | 89.38 | 10.62 | 1446.68 | 0.89 |
| 2017 | 4.72 | 94.21 | 5.79 | 1689.08 | 1.15 |
| 2018 | 4.57 | 92.25 | 7.75 | 1541.50 | 0.54 |
| 2019 | 7.54 | 98.69 | 1.31 | 3278.16 | 2.85 |
| 2020 | 8.33 | 97.96 | 2.04 | 3533.36 | 2.01 |

注:赔款金额仅为截至当年 12 月 31 日再保险业务中已决赔款和已报未决赔款金额。通常来讲,由于保障责任尚未结束,赔款后续还会增加。

### (二)成立政策性农业再保险主体

2020 年 12 月 31 日,银保监会发布关于筹建中国农业再保险股份有限公司的批复,同意财政部、中国再保险(集团)股份有限公司、中国农业发展银行、中华财险、国寿财险、北大荒投资控股有限公司、太平洋财险、平安财险、人保财险 9 家单位共同发起筹建中国农业再保险股份有限公司,注册资本 161 亿元人民币,其中财政部持股比例为 55.90%,由银保监会验收并批复开业。

成立中国农业再保险股份有限公司,是贯彻落实党中央、国务院关于加快农业保险高质量发展要求的重要举措。公司坚持以服务"三农"为宗旨,聚焦农业再保险主业,加快建设成为财政支持的农业保险大灾风险分散机制的基础和核心;遵循"政府支持、市场运作、协同推进、保本微利"原则,实行约定分保与市场化分保相结合的经营模式,其基本功能为分散农业保险大灾风险,推动建立并统筹管理国家农业保险大灾基金,加强农业保险数据信息共享,承接国家相关支农惠农政策。

### (三)山西省隰县梨种植综合气象指数保险开展再保险保障

山西省隰县地处吕梁山南麓,是山西省 35 个国家级贫困县之一。根据当地特殊的气候条件,隰县自 2012 年起将玉露香梨作为主导产业大力发展,并逐步成为黄土高原梨果优势产业区,获得国家地理标志保护产品认证。目前,隰县玉露香梨种植面积已达 20 万亩,面积、产量位居全国第一,成功出口美国、加拿大等地,农民人均果品收入达到 6000 元以上。该县也于 2018 年年底成功脱贫摘帽。

作为隰县打赢脱贫攻坚战的支柱产业,香梨与其他林果作物一样,对气候条件要求较高,在生长中易受各种自然灾害影响造成高额损失。为保障香梨产业发展和农民顺利脱贫,2018 年,隰县政府部门与国寿财险、农共体合作,为玉露香梨量身定制了梨种植综合气象指数保险。该保险产品属于气象指数型保险,与传统保险产品相比,具有投保程序简单、触发标准客观、查勘定损成本低、理赔速度快等突出优势,深受广大投保农户和保险经营机构的欢迎。但与此同时,气象指数型保险产品技术水平要求高、产品开发难度大,且容易出现系统性损失,需妥善安排大灾风险分散渠道。

在隰县梨种植综合气象指数保险的开发和实施过程中,农共体为其提供了重要的技术支持和再保险保障。

(1)在产品开发上,农共体发挥自身在数据模型、气象研究、风险分析等方面的优势,为该气象指数保险提供了初设方案和精算分析,最终与国寿财险形成隰县梨种植综合气象指数保险。该保险方案可以实现在多种气象灾害条件下可保,即根据香梨各个生长周期内可能发生的风险因素,以及隰县的地理环境、气候特点,将传统风险因素中对梨果生长影响最大的风灾、雹灾与花期极易遭受的低温冻灾相结合,来设定不同生产期的保险责任和赔付限额。这不仅有效破解了气象指数保险产品的基差风险[①]难题,而且也最大限度地实现了让利于农,使投保农户得到全面保障。

(2)在再保支持上,农共体担任国寿财险天气指数保险成数再保险合约的首席再保人,将隰县梨种植综合气象指数保险纳入该合约,并提供充足的再保险保障。从保险经营上来讲,隰县梨种植综合气象指数保险属于气象指数产品,本身系统性风险较大,加上又是新开展业务,经营结果的不确定性也较大,因此迫切需要通过再保险市场进行风险分散。该产品上市后受到广大农户的欢迎,全县共有 2343 个农户参保,承保面积超过 2.6 万亩,保额超过 3900 万元。面对这样的风险敞口,国寿财险安排了 80% 的大比例分出,相当于再保险为该业务提供了80% 的风险保障,而农共体在其中承担了一半的份额。

(3)在保险赔付上,在 2018 年隰县香梨遇到严重灾害的情况下,农共体支付

---

① 基差风险是指由于季节性因素、供需关系等基差波动所导致的交易风险。

的再保险赔款，有力地支持了前端直保机构及时向投保农民进行赔付，有效化解了隰县梨种植综合气象指数保险的大灾风险。2018 年生长季，隰县香梨先后遭遇了花期霜冻、风灾和冰雹等多种气象灾害，对当年香梨产量产生了严重的影响，按条款约定，最终累计理赔总额达到 781 万元，简单赔付率达 501%，2343 个投保农户均获得赔付，为他们提供了抗灾自救和恢复生产的重要资金。其中，农共体承担了保险行业总赔款的 40%，有效弥补了前端损失，通过再保险机制分散了大灾风险、保障了行业平稳，更为隰县脱贫攻坚奠定了坚实基础。

# 第二节　技术创新

通过技术创新，将互联网、卫星遥感、无人机等先进技术和设备科学应用到森林保险的各个环节，可以有效降低查勘成本，提高定损效率，确保及时精确理赔，使广大林农的利益得到有效保障，实现"林农得实惠、政府得民心、保险公司得发展"。

## 案例一　卫星遥感技术应用

### 一、基本情况

遥感是一种利用物体反射或辐射电磁波的固有特性，通过研究电磁波特性，达到识别物体及其环境的技术。通过遥感监控林木的生长情况、预报预测林业病虫害等被称为林业遥感。

我国林业遥感的起始时间可追溯到 1951—1953 年，到 2023 年年初已经有了 70 年的发展历史。近 70 年来，林业部门紧紧围绕国家林业资源开发利用、林业生态工程实施、灾害防治等重大需求，开展林业遥感科学研究和应用，林业遥感的主题也表现出了鲜明的时代特点。

20 世纪 80 年代"六五"期间，徐冠华院士主持了一项针对林业遥感关键技术研究的项目，即"用于森林资源调查的卫星数字图像处理系统"。该项目研发了遥感卫星数字图像处理系统，并在森林资源调查遥感应用技术方面取得了重要突破。该项目创新性地提出了快速有监分类、专家系统分类、蓄积量估测模型，实现了基于卫星遥感数据进行大面积土地覆盖和森林分类及蓄积量的估测，开启了卫星遥感林业信息提取的先河，并用计算机辅助绘制大比例尺森林分布图与蓄积量分布图，铺就了中国航天遥感技术的实用化道路。

自此以后，以陆地卫星（Landsat）卫星多光谱数据为主要数据源，林业遥感迎来了卫星遥感的开拓创新阶段。徐冠华院士不仅首次研发了针对森林资源调查的卫星遥感数字图像处理系统，在可再生资源遥感调查、遥感系列制图、生态效益评价等关键技术领域均取得了重大突破，而且还将应用领域扩展到湿地资源、荒漠化和沙化土地、林业灾害等遥感调查和监测领域。

## 二、技术应用

### 1. 森林灾害卫星遥感评估技术体系

20世纪80年代以来，卫星遥感技术得到了飞速发展，利用卫星遥感技术对森林灾害进行监测和评估已被广泛证明是一种行之有效的手段。森林灾害对森林的危害按严重程度从高到低分别为林木彻底毁坏（如火灾导致的林木烧毁）、林木外部形态变化（如落叶、枝条枯萎等）及林木生理变化（如主要生理功能失常等）。然而，无论是哪种变化，灾害发生前后森林的光谱后向散射特性会发生变化，这些变化可以通过卫星传感器记录下来，进而可以通过卫星的重复观测实现森林灾害的监测。当前，多尺度、多谱段遥感数据的可用性为森林灾害及时监测与快速损失评估提供了重要支持。总体来讲，基于中低空间分辨率数据开展灾害发生监测预警，利用高空间分辨率变化检测数据实现损失评估是目前森林灾害卫星遥感应用的主要方式。

### 2. 卫星遥感在森林火灾上的应用

森林火灾是当今世界性的重大灾害之一，其成灾后往往造成很大的经济损失，对森林资源和生态环境均有着巨大的破坏。从遥感原理上分析，自然界物体具有不同的波谱特性，会向外界辐射不同波长的电磁波。常态下的森林辐射被称为背景辐射，燃烧时产生的火焰、烟雾等具有自己的辐射特征。一般情况下，森林燃烧温度7726.85℃左右，根据遥感学中的维恩定理可以推算出，最大的辐射波长应该在中红外通道，因此，利用中红外卫星遥感数据，通过地表亮温的计算可及时发现火情并监测其动态变化。

当前，新生一代先进的甚高分辨率辐射计（NOAA-AVHRR）及国内风云系列卫星数据监测森林火灾已实现了业务化运行，每天可实现对同一位置森林的多次观测，有效解决了森林火灾早期发现的问题。尽管解决了火灾监测的问题，但是受分辨率影响很难对受灾面积实现准确评估，因此，需要利用前后两期中高空间高分辨率数据实现过火面积、受灾乔灌木比例等关键信息的准确提取，为承保公司快速理赔服务。过去，受到以陆地卫星为主的国外数据收费、重访周期长（16天）、不利天气因素等影响，森林火灾受损面积及损失很难做到快速评估。随着国外中等空间分辨率数据的全面共享，国内HJ系列、高分系列及资源系列卫星的广泛投入使用，重复获取中高分辨率数据的时间最短可以达到 2~3 天，这无疑为森林火灾受损情况的快速评估提供了数据保障。

3. 卫星遥感在森林病虫害上的应用

森林病虫害有时被称为无烟的森林火灾，每年对森林资源造成的巨大损失远远超出森林火灾的危害。森林病虫害发生面积大且通常交通不便，常规地面查勘技术很难全面准确掌握病虫害发生及危害情况。因此，卫星遥感监测具有得天独厚的优势。森林病虫害类型多样，危害部位也各不相同（如叶子、树干、树根等）。然而，不管危害部位有何不同，最终都将导致林木正常生长受到影响，林木形态发生变化，如叶子枯黄、叶子丧失和林木枯死等。林木形态的变化将会导致光谱特征的明显变化，因此，可根据卫星影像的光谱特征实现森林病虫害的监测。特别是对于广泛发生的食叶型虫害，常用的可见光、近红外遥感可以通过失叶率的监测来实现森林病虫害成灾程度的准确评估，而且可以直接与国家林业和草原局颁布的《林业有害生物发生及成灾标准》无缝对接。采用的数据源主要包括中低分辨率的 NOAA/AVHRR，EOS-MODIS 以及中等分辨率的 Landsat，SPOT 系列数据。

## 三、典型案例

四川省凉山彝族自治州由于地貌复杂多样，多以山地和高原地形为主，每逢春季高温少雨时期，"干打雷"的闪电极易引发森林火灾。2020 年 3 月 30 日，凉山彝族自治州西昌市大营农场发生重大森林火灾。由于火灾地森林广袤、植被单一，山地地形风势较大，使山火蔓延迅速，情况十分危急。中航安盟利用卫星遥感技术全力协助此次森林火灾的紧急救援工作。

1. 监测森林火点

中航安盟根据森林遥感技术监测路线（图 6-2），对火场进行实时监测，以确保准确掌握火情的走势以及火场受损的情况。森林防灾减损体系嵌入的遥感卫星实时预警监测系统的监测结果显示，这起森林火灾造成各类土地过火总面积达 45 716.7 亩，综合计算受害森林面积为 11 874 亩，直接经济损失 9731.12 万元。根据《森林防火条例》对森林火灾等级的划分（表 6-2），本次森林火灾被划分为重大森林火灾。卫星监测数据显示，木里藏族自治县、西昌市上空由于森林燃烧产生了大量气溶胶及一氧化碳和二氧化碳等气体。气溶胶数值的高低，侧面反映了森林火灾的强度。2020 年 3 月 31 日，木里藏族自治县西昌市等地上空的气溶胶值与 3 月 27 日相比增长约 75%，如图 6-3 所示。

確定研究区域

MODIS热异常数据下载 → 构建GLT文件 → 几何校正 → 热异常点位提取 → 森林火点识别

资料整理 → 居民点、水源等信息提取

高分辨率遥感影像下载 → 影像预处理 → 裁剪、拼接

辐射定标 → 大气校正 → 几何校正

土地分类专题图制作（提取林地、水源、居民地、道路等信息）

NDVI计算 → 生态因子计算 → 生态环境恢复检测

火点位置　　过火面积　　火场走势

过火面积 → 灾后损失评估

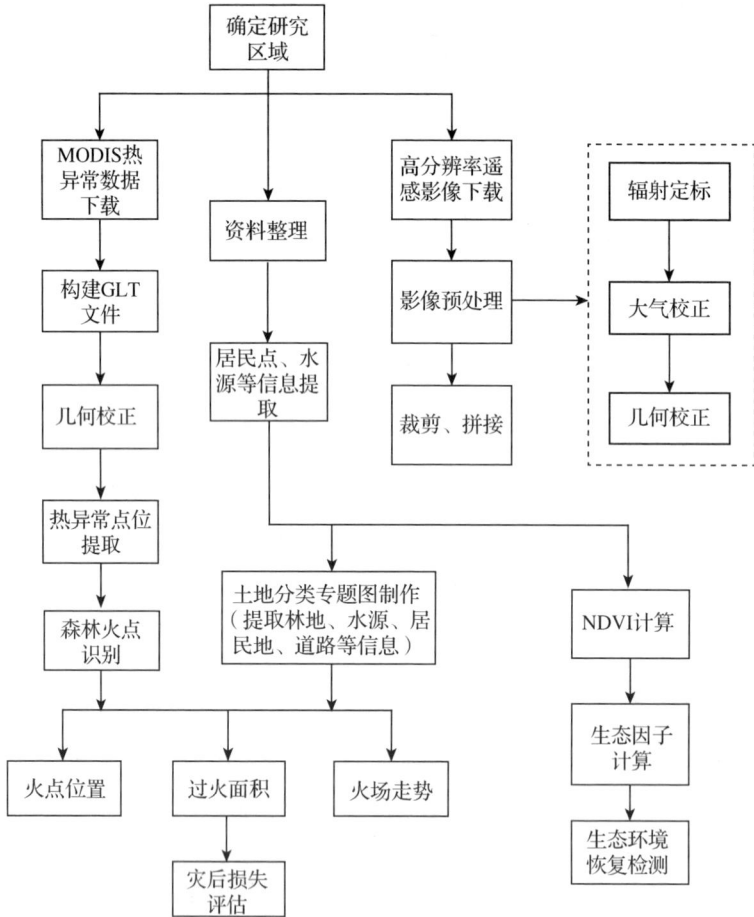

**图 6-2　中航安盟森林火灾遥感检测技术路线**

**表 6-2　森林火灾等级划分标准**

| 序号 | 类别 | 等级划分标准 |
|------|------|--------------|
| 第一类 | 森林火警 | 受害森林面积不足 1 公顷或者其他林地起火等 |
| 第二类 | 一般森林火灾 | 受害森林面积在 1 公顷以上不足 100 公顷的 |
| 第三类 | 重大森林火灾 | 受害森林面积在 100 公顷以上不足 1000 公顷的 |
| 第四类 | 特大森林火灾 | 受害森林面积在 1000 公顷以上 |

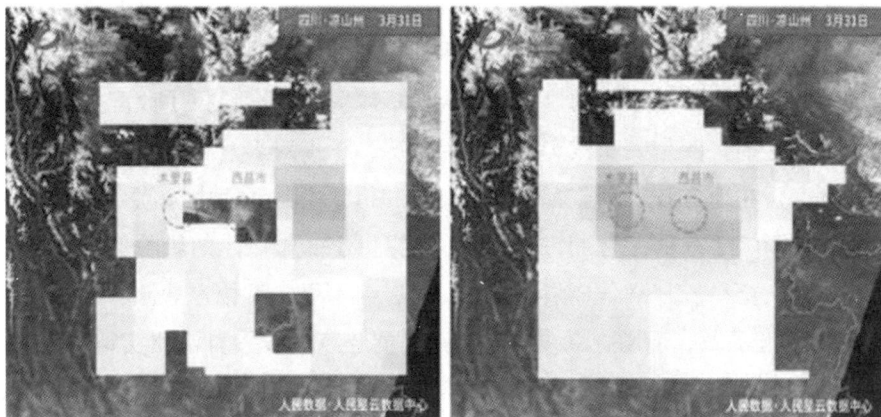

**图 6-3　木里藏族自治县、西昌市气溶胶指数对比**

中航安盟成功监测出通报辖域内森林火点发生的具体情况（图 6-4），并及时与西昌森林防火指挥部取得联系，汇报并核实火灾发生情况，以及时支援凉山彝族自治州森林火灾扑救工作。

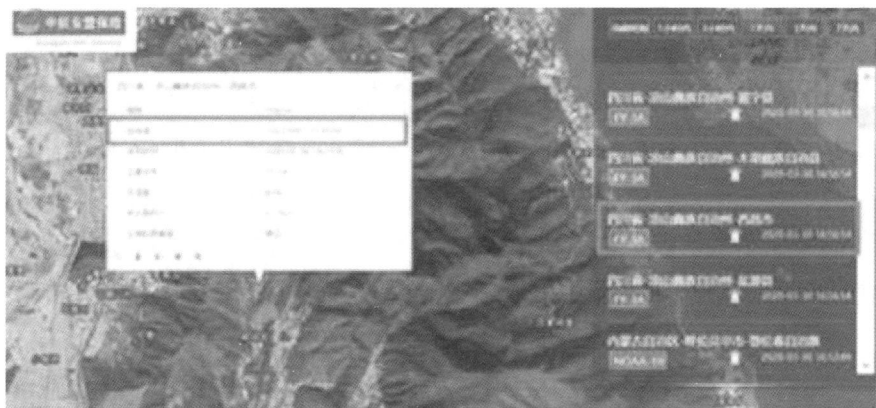

**图 6-4　西昌市森林火灾预警系统监测**

2. 启动防灾减灾措施和理赔

灾情发生后，中航安盟第一时间启动总、分、支三级应急预案，并做出工作部署，迅速采取多种措施，对火灾受损区域做好后续理赔服务保障。

一是对火场进行监测。利用卫星遥感技术对灾情进行实时监测，及时通报给地方政府和各级林草部门。二是采购救灾物资。盐源县发生森林火灾后，中航安盟分公司、凉山中心支公司人员立即赶赴现场，查看并了解火灾情况，采购了

100 把 MS251 型油锯和 400 套睡袋、水壶等价值共 50 余万元的救灾物资送到扑火前线。三是及时与应急管理部门森林火灾指挥部取得联系，积极、主动配合灭火指挥部开展工作，紧急调动卫星和无人机资源，利用高科技手段配合救灾减灾和完成查勘定损。四是主动核实公司承保情况，积极对客户开展理赔服务。2019 年，中航安盟在地方政府及监管部门的支持和指导下，在凉山彝族自治州承保森林总面积 3240.82 万亩，为 11.27 万户林农提供 198.4 亿元的风险保障，承保范围涉及西昌、德昌、甘洛、金阳、雷波、冕宁、木里、喜德、盐源、越西、昭觉11 个市县。五是做好现场查勘。多次抽调人员赴凉山彝族自治州实地了解灾情，开展查勘定损及赔付工作。中航安盟委托省林业勘察设计院完成西昌市森林火灾现场查勘和评估工作，分别向盐源县、木里藏族自治县森林火灾受害方支付预赔款 500 万元与 369 万元。地方林草部门完成损失认定后即可短时间内支付全部赔款。

## 案例二　无人机查勘应用

### 一、基本情况

无人机是一类根据无线和程序遥控技术完成自动驾驶航行的飞机系统，在运输和调查中起着关键的作用。近些年，电子无线电控制技术不断发展，GPS 卫星定位系统技术逐渐成熟，无人机行业也得到了极大的发展，无人机因其便捷、高效以及安全可靠的特点被广泛应用于农业、电力、影视航拍、地质勘察以及林业等各个领域。其中，林业领域的应用包括森林测绘、林业灾害监测、生态环境以及森林资源调查等方面。

无人机技术是依靠无人机飞行器配合数字遥感设备实时不间断监测以获取遥感空间信息的技术手段。在空中飞行全过程中，无人机可以对相应目标完成三维成像，后期处理有关数据信息，完成 3S(遥感技术、地理信息系统和卫星导航系统)技术性的集成化。

无人机技术与大数据分析等相结合，可有效提升林业管理效率与智能化水平。具体来说，无人机技术应用于林业领域具有以下优点。

1. 操作便利

无人机技术适用范围广，多种类型数据采集场景都可应用无人机技术。相较于传统技术，该技术操作更为便捷，能更快、更准地获取林业数据。

2. 数据精确

无人机工作位置处于云层下，不会出现云朵遮挡影响拍摄图像的情况，并且在恶劣天气也能正常工作，受环境影响较小，确保了收集数据信息的准确性。

3. 成本低

无人机技术无须专门场地放置，在卫星发射、租赁方面无须资金投入，而且操作便捷，很大程度上降低了成本投入。无人机起飞高度相对较低，因而离目标距离更近，能够有效避免太阳视角、阴影等因素降低图像质量，相较传统数据获取方式，空间分辨率更高。

**二、技术应用**

1. 无人机技术在森林火灾中的应用

森林火灾对森林的破坏是巨大的，一旦发生，很难及时扑救，在生态环境、经济以及人员方面造成巨大损失，因而，火灾预警防范成为林业工作的一项重要内容。森林防火工作以往多依靠相关工作人员巡逻，在工作效率与质量上都相对较差。而无人机技术能够实时快捷并不间断地获取数据，同传统防火方式相比，能够做到发现预警以及及时扑救，在应对突发事件方面表现非常突出。首先，在监测方面，无人机在飞行过程中，借助拍摄与热成像技术，实时监测且不间断传输监测到的信息，一旦发生火灾，便于在第一时间发现并及时确定火灾起火点与范围等实际情况，为工作人员及时扑救与针对性处理创造便利。其次，一旦火灾发生，无须像传统方式那样需要人员到场监测火灾情况，只需借助无人机便能获得即时信息，便于工作人员及时准确对火情进行判断，包括是否需要求助，如何实施消防工作、是否需要组织人员转移等，为被困人员营救以及国家财产抢救节约更多时间，尽可能减少火灾损失。最后，火灾扑救危险性较高，借助无人机能及时输送相关物资设备，辅助消防救灾工作。

2. 无人机技术在林业病虫害防治中的应用

无人机技术在林业病虫害防治中的应用主要表现在以下两个方面。

（1）航拍监控。在林业管理工作中，病虫害管理和防治是基于病虫害发生监测情况进行的。在实际林业病虫害监控工作中，应用无人机技术进行林业病虫害的航拍监控，能够很好地避免人工监测受交通、地形、气候以及精力等因素造成工作效率低、工作质量难以保证的情况。无人机技术受地形、气候等外在因素影响较小，可航拍监控森林植株生长情况，实时监测病虫害情况。工作人员可通过无人机监控到的信息分析病虫害发生情况，进而找出规律，有的放矢制定防治方案，及时控制并防止其扩散，最大程度降低损失。林业病虫害防治工作具有系统性，在航拍监控实时监测到病虫害信息后，需要通过无人机持续跟进病虫害发生情况，借助传输回的信息数据及时判断引发病虫害的害虫种类。病虫害发生的程度、区域不同治理方式也存在差异，工作人员根据获取的监测信息，结合病虫害发生的区域、程度采取针对性的防治方案，之后统筹安排人员处理。

（2）防治病虫害。在防治方案制定后，还可借助无人机开展下一步的具体防治工作，凭借无人机的优势，可对地势险峻地区在内的整个病虫害区域实施药物喷洒。无人机药物喷洒具有两个优势：一是减少人力投入。一方面，无人机喷洒药物使工作人员无须直接接触药物，保护了工作人员的安全；另一方面，采用无人机作业在一定程度上减少了人力成本的投入。二是喷洒效果好。无人机工作时可随时调控高度，其旋翼产生的气流可加深穿透，使药物可以均匀喷洒，避免不必要的水和药物的浪费，大幅度节约了药物和水等方面的资源。需要注意的是，为了更好地发挥无人机在林业中的应用价值，必要时需要对相关林业工作人员进行培训，以提高其操作水平，完美发挥无人机在林业管理中的作用。

### 三、典型案例

#### 1. "遥感+无人机"技术

松毛虫是危害松树（包括落叶松、红松、樟子松、油松、赤松、长白松）的主要食叶害虫，若不及时防治，会在短时间内吃光大面积松林的针叶，可导致常绿松当年直接死亡，落叶松连续两年受害可导致间接死亡。松毛虫一旦暴发成灾，会引起松林大面积枯死等生态灾害事件，严重威胁森林生态系统安全，造成严重经济损失和生态影响。

2019年3月11日，吉林省启动了全省松毛虫特大灾情应急处置工作。安华保险吉林省分公司积极配合，应用"遥感+无人机"技术跟踪灾害情况，开展查勘理赔工作。

（1）典型受灾区域卫星遥感影像监测。正常树木在受到松毛虫危害后，其叶片组织结构及生理生化参数等会发生变化，树木冠层光谱反射率也会发生相应的变化，进而影响遥感影像中不同波段所接收辐射信号的变化，使受害树木与正常树木表现出明显差异。因此，可利用遥感数据进行灾害监测，在宏观上掌握灾害发生、发展情况。

图6-5~图6-7为典型松毛虫危害区域的遥感影像，5~6月受灾明显。3个图中的左图中紫红色区域为松毛虫危害区域，右图为经过防治后的遥感影像，植被整体恢复效果明显。

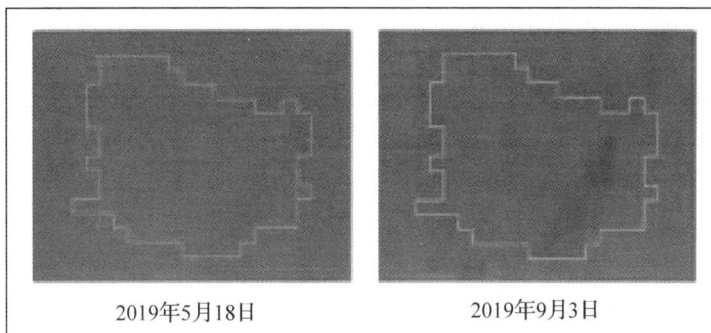

图 **6-5** 吉林省白山市临江市松毛虫灾害遥感监测影像

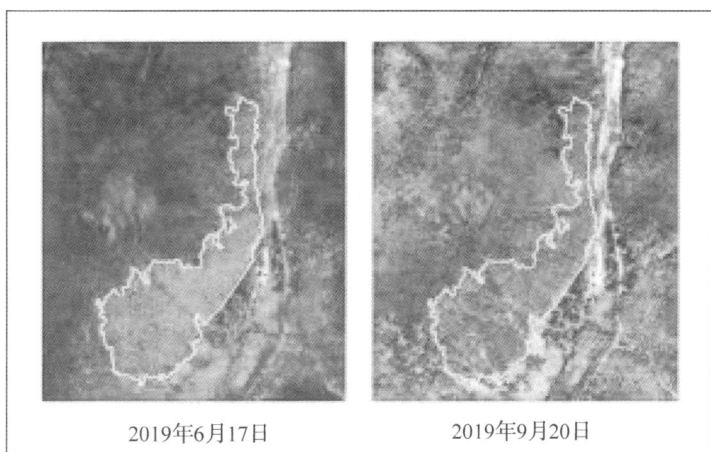

图 **6-6** 吉林省延边朝鲜自治州汪清县金苍林场松毛虫灾害遥感监测影像

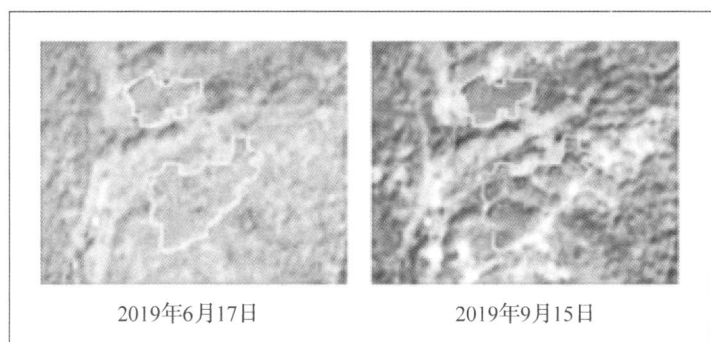

图 **6-7** 吉林省延边朝鲜自治州汪清县金苍六道林场松毛虫灾害遥感监测影像

（2）现场实拍。借助无人机现场航拍，可与卫星遥感监测结果互相验证，提供更多的细节信息，为损失评估和实地查助工作提供重要参考(图 6-8)。

图 6-8　2019 年 5 月吉林省白山市临江市松毛虫灾害现场查勘照片

（3）无人机实景重建。基于无人机航拍影像和处理得到的航拍区域重建图像，可作为损失评估的重要依据（图 6-9、图 6-10）。

受灾范围

图 6-9　2019 年 5 月吉林省白山市临江市松毛虫灾害无人机航拍正射影像

图 6-10　2019 年 5 月吉林省白山市临江市松毛虫灾害无人机航拍细节

2. 无人机森林火灾查勘

2019 年 5 月 4 日，安华保险吉林省分公司承保的林地发生森林火灾，过火面积约 525 亩，火灾前和火灾后遥感影像对比如图 6-11 所示。

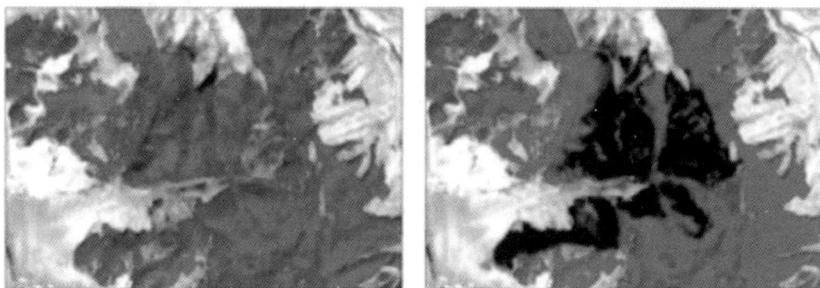

（A）灾前遥感影像（2019年5月4日）　　　（B）灾后遥感影像（2019年5月19日）

**图 6-11　吉林省公主岭市森林火灾前和火灾后遥感影像对比**

（1）现场实拍。在灾害现场，通过无人机航拍和地面调查，可第一时间了解灾害全貌，对整体受损情况做出合理预估（图 6-12）。

**图 6-12　2019 年 5 月吉林省公主岭市森林火灾现场勘察照片**

（2）灾害现场无人机实景重建。在初步了解灾害概况的基础上，结合受灾区域特征，合理选定航拍区域，规划航拍路线和建模方式，设定无人机自主飞行获取受灾区域航拍影像，再对航拍图像进行预处理和拼接，最终得到受灾区域的二维正射全景图像和地表三维实景模型，真正做到灾害现场的智能可视，全面反映灾害实况，可放大、可查证，直观真实，证明力强，能够为损失评估工作提供有力支撑（图 6-13、图 6-14）。

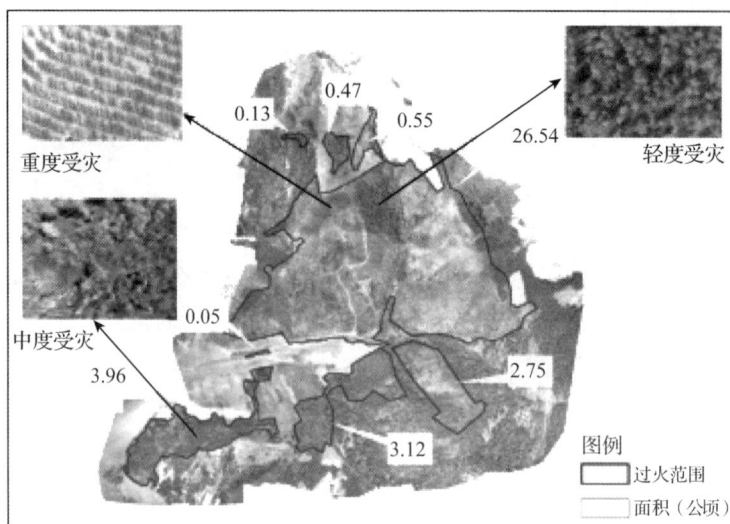

图 6-13　2019 年 5 月吉林省公主岭市森林火灾无人机航拍正射影像

图 6-14　2019 年 5 月吉林省公主岭市森林火灾无人机航拍实景重建

（3）恢复期后无人机实景重建。从模型中可以看出，植被整体恢复效果明显，但重灾区域树木仍未恢复，虽然地面杂草茂盛，但火灾痕迹清晰可见，树木受损严重，如图 6-15 所示。

**图 6-15 2019 年 8 月 29 日吉林省公主岭市森林火灾恢复期后实景重建**

## 第三节 防灾减损

防灾减损是森林保险承保过程中预防及减少自然灾害或意外事故对林木标的损失的重要举措。2020 年，有 16 个森林保险地区和单位对森林保险防灾减损投入情况做了单独统计，承保公司投入的防灾减损费用全年可统计金额为 2.59 亿元（占全年总保费的 7.12%）。

从规模上看，吉林省（含吉林森工集团和长白山森工集团）、内蒙古森工集团、四川省、大兴安岭林业集团公司、云南省、河南省等地区和单位的森林保险防灾减损投入超千万元（表 6-3、图 6-16）。从使用方式上看，森林保险防灾减损投入主要用于购置或修缮设施设备、组织宣传培训等，也有用于建设区域性管护队伍、建设实验室或管理平台等特定项目。例如，吉林省主要用于各级林草主管部门、基层林草单位及省直国有林业局（森林经营局）、省直相关单位开展的森林防火、有害生物防治和森林资源管护等工作，具体包括购置防灾减损器材设备、开展林业灾害风险评估与业务培训、建设森林灾情防控监测体系、进行防灾减损施工作业等。四川省主要用于配合林草部门开展宣传、购置防灾减灾设施设备、建设森林管护队伍、支付共建护林员队伍工资等。大兴安岭林业集团公司用于加强基础设施建设，包括更新森林防火和病虫害防治物资储备，修建队员靠前驻防营房、训练设施，加强防火检查站、外站、靠前驻防点等基础设施建设。云南省用于加强基层森林火灾防控、采购森林防灾减损物资、组织森林保险政策宣传、开展森林防火防灾培训、升级防灾减损技术等。

表 6-3　2020 年部分地区和单位森林保险防灾减损投入情况

| 地区和单位 | 承保公司防灾减损投入（万元） | 简单赔付率（%） | 综合赔付率（%） |
|---|---|---|---|
| 吉林省 | 6371 | 10.14 | 45.14 |
| 内蒙古森工集团公司 | 5500 | 27.56 | 48.48 |
| 四川省 | 4146 | 9.02 | 32.59 |
| 大兴安岭林业集团公司 | 3147 | 5.32 | 30.34 |
| 云南省 | 2807 | 10.98 | 36.07 |
| 河南省 | 1426 | 6.60 | 72.75 |
| 内蒙古自治区 | 678 | 35.34 | 36.94 |
| 安徽省 | 447 | 36.79 | 41.05 |
| 广西壮族自治区 | 321 | 21.99 | 23.38 |
| 山东省 | 300 | 37.58 | 42.16 |
| 河北省 | 214 | 14.62 | 16.03 |
| 湖南省 | 173 | 29.11 | 30.00 |
| 甘肃省 | 148 | 31.70 | 33.50 |
| 辽宁省 | 137 | 22.71 | 24.43 |
| 山西省 | 108 | 41.24 | 42.21 |
| 厦门市 | 1 | 55.53 | 55.98 |

注：综合赔付率为赔付金与防灾减损费之和占保费的比值；吉林省数据包含省内的吉林森工集团和长白山森工集团。

随着森林保险的不断发展，大多数保险机构都建立了森林保险防灾减损机制，由后期赔付向前期预防转变，助推参保单位完善设施设备、组建专业队伍，建设森林防灾减灾体系。银保监会于 2022 年 2 月印发的《农业保险承保理赔管理办法》（该办法适用于林草保险业务）中明确规定，保险机构应当强化与农业防灾减损体系的协同，提供农业抵御风险能力，同时对服务能力建设、客户回访、加强防灾减损管理和科技投入等方面提出了明确要求。根据应急管理部数据，2022

（万元）

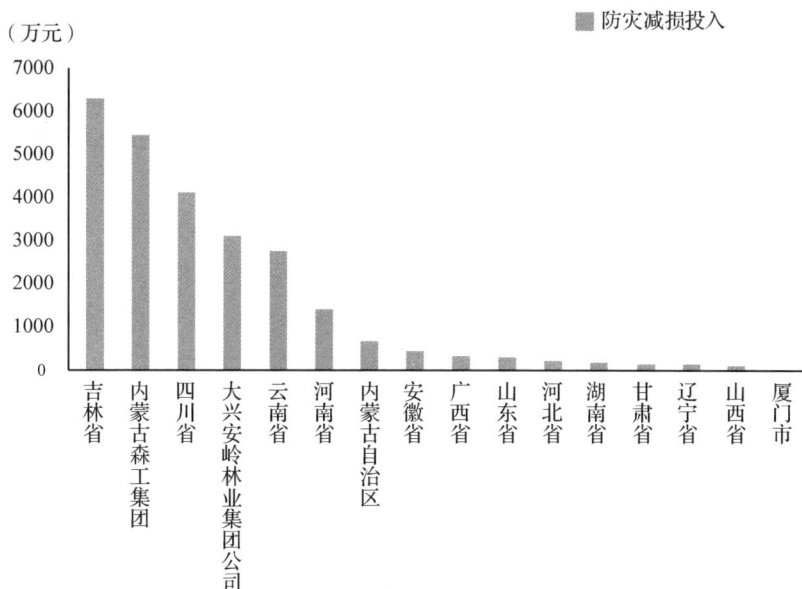

图 6-16　2020 年部分地区和单位森林保险防灾减损投入情况

注：吉林省数据包含省内的吉林森工集团和长白山森工集团。

年上半年，我国共发生森林火灾 311 起。近年来发生的森林火灾中，保险公司一直在一线参与救灾，利用遥感卫星、无人机等提高查勘定损速度，快速理赔助力灾后重建。同时，积极推动森林保险管理由"灾后补偿"向"灾前预防和灾后理赔并举"转变，助力有关部门打造森林防灾减损体系。

## 一、国寿财险林木保险防灾减损指引

为指导林木保险业务防灾防损工作开展，建立对林木保险灾害事故的预警、快速反应和处理机制，增强防灾减损能力，最大限度地防止和减少林木灾害事故的发生，促进林木保险业务持续、健康发展，2011 年 12 月，国寿财险特制定林木保险防灾减损指引，具体内容如下。

### （一）组织机构

总公司农业保险管理职能部门为公司林木保险业务防灾减损工作主管部门。分公司农业保险管理职能部门为本级防灾减损工作的主管部门。分公司根据业务开展情况设立专门或兼职防灾减损工作岗位，指定熟悉保险业务且有一定组织协调能力的员工承担该岗位工作。防灾减损岗位职责主要包括林木防灾减损工作的计划、组织、协调、培训、分析、建档及总结等。各分公司农业保险管理职能部门应结合当地林木所处自然环境、气候特征、林区管理状况，组织协调做好林木保险的防灾减损工作；同时，应把防灾减损与林木保险业务发展有机结合，将防灾减损融入产品开发、业务拓展、承保、理赔及相关流程管理等各项工作中去。

### (二)林木保险防灾减损服务

开办林木保险业务的分公司务必要加强对承保项目的风险管理,与被保险人共同提高风险管理水平,尤其是防范火灾的能力,要尽可能防患于未然,最大限度地减少风险损失。

1. 林木保险的防灾减损

根据国家相关林业安全管理制度,林木保险的防灾减损要重点做到"五早"。

(1)提前分析和预测火险形势,落实分级响应措施,确保火险早知道。

(2)充分发挥国家林火卫星、高山瞭望、地面巡护等手段,全方位、全天候、全覆盖地监视火情,确保火灾早发现。

(3)加强值班和领导带班,确保火灾早报告。

(4)针对一些特殊时段,要细化预案分级响应机制,一旦发生火灾迅速启动预案,确保火灾早处理。

(5)各类森林消防队伍要靠前布防,提升战备等级,遇有火情快速出击、重兵扑救,确保火灾早扑灭。

2. 防灾减损服务

开办林木保险业务的分公司可结合当地森林灾害预警和管理机制,通过以下方式为被保险人提供防灾减损服务。

(1)制定防灾减损预案。在签订林木保险协议后,分公司应尽快制定相应林木项目的防灾减损预案,主要内容包括:风险管理、防灾减损检查、重大事故紧急反应程序等,并协助被保险人制定安全管理的各项规章制度。

(2)开展灾害天气预警。开办林木保险业务的分公司应联合气象、水文、市(区、县)林业局、当地人民政府或者森林防火指挥部等部门,建立全方位的森林火灾预警系统,为项目提供灾害防御服务。例如,在持续干旱、可燃物干燥易燃、森林火险气象等级持续偏高、森林防火形势严峻时,通过95519客户服务平台向被保险人及时发布森林火险预警、灾害预警预报手机短信,及时提醒客户加强风险管控,做好灾害防御工作。

(3)建立项目风险检验制度。一是开办林木保险业务的分公司可根据项目实际,聘请林木防火领域专家对项目进行防灾减损检查,并出具书面检查报告提交被保险人。二是每年组织1~2次火灾防范体系检查,督促检查防灾减损建议落实情况,并出具书面报告提交被保险人。

(4)建立数据统计分析制度。一是建立林木保险风险数据统计档案,积累林木风险和损失程度分布,提高林木保险防灾减损的针对性和效果。二是建立重大赔案分析制度,通过对重大赔案和典型案件分析,提高风险认识,为防灾减损工作提供借鉴作用，指导林木保险风险管理工作开展。

### (三) 林木保险防灾减损宣传

#### 1. 媒体宣传

开办林木保险业务的分公司可组织、联系承保林区所在县、市电视台，在天气预报节目中播放林木防火知识，以公益广告等形式普及扑救林木火灾常识；也可组织新闻媒体对林木防火工作进行系列报道，尤其是对在林木防火工作中涌现出来的先进集体和个人及火灾肇事者进行宣传报道，使森林防火工作家喻户晓、人人皆知。

#### 2. 预防宣传

开办林木保险业务的分公司可联系当地气象局发布林木火险等级预报，向森林防火指挥部及时发布林木火险警报，将天气信息以短消息形式发给县委、县政府主要领导，防火指挥部成员、乡镇党委书记，乡长、镇长，乡镇林业站站长等。

#### 3. 标语宣传

开办林木保险业务的分公司可组织在进入林区的交通要道、林木火灾易发区和多发区设立森林防火固定宣传牌或警示牌，刷写永久性宣传标语。清明节等森林防火关键时期，组织人员进村入户宣传林木防火并张贴、发放防火宣传资料。

## 二、大兴安岭林业集团公司防灾减损体系建设

大兴安岭地区位于我国最北部，有林地面积 703.2 万公顷，既是国家重点国有林区，也是森林火灾多发地区之一。近年来，受西伯利亚寒流和蒙古高原旱风影响，空气异常干燥，夏季雷暴天气增多，历史上罕见的夏季火和地下火在大兴安岭地区相继出现。大兴安岭地区以落叶松为主的易燃树种占 96% 以上，一旦发生火灾极难扑救，森林防火任务十分艰巨。森林保险实施以来，森林灾害防控能力得到有效提升。特别是近几年，大兴安岭林业集团公司通过招投标的方式，选择一家或多家具备森林保险资质的保险公司进行承保，防火工作以扑救为主向预防为主转变，将预防工作抢前抓早，同时，保险公司加大对大兴安岭林业集团公司防灾减损投入，有效地避免或减少了森林灾害的发生。

2018 年，大兴安岭林业集团公司防灾减损设施设备工作到位，全力打好森防硬仗的战斗力大幅提高。长期以来，大兴安岭林业集团公司在防火工作中严格按照"重在预防、积极扑救，小火不扩散、大火不成灾"的原则，尽一切力量减少火灾损失。

#### 1. 基础设施建设不断加强

自森林保险实施以来，结合本区域的具体情况，保险公司在预防投入上不断

加大力度，加强了基础设施建设，累计共投入资金 2 亿多元，包括更新森林防火物资储备，修建队员靠前驻防营房、训练设施，加强防火检查站、外站、靠前驻防点等基础设施建设，林火预防体系得到逐步完善。同时，保险公司增加飞机巡航的架次，在春防和秋防之季，采取提前驻扎、靠前布防等措施，超前谋划可能出现的火灾及其他灾害，有针对性地采取了一系列林火预防治本措施，使本区域的森林火灾发生次数大幅度下降，有效地减少了森林资源的损失。

2. 防火设备得到更新

有效利用保险公司的防灾减损投入，逐步更新森林防火物资储备，购置风力灭火机、油锯、超短波对讲机等扑火机具装备；为专业森林消防队伍配备了现代化扑火装备和大型扑火车辆，如双节全地形运兵车、快速扑火运兵车、装甲型运兵车、水陆两栖全地形车、推土机、挖掘机等；同时，完善了部分靠前驻防营房、停机坪、综合训练塔等基础设施，使大兴安岭林业集团公司森林防火基础能力得到大幅改善。

3. 防火指挥逐步科学化

利用地理信息系统、火场图像传输系统、视频指挥系统、通信调度系统、计算机网络系统和林火管理系统，随时掌握飞机的方位及各种防灭火机动车辆、队伍在野外的行进情况，全面获取当地与防火有关的各种信息。特别是利用森林保险防灾减损投入弥补航空消防费用不足问题，租用 Y-5 图传飞机，实现空地单向高清图像传输和双向语音对讲功能，并通过软件实现航迹追踪、烟火识别、火场方位距离测算和标定等功能，极大地提高科学指挥能力。

在防灾减损方面，保险机构能够做到先期投入，为防扑火提供设施设备及物资保障，从而有效降低森林灾害的发生，灾害的处置能力得到大幅度提升。保险公司认真履行森林保险合同。火情发生后，防火办第一时间通知森林保险部门，保险公司及时出险、现场实勘，与当地资源、营林部门相互配合，依照保险合同，对火灾扑救发生费用和森林资源损失进行实地测定，最后科学合理制定森林保险理赔方案，灾后处置得到有效保障。

在森林防火方面，自 2013 年至 2018 年，大兴安岭林业集团公司统计，共发生森林火灾 242 起，其中，人为火灾 2 起、越界森林火灾 3 起、没有发生重大、特大森林火灾，过火总面积 61 762.5 亩，年均林地过火率仅为 0.016%，远远低于省控 1% 的指标。

在森林有害生物防治方面，截至 2018 年，森林保险共投入资金 963.35 万元，共计实施林业有害生物监测调查面积 6044.06 万亩，调查统计林业有害生物发生面积总计 607.05 万亩，成灾率为 0；三年测报准确率平均为 98.97%；两年实施防治作业面积 12 743 万亩。森林保险保证了林业有害生物监测预报、防灾减损工作的顺利开展，对维护生态安全、保护造林绿化成果起到了积极的作用。

## 三、加强业务培训，健全保险队伍

为深入推进贯彻落实《关于加快农业保险高质量发展的指导意见》，大多数省份都扎实组织森林保险政策业务培训，主要培训对象为森林保险有关工作人员和林业经营主体。各类培训有效提升了基层的防灾减损能力和水平，提高了人员业务素质。

**（一）典型省份开展的有关培训**

2019年，贵州省与人保财险贵州分公司合作举办了两期政策性森林保险培训班，共培训220余人。培训紧紧围绕更好地为贵州省生态建设提供保障，发挥保险助推脱贫攻坚功能，完成了预定的全国森林保险发展前沿及经验介绍，贵州省森林保险发展进程及实施方案解读，林下经济特色保险产品介绍及开发，人保支农融资助推林业及林下经济发展模式介绍，森林保险及林下经济特色保险承保、理赔实务，以及森林火灾预防、扑救和火灾调查、损失评估等内容的培训。

2019年，河北省在塞罕坝机械林场举办了林业主管部门和保险机构人员共同参加的全省森林保险政策业务培训班。该培训班采取室内培训和室外观摩相结合、专家授课和体会交流相结合、夯实固有险种和努力推广新险种相结合的方法，取得了较好的培训效果。

2019年，甘肃省为规范森林保险在发生灾害后保险机构定损的专业化，会同甘肃省银保监局全面建成由林业调查规划、有害生物防治、农业保险管理、金融财务等专业的152名科技人员组成的定损专家库，确保了森林保险现场定损工作的开展更加专业，对发生森林灾害后定损、理赔数据的确定更加精确、合规。

**（二）国家级培训**

2019年4月12日，国家林业和草原局管理干部学院举办全国森林保险政策培训班，来自各省、自治区、直辖市，新疆生产建设兵团、森工集团的121名森林保险工作管理人员参加培训。国家林业和草原局林业工作站管理总站、天然林保护工程管理中心、经济发展研究中心有关负责人为学员介绍我国森林保险的政策与实践、我国草原资源及保护现状、集体林权制度改革回顾和展望专题课程；银保监会财险监管部、中国人保财险有关工作负责人为学员讲解森林保险监管政策、森林保险承保实务、森林保险理赔实务专题课程；中国科学院空天信息研究院、航天信德智图（北京）科技有限公司有关专家为学员讲授新技术在森林保险中的应用、应用卫星遥感技术提高林业保险赔付率专题课程。培训班通过政策解读、森林保险实务和相关技术学习，帮助各级林草主管部门提高政策性森林保险服务水平，充分发挥好政策性森林保险作用，助推林业生态扶贫。

截至 2023 年，国家林业和草原局管理干部学院共举办全国性质的森林保险培训班 9 期，累计培训 884 人次，其中，北京市 21 人次、天津市 7 人次、河北省 11 人次、山西省 10 人次、内蒙古自治区 108 人次、辽宁省 24 人次、吉林省 69 人次、黑龙江省 9 人次、上海市 6 人次、江苏省 17 人次、浙江省 10 人次、安徽省 17 人次、福建省 10 人次、江西省 27 人次、山东省 11 人次、河南省 36 人次、湖北省 11 人次、湖南省 30 人次、广东省 49 人次、广西壮族自治区 102 人次、海南省 8 人次、重庆市 7 人次、四川省 74 人次、贵州省 7 人次、云南省 17 人次、西藏自治区 6 人次、陕西省 48 人次、甘肃省 37 人次、青海省 17 人次、宁夏回族自治区 10 人次、新疆维吾尔自治区 9 人次、大兴安岭森工集团 18 人次、伊春森工集团 1 人次、人保财险 9 人次、平安财险 1 人次。

表 6-4  森林保险培训情况统计

| 培训地区 | 培训班名称 | 培训人次 |
| --- | --- | --- |
| 全国 | 2018 年全国森林保险业务管理培训班 | 78 |
| | 2019 年全国森林保险业务管理培训班 | 121 |
| | 2020 年全国森林保险业务管理培训班 | 90 |
| | 2019 年第一期全国森林保险政策培训班 | 114 |
| | 2019 年第二期全国森林保险政策培训班 | 130 |
| | 2021 年第四期全国森林保险政策培训班 | 53 |
| | 2022 年第六期全国森林保险政策培训班 | 34 |
| | 2023 年第七期森林保险业务与金融创新培训班 | 39 |
| | 2023 年第八期森林保险业务与金融创新培训班 | 225 |
| 河北 | 2019 年河北省邢台市公益林和森林保险政策业务培训班 | 55 |
| | 2020 年河北省森林保险政策业务培训班 | 120 |
| 内蒙古 | 2019 年内蒙古鄂尔多斯市森林保险业务管理能力提升培训班 | 40 |
| | 2022 年兴安盟生态护林员及林草保险管理业务培训班 | 40 |
| 江西 | 2020 年江西省森林保险业务管理培训班 | 150 |
| 广东 | 2020 年广东省韶关市政策性森林保险培训班 | 60 |
| | 2021 年广东省河源市林业系统政策性森林保险暨财务业务培训班 | 60 |
| | 2021 年广东省信宜市政策性森林保险业务培训班 | 70 |
| 广西 | 2021 年广西政策性森林保险和林权流转管理业务培训班 | 180 |
| | 2022 年广西政策性森林保险业务管理培训班 | 140 |
| | 2023 年广西政策性森林保险管理业务培训班 | 166 |
| 贵州 | 2019 年贵州省第一、二期政策性森林保险培训班 | 220 |

（续）

| 培训地区 | 培训班名称 | 培训人次 |
|---|---|---|
| 甘肃 | 2019 年甘肃省森林保险业务培训班 | 190 |
| 青海 | 2023 年森林保险业务管理员培训班 | 66 |
| 合计 | 23 期培训班 | 2351 |

# 第四节　护林员保险

生态护林员是林草资源保护体系中的重要力量，是林草资源管护的"最后一公里①"，更是"关键一公里"。全国约有 180 万名生态护林员，其主体是 110 万名曾经的建档立卡贫困人口，他们承担着森林资源的防火、防生物灾害、防乱砍滥伐等重要任务。在承担艰巨责任的同时，生态护林员日常工作环境艰苦、劳动强度大、危险性高，一旦发生意外，会对他们的家庭产生灾难性打击。开展生态护林员保险，能够解除生态护林员的后顾之忧，让他们能够更加安心地巡山护林，可以说是给生态护林员以及他们的家庭吃了一颗"定心丸"，也为林草资源的风险管理注射了一阵"强心剂"。

## 案例三　贵州省生态护林员意外伤害保险

2017 年，为切实解决护林员因灾、因病、因伤致贫返贫问题，贵州省林业厅决定将建立全省护林员风险转移分散和保障机制作为 2017 年深化集体林权制度改革重点工作。在贵州省农业保险工作联席会议的统筹指导下，省金融办、财政厅、农委、林业厅、扶贫办、银保监局联合出台《贵州省 2017 年森林资源管护人员安全保险捐赠工作实施方案》，提出人保财险贵州省分公司为全省 4 万余名森林资源管护人员捐赠多种类别的综合性安全保险，标志着贵州省护林员安全保险正式启动。该方案明确规定，全省护林员统一投保的险种为贵州省护林员意外伤害保险及见义勇为险。意外伤害保险保障为死亡、残疾、职业病各 10 万元/人，医疗费用 3 万元/人；见义勇为救助保障为 10 万元/人。护林员安全保险由人保财险、平安财险、太平洋产险、国寿财险、国元农险等保险经办机构采取捐赠的方式进行。2017 年 8 月 18 日，人保财险贵州省分公司率先在全省启动生态护林员安全保险捐赠工作，为全省 42 个县（市、区）的 25 045 名护林员捐赠了保额达 132.73 亿元的安全保障，自 2017 年 8 月 19 日起生效。

随着护林员队伍的逐步扩大，贵州省森林保险承保机构持续开展护林员保险

---

① 1 公里=1 千米

捐赠活动。2022 年，贵州省各森林保险承保机构为 19.37 万名护林员捐赠保险，保险金额为 766.19 亿元，保费为 518.56 万元，受理案件 104 起，已完成赔付 299.27 万元。

## 一、案例简介

2019 年 9 月 17 日，贵州省黔东南州天柱县石洞镇空中村护林员袁某在巡山骑车回家途中不慎跌下路边田坎，经送县人民医院抢救无效，不幸去世。天柱县平安保险公司接到县林业局的报案后，及时安排人员出险，经现场勘查、取证，确认为意外伤亡。2020 年 1 月 16 日，天柱县平安保险公司将保险理赔款 5 万元送达袁毓锋家属(儿子)手中。

## 二、主要做法

为贯彻落实中央扶贫开发工作会议精神和贵州省委"全力实施大扶贫、大数据、大生态三大战略行动"，进一步加大以保险助扶贫政策的工作力度，为贵州省森林资源管护人员在日常工作中提供安全保障，支持贵州省森林资源和生态文明良性可持续发展，国寿财险贵州省分公司为区域内息烽县、习水县、麻江县、观山湖区等 14 个县区的生态护林员、公益林护林员、天然保护区护林人员提供了意外伤害保障和见义勇为救助保障。

### 三、主要成效

贵州省林业局聚焦贫困家庭、争取资金投入、完善管理机制，在全国率先探索形成"生态护林员+贫困户"护林脱贫的"贵州模式"。作为全国脱贫攻坚主战场之一，贵州省贫困人口众多，且很多分布在大山深处的林区。为守好发展和生态两条底线，实现生态保护与精准脱贫两不误，贵州省于 2016 年正式启动聘用农村建档立卡贫困人口做生态护林员的工作，着重为因病、因残和因学致贫的家庭提供在家门口就业的机会。生态护林员要经过公告、申报、审核初选、考察、评定、公示、聘用七个流程的筛选才能最终被聘用。为保证生态护林员顺利脱贫，解决后顾之忧，贵州省协调保险机构为全省的生态护林员捐赠了涵盖残疾、医疗等综合性安全保险，切实解决护林员因灾、因病、因伤致贫返贫问题，为在森林资源保护与违法犯罪行为做斗争的过程中导致的负伤、残疾和死亡提供基本的保障机制，也为农民增收致富提供有力保障。

### 四、案例评析

生态护林员人身意外伤害保险为森林资源护林人员提供安全保障，提高护林员的责任心，解决护林员的后顾之忧，对巩固森林生态效益成果、促进生态文明建设有着重要意义。

护林员安全保险捐赠是贵州省各级林业部门和保险经办机构又一次成功合作的范例，在全国尚属首次。人保财险贵州省分公司率先进行捐赠，为其他保险经办机构做出了榜样。贵州省各级林业主管部门积极配合人保财险等经办机构，全力推进护林员安全保险的落地落实，把好事办好、实事办实，为全省护林员提供一份切实的安全保障。

通过安全保险捐赠或者开发护林员人身意外伤害保险，切实发挥保险助力林草生态资源保护、巩固脱贫成果和乡村振兴的"助推器"作用。

## 五、其他相关知识

1.《贵州省 2017 年森林资源管护人员安全保险捐赠工作实施方案》

**贵州省 2017 年森林资源管护人员安全保险捐赠工作实施方案**

为贯彻落实贵州省人民政府办公厅印发的《关于进一步做好全省政策性农业保险工作的通知》《关于印发〈贵州省 2017 年政策性农业保险工作实施方案〉的通知》和《关于印发〈贵州省建档立卡贫困人口生态护林员工作实施方案〉的通知》精神，进一步加大保险扶贫政策支持力度，支持贵州省森林资源管护人员在森林保险管护工作中更好地发挥作用，进一步推动贵州省农业保险工作和森林资源保护工作的发展，由人保财险贵州省分公司提议，各森林保险经办机构(以下简称经办机构)与贵州省林业厅协商一致，由各森林保险经办机构自主自愿为贵州省森林资源管护人员捐赠涵盖死亡、残疾、医疗等多种类别的综合性安全保险(以下简称全省护林员保险)。具体实施方案如下。

**一、总体要求**

经各森林保险经办机构与省林业厅共同协商，在全省开展护林员保险工作，建立健全贵州省护林员风险转移分散和保障机制，切实解决护林员因灾、因病致贫返贫，为生态建设和农民增收致富提供有力保障。

**二、工作内容**

(一)参保对象

全省护林员保险参保对象为地方政府或林业部门从建档立卡贫困户中聘请的常年(一年或以上)生态护林员、公益林护林员、天保护林员。

(二)保险产品

全省护林员统一投保险种为"贵州省护林员意外伤害保险及见义勇为险"("黔惠保"扶贫保险)。被保险人为乡镇人民政府聘请的生态护林员以及县(市、区)林业主管部门、乡镇人民政府聘请的公益林、天保护林员。各经办机构实行统一的保险责任和理赔标准，具体保险产品情况如下。

1. 贵州省护林员意外伤害保险保障

在保险期间内，乡(镇)政府或林业部门聘请的护林人员因业务工作而遭受意外，包括但不限于下列情形，导致伤残或死亡，经办机构按照合同约定负责赔偿：(1)在工作时间和工作场所内，因工作原因受到事故伤害；(2)工作时间前后在工作场所内，从事与工作有关的预备性或者收尾性工作受到事故伤害；(3)在工作时间和工作场所内，因履行工作职责受到暴力等意外伤害；(4)因工外出期间，由于工作原因受到伤害或者发生事故下落不明；(5)在上下班途中，受到非本人主要责任的交通事故或者城市轨道交通、客运轮渡、火车事故伤害；(6)在工作时间和工作岗位，突发疾病死亡或者在48小时之内经抢救无效死亡；(7)在抢险救灾等维护国家利益、公共利益活动中受到伤害；(8)原在军队服役，因战、因公负伤致残，已取得革命伤残军人证，到用人单位后旧伤复发；(9)法律、行政法规规定应当认定为工伤的其他情形。

2. 见义勇为救助保障

在保险期间内，乡(镇)政府或者林业部门聘请的护林员在工作场所内因见义勇为而遭受意外伤害，并导致身亡、伤残或支出医疗费用的，保险经办机构按照合同约定负责赔偿。见义勇为是指行为人非因法定职责或约定救助义务，在紧急情况下，为保护国家利益、集体利益或者他人的人身、财产安全，不顾个人安危，与违法犯罪行为做斗争或者抢险救灾的合法行为。见义勇为的确认，应由行为发生地县级以上政府部门认定。

3. 保险期限

一年。

4. 保障额度

贵州省护林员意外伤害保险保障和见义勇为救助保障见表6-5、表6-6。

**表6-5　贵州省护林员意外伤害保险保障**

| 保障项目 | 保险金额 |
| --- | --- |
| 死亡 | 10万元/人 |
| 残疾 | 10万元/人 |
| 医疗费用 | 3万元/人 |
| 职业病 | 10万元/人 |

**表 6-6　贵州省护林员见义勇为救助保障**

| 保障项目 | 保险金额 |
| --- | --- |
| 见义勇为 | 10 万元/人 |

见义勇为救助保障与意外伤害保险保障为并行关系，即若发生保险责任事故，同时属于见义勇为责任和意外伤害责任的，可以获得见义勇为和意外伤害的双重赔付。各经办机构捐赠账务处理等相关要求参照中国保监会印发的《关于规范人身保险公司赠送保险有关行为的通知》执行。

（三）保险经办机构

经各森林保险经办机构与省林业厅协商，按照贵州省 2017 年度中央财政保费补贴型农业保险划定区域的各经办机构，以县为单位自主捐赠相应的保险产品（详见附件 1）。

**三、工作要求**

（一）强化组织领导

各市、自治州人民政府、贵安新区管委会要高度重视，将辖内护林员保险工作纳入政府工作重要议程，加强组织领导和督促指导。

各县（市、区、特区）政府承担辖内护林员保险工作的主体责任，建立健全护林员保险发展的工作机制。

乡（镇、街道办）要加强对辖内护林员保险工作的协调和推进，宣传引导，协助农险经办机构及林业部门全面做好辖内护林员保险工作。

（二）明确责任分工

各地、各有关部门要加强沟通，明确分工，各司其职，密切配合。林业主管部门要做好工作牵头，与相关部门紧密配合。县级林业主管部门要精准确定参保对象，认真填报《全省森林资源管护人员统计表》（详见附件 2），于当年 7 月 15 日前上报省林业厅审核备案。若在保险期间内护林人员出现变动的，要及时到森林保险经办机构办理变更批改手续。

扶贫部门要加强与林业部门的沟通协调，确认辖区内生态护林员人员清单信息，并协助办理相关投保事宜。

保监部门要加强对承保、理赔、服务等环节的监管，督促经办机构在保险合同约定范围内依法履行保险赔偿责任，提高服务水平。

农险经办机构作为护林员保险工作市场运作主体，要切实增强社会责任感，依法合规厘定保险条款、保险费率，及时向保险监督管理机构报备。要严格按照保险监管部门经营规定开展业务，从服务"三农""脱贫攻坚"的全局出发，做好护林员档案资料的收集、审核保存和管理工作，加强承保、理赔等专业化服务，把维护护林员合法权益放在首位，做到赔款支付到户、理赔信息公开到户。要积极主动向护林员宣传普及保险政策和相关知识，做到辖区内护林员"应保尽保"。7月30日前全面完成农业保险经营区域内护林员保单签订工作。

各市(州、新区)、县(市、区、特区)政府和有关单位要根据上级有关规定要求，结合实际情况，制定和出台具体工作实施方案和配套文件。县乡两级政府部门要加强对护林员保险工作的检查和绩效考核，省、市(州)两级林业部门要会同有关部门对县级以下的工作落实情况进行督促指导。对工作和实施不力的单位和个人，启动问责机制。

(三)加强政策宣传

各级政府、有关部门、经办机构应加大宣传力度，充分利用电视、电台、报刊、网络等新闻媒体，通过召开专题会议以及编印、张贴、发放宣传资料等多种形式，广泛宣传护林员保险工作的重要意义和政策内容，增强广大农民群众的保险意识、风险防范意识。加强对协保队伍的业务培训，提高协保人员服务水平和工作效能。

(四)强化督查督办

各地要建立健全护林员保险工作通报、监督检查、责任追究制度，定期不定期对辖区护林员保险工作实施进度、投保、理赔实效等情况进行督查督办。

2."关于统筹交纳生态护林员意外伤害保险，稳定生态护林员队伍的建议"复文

---

**"关于统筹交纳生态护林员意外伤害保险，稳定生态护林员队伍的建议"复文**

(2021年第4831号)

为贯彻落实《中共中央 国务院关于打赢脱贫攻坚战的决定》关于"结合建立国家公园体制，创新生态资金使用方式，利用生态补偿和生态保护工程资金使当地有劳动能力的部分贫困人口转为护林员等生态保护人员"和习近平总书记关于"在生存条件差、但生态系统重要、需要保护修复的地区，可以结合生态环境保护和治理，探索一条生态脱贫的新路子"的重要指示精神，2016年以来，我局会同财政部和原国务院扶贫办，创新思路、主动作为，充分发挥林草资源丰富的独特优势，在中西部22个省区市有劳动能力的建档立卡贫困人口中选聘了110.2万名生态护林员，带动300多万贫困人口脱贫增收，新增林草资源管护面积近9亿亩，有效保护了森林、草原、湿地、沙地等林草资源，实现了生态保护和脱贫增收"双赢"。

**一、关于建立中央生态护林员生命安全保障长效机制问题**

2020年，中央财政共下达生态护林员补助资金64亿元，同比增长8.5%；

其中，安排贵州省生态护林员补助资金 7.23 亿元，同比增长 11.2%。根据现行《生态护林员管理办法》规定，各地可结合实际，从生态护林员补助资金总量中，或者根据本省财力筹集资金，为生态护林员购置简易装备、人身意外伤害保险。脱贫攻坚战已经取得全面胜利，根据《中共中央 国务院关于实现巩固拓展脱贫攻坚成果同乡村振兴有效衔接的意见》，以及我局会同国家发展改革委、财政部、国家乡村振兴局联合印发的《关于实现巩固拓展生态脱贫成果同乡村振兴有效衔接的意见》要求，我局将积极协调财政部，继续安排补助资金支持贵州省选聘生态护林员，以稳定生态护林员队伍，巩固脱贫攻坚成果。同时，逐步调整优化生态护林员政策，进一步加强生态护林员管理，研究建立生态护林员政策长效机制。

**二、关于建立中央生态护林员工资增长机制问题**

根据现行《生态护林员管理办法》规定，中央财政按照每名生态护林员劳务补助标准人年均 1 万元测算，各地可以结合本地实际情况统筹考虑上一年度选聘的生态护林员管护补助标准、管护面积、管护难易程度，以及原有生态护林员劳务补助水平等因素，确定具体补助标准。下一步，随着脱贫攻坚与乡村振兴政策衔接，各地可逐步研究探索工资差别化机制，实行绩效考核，统筹有效制定生态护林员工资标准。

3. 2021 年其他省份开展护林人员保险情况

（1）四川省。四川省重点在甘孜、阿坝、凉山三州地区开展护林人员保险，由省林业局或国有森工局直接购买或通过招投标形式购买团体意外险或雇主责任险。2021 年，中航安盟为阿坝 2900 名巡山护林人员提供风险保障 3.19 亿元，已支付赔款 5 万元；为甘孜州 2100 名巡护人员及巡护人员提供风险保障 6.16 亿元，已赔付 4 万元；为凉山州 3342 名巡护人员提供风险保障约 13 亿元。

（2）陕西省。中航安盟 2021 年在陕西省周至、扶风、略阳、勉县等县域开办了护林人员意外伤害保险业务，承保人数 2260 人，签单保费 37.83 万元，目前已支付赔款 8680.32 元。

（3）内蒙古自治区。在内蒙古自治区林业和草原局的积极推动与协调下，人保财险、中华财险、太平洋产险和大地财险四家森林保险承办机构，2021 年为负责巡护其森林保险承保区域内林地、草地的 17341 名生态护林员，提供人身意外保险和新冠疫情防疫综合保险或附加险；2021 年，中航安盟为阿鲁科尔沁旗林业和草原局 265 名生态管护员以捐赠形式承保了意外伤害保险，责任覆盖意外死亡、伤残 10 万元/人，意外医疗 1.5 万元/人，住院津贴 1.8 万元/人，见义勇为身故 20 万元/人，飞机交通意外身故 20 万元，新型冠状病毒身故 30 万元/人，总计保额达 2.2 亿元，为阿鲁科尔沁旗林草一线员工复工复产提供了风险保障。

(4)安徽省。安徽省林业局积极与国元农险沟通，实现了生态护林员保险赠送。截至 2021 年 7 月 23 日，国元农险向安徽省 9 市 29 个县(区)22 607 名建档立卡贫困人口生态护林员捐赠了人身意外伤害保险，累计提供 23 亿元风险保障。

(5)吉林省。2021 年，安华保险在吉林省延边、吉林、白山、松原、通化等地区开办了护林员团体意外伤害保险、个人意外保险以及雇主责任保险，保险对象为林场的办公人员以及护林员。当年，累计保费收入 110 万元，为 71 家林业企事业单位的 4790 人提供了 13.97 亿元风险保障。

# 参考文献

安华农业保险吉林省分公司，2020. 回应长白山脉的呼唤——吉林安华农业保险推出多款林果保险产品. 吉林省保险行业协会，08-26. https://www.iajl.org/articleChannel/28/5054

陆家嘴金融网，2021. 安吉210岁银杏树受损获赔! 中国太保产险浙江分公司快速理赔"烟花"全省首单古树名木保险[N/OL]. 陆家嘴金融网，https://www.ljzfin.com/info/62262.jspx.

曹建华，沈彩周，2006. 基于林业政策的商品林经营投资收益与投资风险研究[J]. 林业科学，42(12)：120-125.

董大法，汤婷婷，2022. 重庆松材线虫病多发频发势头被遏制[N]. 中国绿色时报，01-17.

樊启荣，2005. 保险损害补偿原则研究——兼论我国保险合同立法分类之重构[J]. 中国法学(1)：61-74.

冯文丽，梁瑞，2021. 草原保险发展的国际经验[J]. 中国金融，(15)：89-90.

冯炎，雷朝锋，潘岩，等，2022. 基于卫星遥感技术的森林火灾监测研究[J]. 测绘技术装备，24(3)：15-19. DOI：10.20006/j.cnki.61-1363/P.2022.03.004.

高永刚，刘丹，张福娟，等，2006. 卫星遥感在森林病虫害监测上的研究进展[J]. 中国农学通报，22(2)：113-117.

顾雪松，谢妍，秦涛，2016. 森林保险保费补贴的"倒U型"产出效应：基于我国省际非平衡面板数据的实证研究[J]. 农村经济(6)：95-100.

郭汉麟，田佳妮，李硕，等，2022. 近年来我国森林保险发展状况浅析[J]. 森林防火，40(2)：114-118.

国家林业和草原局，中国银行保险监督管理委员会，2018. 2018中国森林保险发展报告[M]. 北京：中国林业出版社.

国家林业和草原局，中国银行保险监督管理委员会，2019. 2019中国森林保险发展报告[M]. 北京：中国林业出版社.

国家林业和草原局，中国银行保险监督管理委员会，2020. 2020中国森林保险发展报告[M]. 北京：中国林业出版社.

国家林业和草原局，中国银行保险监督管理委员会，2021. 2021中国森林保险发展报告[M]. 北京：中国林业出版社.

国家林业和草原局，中国银行保险监督管理委员会，2022. 2022中国森林保险发展报告[M]. 北京：中国林业出版社.

国家林业和草原局，中国银行保险监督管理委员会，2023. 2023中国森林保险发展报告[M]. 北京：中国林业出版社.

国家林业局，中国保险监督管理委员会，2017. 2016中国森林保险发展报告[M]. 北京：中国林业出版社.

国家林业局，中国保险监督管理委员会，2017. 2017中国森林保险发展报告[M]. 北京：中国林业出版社.

胡申，王桂涛，温亚利，2011. 国外森林保险进展概况[J]，新农村(10)：34.

黄颖洁，罗明灿，郭峰，等，2016. 玉溪市森林火灾保险实施中存在的问题及解决对策[J].
　　农业工程，6(1)：105-107.

贾治邦，2006. 集体林权制度改革给我们的几点启示[J]. 林业经济，28(6)：5-8.

观研天下，2017. 近年来全国各地区森林火灾次数统计[N/OL]. 观研报告网，08-09.
　　https：//www.chinabaogao.com/data/nonglinmuyu/2019/0Q9441ZR019.html.

京西第一州蔚县，2020. 扩散：蔚县杏扁冻害气象站给咱杏农兜底保障！[N/OL]. 网易河
　　北，03-28. http：//hebei.news.163.com/20/0328/09/F8Q0LSPS041599RS.html.

康雷闪，2016. 保险法损失补偿原则——法理基础与规则体系——兼论中国《保险法》相关条
　　款之完善[J]. 中国石油大学学报，32(2)：43-50.

康雷闪，2020. 保险法损失补偿原则规范功能之重塑——以"禁止得利"向"充分补偿"之学说
　　演进为中心[J]. 保险研究(3)：79-88.

孔繁文，刘东生，1985. 关于森林保险的若干问题[J]. 林业经济(4)：28-32.

李晨阳，2021. 大象北迁，造成的损失谁来赔付. 经济日报[N]，07-05.

李计顺，潘佳亮，刘超，等，2021. 2020年全国松材线虫病疫情流行情况分析[J]. 中国森林
　　病虫，40(4)：1-4.

李硕，孙红，周艳涛，等，2022. 2021年全国主要林业有害生物发生情况及2022年发生趋势
　　预测[J]. 中国森林病虫，41(2)：44-47.

李文荣，2018. 红河州森林火灾保险研究[J]. 绿色科技(7)：227-228，230. DOI：10.16663/
　　j.cnki.lskj.2018.07.101.

李汶静，张恒，2022. 我国森林火灾保险研究进展[J]. 内蒙古林业科技，48(1)：58-64.

李晓冬，王越，周艳涛，等，2020. 2019年全国主要林业有害生物发生情况及2020年发生趋
　　势预测[J]. 中国森林病虫，39(3)：44-48.

李晓松，王金英，赵俊峰，等，2016. 卫星遥感技术在政策性森林保险快速理赔中的应
　　用——以内蒙古自治区为例[J]. 林业资源管理(6)：106-110. DOI：10.13466/j.cnki.
　　lyzygl.2016.06.020.

李艳，陈盛伟，2018. 我国政策性森林保险运行效果分析与思考[J]. 中国林业经济(2)：8-
　　12. DOI：10.13691/j.cnki.cn23-

李增元，陈尔学，2021. 中国林业遥感发展历程[J]. 遥感学报，25(1)：292-301.

林慧龙，蒲彦妃，王丹妮，等，2021. 草原指数保险：评述与中国方案设计[J]. 草业学报，
　　30(8)：171-185.

刘建，2022. 无人机在林业灾害监测及林业摄影测量中的应用[J]. 新农业(16)：41-42.

刘笑冰，李宇佳，刘芳，2019. 基于生态文明视角的造林工程成本核算研究——以北京市京
　　津风沙源治理二期工程为例[J]. 林业经济(3)：119-126.

陆全辉，王向强，曹赫，等，2020. 四川凉山州的森林火灾遥感监测研究[J]. 地矿测绘，36
　　(4)：9-12. DOI：10.16864/j.cnki.dkch.2020.0057.

马克·S.道弗曼，2009. 风险管理与保险原理[M]. 9版. 齐瑞宗，等译. 北京：清华大学
　　出版社.

母梅华，柴正相，2018. 曲靖森林火灾保险实施难点与对策研究[J]. 绿色科技(7)：225-226. DOI：10.16663/j.cnki.lskj.2018.07.100.

北京青年报，2017. 内蒙古大兴安岭山火千余人救火，事发林场曾多次遭遇火灾[N/OL]. 澎湃新闻，05-02. ttps://www.thepaper.cn/newsDetail_forward_1675272

彭杏资，2013. 云南省全面启动2012年度森林火灾保险试点工作[J]. 云南林业，34(1)：44.

齐鲁晚报，2015. 平阴玫瑰保险种花人的定心丸[N/OL]. 齐鲁晚报数字报刊，12-09. https://sjb.qlwb.com.cn/qlwb/content/20151209/ArticelC08002FM.htm

钱成济，周永刚，王志刚，2014. 发达国家政策性农林业保险的发展特点及其启示[J]. 林业经济评论，4(2)：121-127.

秦涛，顾雪松，邓晶，等，2014. 林业企业的森林保险参与意愿与决策行为研究：基于福建省林业企业的调研[J]. 农业经济问题，36(2)：95-112.

秦涛，田治威，刘婉琳，等，2013. 农户森林保险需求的影响因素分析[J]. 中国农村经济(7)：36-45.

网易财经，2013. 人保财险牵头承保内蒙古诞生全国最大森林保险项目[N/OL]. 澎湃新闻，05-02. http://news.xinhuanet.com/fortune/2013-05/24/c_124759722.htm.

人民资讯，2021. 镇宁：金融"四轮驱动"助力"蜂糖李"产业高质量发展[N/OL]. 人民资讯，08-07. https://baijiahao.baidu.com/s?id=1707424862449416705&wfr=spider&for=pc

中国保险报，2014. 山东：打造"三位一体"特色农险. 中国银行保险报网，06-09. http://www.cbimc.cn/content/2014-06/09/content_114635.html.

石焱，王宏伟，方怀龙，2011. 我国政策性森林保险的试点情况与发展对策[J]. 林业资源管理(3)：5-10.

宋明哲，1997. 保险学：纯风险与保险[M]. 台北：五南图书出版公司.

宋玉双，方国飞，毕守东，等，2018. 林业生物灾害精细化预测预报模型研究[M]. 北京：中国林业出版社.

孙红，周艳涛，李晓冬，等，2021. 2020年全国主要林业有害生物发生情况及2021年发生趋势预测[J]. 中国森林病虫，40(2)：45-48.

所罗门·许布纳，小肯尼思·布莱克，伯纳德·韦布，2002. 财产和责任保险[M]. 陈欣，马欣，克晓莹，等译. 北京：中国人民大学出版社.

覃先林，易浩若，2002. 利用MODIS数据探测燃烧的方法研究[J]. 遥感技术与应用，17(2)：66-69.

汪信君，廖世昌，2010. 保险法理论与实务[M]. 2版. 台北. 元照出版公司.

王海忠，2018. 森林防火知识读本[M]. 北京：中国林业出版社.

王建军，2022. 无人机遥感技术在林业资源调查与监测中的应用[J]. 农家参谋(17)：153-155.

吴迪，2017. 云南省森林火灾保险损失面积调查方法探讨[J]. 林业调查规划，42(6)：29-32.

吴卫红，张爱美，2006. 林业项目投资风险管理对策分析[J]. 林业经济(9)：66-68.

武红敢，石进，2004. 松毛虫灾害的TM影像监测技术[J]. 遥感学报，8(2)：172-177.

小罗伯特·H. 杰瑞，道格拉斯·R. 里士满，2009. 美国保险法精解[M]. 李之彦，译. 北京：北京大学出版社.

徐斌，言真，彭杏资，2011. 云南省完成首例森林火灾保险理赔［J］. 云南林业，32（3）：55.
　　1539/f. 2018. 02. 002.

杨仁寿，1996. 海上保险法论［M］. 台北：台湾三民书局.

于丽娜，2014. 森林火灾保险巨灾损失评估研究［D］. 长沙：湖南大学.

袁宗蔚，2000. 保险学：危险与保险［M］. 北京：首都经济贸易大学出版社.

约翰·T. 斯蒂尔，1992. 保险的原则与实务［M］. 孟兴国，徐韦，等译. 北京：中国金融出
　　版社.

张兰花，2016. 林权抵押贷款信用风险管理探析［J］. 林业经济问题，36（6）：541-545.

漳州市农业农村局，2020. 平和县积极探索建档立卡贫困户蜜柚产品价格指数保险，筑牢脱
　　贫底线［N/OL］. 漳州市农业农村局，05-19. http://nyncj. zhangzhou. gov. cn/cms/html/
　　zzsnyj/2020-05-19/723646777. html.

浙江省林业局，2021. 浙江：油茶低温气象指数保险保障林农利益［N/OL］. 国家林业和草原
　　局政府网，04-22. http://www. forestry. gov. cn/main/52/20210428/100431662435636. html

中国银行保险报网，2020. 浙江太保签发古树名木综合保险［N/OL］. 中国保险报，09-24. http://
　　xw. cbimc. cn/2019-06-05/content_293544. htm.

小康杂志社，2023. 中国药膳地理：平阴玫瑰实力出圈［N/OL］. 中国小康网，06-15. https://www.
　　chinaxiaokang. com/xianyu/techan/2023/0615/1437430. html.

周长春，张恩广，2012. 基于现代人口资源环境关系的林业公共产品概念探讨［J］. 林业经济
　　问题，32（2）：122-125.

周永宝，韩蕙，2014. 基于遥感数据的森林火灾监测研究概述［J］. 测绘与空间地理信息，37
　　（3）：134-136.

TOWNSEND P A，SINGH A，FOSTER J R，et al，2012. A general Landsat model to predict cano-
　　py defoliation in broadleaf deciduous forests［J］. Remote Sensing of Environment，119：255-
　　265.

# 附　　录

## 附录1

## 中华人民共和国保险法

（1995 年 6 月 30 日第八届全国人民代表大会常务委员会第十四次会议通过根据 2002 年 10 月 28 日第九届全国人民代表大会常务委员会第三十次会议《关于修改〈中华人民共和国保险法〉的决定》第一次修正 2009 年 2 月 28 日第十一届全国人民代表大会常务委员会第七次会议修订根据 2014 年 8 月 31 日第十二届全国人民代表大会常务委员会第十次会议《关于修改〈中华人民共和国保险法〉等五部法律的决定》第二次修正根据 2015 年 4 月 24 日第十二届全国人民代表大会常务委员会第十四次会议《关于修改〈中华人民共和国计量法〉等五部法律的决定》第三次修正）

### 第一章　总　　则

第一条　为了规范保险活动，保护保险活动当事人的合法权益，加强对保险业的监督管理，维护社会经济秩序和社会公共利益，促进保险事业的健康发展，制定本法。

第二条　本法所称保险，是指投保人根据合同约定，向保险人支付保险费，保险人对于合同约定的可能发生的事故因其发生所造成的财产损失承担赔偿保险金责任，或者当被保险人死亡、伤残、疾病或者达到合同约定的年龄、期限等条件时承担给付保险金责任的商业保险行为。

第三条　在中华人民共和国境内从事保险活动，适用本法。

第四条　从事保险活动必须遵守法律、行政法规，尊重社会公德，不得损害社会公共利益。

第五条　保险活动当事人行使权利、履行义务应当遵循诚实信用原则。

第六条　保险业务由依照本法设立的保险公司以及法律、行政法规规定的其他保险组织经营，其他单位和个人不得经营保险业务。

第七条　在中华人民共和国境内的法人和其他组织需要办理境内保险的，应当向中华人民共和国境内的保险公司投保。

第八条　保险业和银行业、证券业、信托业实行分业经营、分业管理，保险公司与银行、证券、信托业务机构分别设立。国家另有规定的除外。

第九条　国务院保险监督管理机构依法对保险业实施监督管理。

国务院保险监督管理机构根据履行职责的需要设立派出机构。派出机构按照国务院保险监督管理机构的授权履行监督管理职责。

## 第二章　保险合同

### 第一节　一般规定

第十条　保险合同是投保人与保险人约定保险权利义务关系的协议。

投保人是指与保险人订立保险合同，并按照合同约定负有支付保险费义务的人。

保险人是指与投保人订立保险合同，并按照合同约定承担赔偿或者给付保险金责任的保险公司。

第十一条　订立保险合同，应当协商一致，遵循公平原则确定各方的权利和义务。

除法律、行政法规规定必须保险的外，保险合同自愿订立。

第十二条　人身保险的投保人在保险合同订立时，对被保险人应当具有保险利益。

财产保险的被保险人在保险事故发生时，对保险标的应当具有保险利益。

人身保险是以人的寿命和身体为保险标的的保险。

财产保险是以财产及其有关利益为保险标的的保险。

被保险人是指其财产或者人身受保险合同保障，享有保险金请求权的人。投保人可以为被保险人。

保险利益是指投保人或者被保险人对保险标的具有的法律上承认的利益。

第十三条　投保人提出保险要求，经保险人同意承保，保险合同成立。保险人应当及时向投保人签发保险单或者其他保险凭证。

保险单或者其他保险凭证应当载明当事人双方约定的合同内容。当事人也可以约定采用其他书面形式载明合同内容。

依法成立的保险合同，自成立时生效。投保人和保险人可以对合同的效力约定附条件或者附期限。

第十四条　保险合同成立后，投保人按照约定交付保险费，保险人按照约定的时间开始承担保险责任。

第十五条　除本法另有规定或者保险合同另有约定外，保险合同成立后，投保人可以解除合同，保险人不得解除合同。

第十六条　订立保险合同，保险人就保险标的或者被保险人的有关情况提出询问的，投保人应当如实告知。

投保人故意或者因重大过失未履行前款规定的如实告知义务，足以影响保险人决定是否同意承保或者提高保险费率的，保险人有权解除合同。

前款规定的合同解除权，自保险人知道有解除事由之日起，超过三十日不行使而消灭。自合同成立之日起超过二年的，保险人不得解除合同；发生保险事故的，保险人应当承担赔偿或者给付保险金的责任。

投保人故意不履行如实告知义务的，保险人对于合同解除前发生的保险事故，不承担赔偿或者给付保险金的责任，并不退还保险费。

投保人因重大过失未履行如实告知义务，对保险事故的发生有严重影响的，保险人对于合同解除前发生的保险事故，不承担赔偿或者给付保险金的责任，但应当退还保险费。

保险人在合同订立时已经知道投保人未如实告知的情况的，保险人不得解除合同；发生保险事故的，保险人应当承担赔偿或者给付保险金的责任。

保险事故是指保险合同约定的保险责任范围内的事故。

第十七条　订立保险合同，采用保险人提供的格式条款的，保险人向投保人提供的投保单应当附格式条款，保险人应当向投保人说明合同的内容。

对保险合同中免除保险人责任的条款，保险人在订立合同时应当在投保单、保险单或者其他保险凭证上作出足以引起投保人注意的提示，并对该条款的内容以书面或者口头形式向投保人作出明确说明；未作提示或者明确说明的，该条款不产生效力。

第十八条　保险合同应当包括下列事项：

（一）保险人的名称和住所；

（二）投保人、被保险人的姓名或者名称、住所，以及人身保险的受益人的姓名或者名称、住所；

（三）保险标的；

（四）保险责任和责任免除；

（五）保险期间和保险责任开始时间；

（六）保险金额；

（七）保险费以及支付办法；

（八）保险金赔偿或者给付办法；

（九）违约责任和争议处理；

（十）订立合同的年、月、日。

投保人和保险人可以约定与保险有关的其他事项。

受益人是指人身保险合同中由被保险人或者投保人指定的享有保险金请求权的人。投保人、被保险人可以为受益人。

保险金额是指保险人承担赔偿或者给付保险金责任的最高限额。

第十九条　采用保险人提供的格式条款订立的保险合同中的下列条款无效：

（一）免除保险人依法应承担的义务或者加重投保人、被保险人责任的；

（二）排除投保人、被保险人或者受益人依法享有的权利的。

第二十条　投保人和保险人可以协商变更合同内容。

变更保险合同的，应当由保险人在保险单或者其他保险凭证上批注或者附贴批单，或者由投保人和保险人订立变更的书面协议。

第二十一条　投保人、被保险人或者受益人知道保险事故发生后，应当及时通知保险人。故意或者因重大过失未及时通知，致使保险事故的性质、原因、损失程度等难以确定的，保险人对无法确定的部分，不承担赔偿或者给付保险金的责任，但保险人通过其他途径已经及时知道或者应当及时知道保险事故发生的除外。

第二十二条　保险事故发生后，按照保险合同请求保险人赔偿或者给付保险金时，投保人、被保险人或者受益人应当向保险人提供其所能提供的与确认保险事故的性质、原因、损失程度等有关的证明和资料。

保险人按照合同的约定，认为有关的证明和资料不完整的，应当及时一次性通知投保人、被保险人或者受益人补充提供。

第二十三条　保险人收到被保险人或者受益人的赔偿或者给付保险金的请求后，应当及时作出核定；情形复杂的，应当在三十日内作出核定，但合同另有约定的除外。保险人应当将核定结果通知被保险人或者受益人；对属于保险责任的，在与被保险人或者受益人达成赔偿或者给付保险金的协议后十日内，履行赔偿或者给付保险金义务。保险合同对赔偿或者给付保险金的期限有约定的，保险人应当按照约定履行赔偿或者给付保险金义务。

保险人未及时履行前款规定义务的，除支付保险金外，应当赔偿被保险人或者受益人因此受到的损失。

任何单位和个人不得非法干预保险人履行赔偿或者给付保险金的义务，也不得限制被保险人或者受益人取得保险金的权利。

第二十四条　保险人依照本法第二十三条的规定作出核定后，对不属于保险责任的，应当自作出核定之日起三日内向被保险人或者受益人发出拒绝赔偿或者拒绝给付保险金通知书，并说明理由。

第二十五条　保险人自收到赔偿或者给付保险金的请求和有关证明、资料之日起六十日内，对其赔偿或者给付保险金的数额不能确定的，应当根据已有证明和资料可以确定的数额先予支付；保险人最终确定赔偿或者给付保险金的数额后，应当支付相应的差额。

第二十六条　人寿保险以外的其他保险的被保险人或者受益人，向保险人请求赔偿或者给付保险金的诉讼时效期间为二年，自其知道或者应当知道保险事故发生之日起计算。

人寿保险的被保险人或者受益人向保险人请求给付保险金的诉讼时效期间为五年，自其知道或者应当知道保险事故发生之日起计算。

第二十七条　未发生保险事故，被保险人或者受益人谎称发生了保险事故，向保险人提出赔偿或者给付保险金请求的，保险人有权解除合同，并不退还保险费。

投保人、被保险人故意制造保险事故的，保险人有权解除合同，不承担赔偿或者给付保险金的责任；除本法第四十三条规定外，不退还保险费。

保险事故发生后，投保人、被保险人或者受益人以伪造、变造的有关证明、资料或者其他证据，编造虚假的事故原因或者夸大损失程度的，保险人对其虚报的部分不承担赔偿或者给付保险金的责任。

投保人、被保险人或者受益人有前三款规定行为之一，致使保险人支付保险金或者支出费用的，应当退回或者赔偿。

第二十八条　保险人将其承担的保险业务，以分保形式部分转移给其他保险人的，为再保险。

应再保险接受人的要求，再保险分出人应当将其自负责任及原保险的有关情况书面告知再保险接受人。

第二十九条　再保险接受人不得向原保险的投保人要求支付保险费。

原保险的被保险人或者受益人不得向再保险接受人提出赔偿或者给付保险金的请求。

再保险分出人不得以再保险接受人未履行再保险责任为由，拒绝履行或者迟延履行其原保险责任。

第三十条　采用保险人提供的格式条款订立的保险合同，保险人与投保人、被保险人或者受益人对合同条款有争议的，应当按照通常理解予以解释。对合同条款有两种以上解释的，人民法院或者仲裁机构应当作出有利于被保险人和受益人的解释。

### 第二节　人身保险合同

第三十一条　投保人对下列人员具有保险利益：

（一）本人；

（二）配偶、子女、父母；

（三）前项以外与投保人有抚养、赡养或者扶养关系的家庭其他成员、近亲属；

（四）与投保人有劳动关系的劳动者。

除前款规定外，被保险人同意投保人为其订立合同的，视为投保人对被保险人具有保险利益。

订立合同时，投保人对被保险人不具有保险利益的，合同无效。

第三十二条　投保人申报的被保险人年龄不真实，并且其真实年龄不符合合同约定的年龄限制的，保险人可以解除合同，并按照合同约定退还保险单的现金价值。保险人行使合同解除权，适用本法第十六条第三款、第六款的规定。

投保人申报的被保险人年龄不真实，致使投保人支付的保险费少于应付保险费的，保险人有权更正并要求投保人补交保险费，或者在给付保险金时按照实付保险费与应付保险费的比例支付。

投保人申报的被保险人年龄不真实，致使投保人支付的保险费多于应付保险费的，保险人应当将多收的保险费退还投保人。

第三十三条　投保人不得为无民事行为能力人投保以死亡为给付保险金条件的人身保险，保险人也不得承保。

父母为其未成年子女投保的人身保险，不受前款规定限制。但是，因被保险人死亡给付的保险金总和不得超过国务院保险监督管理机构规定的限额。

第三十四条　以死亡为给付保险金条件的合同，未经被保险人同意并认可保险金额的，合同无效。

按照以死亡为给付保险金条件的合同所签发的保险单，未经被保险人书面同意，不得转让或者质押。

父母为其未成年子女投保的人身保险，不受本条第一款规定限制。

第三十五条　投保人可以按照合同约定向保险人一次支付全部保险费或者分期支付保险费。

第三十六条　合同约定分期支付保险费，投保人支付首期保险费后，除合同另有约定外，投保人自保险人催告之日起超过三十日未支付当期保险费，或者超过约定的期限六十日未支付当期保险费的，合同效力中止，或者由保险人按照合同约定的条件减少保险金额。

被保险人在前款规定期限内发生保险事故的，保险人应当按照合同约定给付保险金，但可以扣减欠交的保险费。

第三十七条　合同效力依照本法第三十六条规定中止的，经保险人与投保人协商并达成协议，在投保人补交保险费后，合同效力恢复。但是，自合同效力中止之日起满二年双方未达成协议的，保险人有权解除合同。

保险人依照前款规定解除合同的，应当按照合同约定退还保险单的现金价值。

第三十八条　保险人对人寿保险的保险费，不得用诉讼方式要求投保人支付。

第三十九条　人身保险的受益人由被保险人或者投保人指定。

投保人指定受益人时须经被保险人同意。投保人为与其有劳动关系的劳动者投保人身保险，不得指定被保险人及其近亲属以外的人为受益人。

被保险人为无民事行为能力人或者限制民事行为能力人的，可以由其监护人指定受益人。

第四十条　被保险人或者投保人可以指定一人或者数人为受益人。

受益人为数人的，被保险人或者投保人可以确定受益顺序和受益份额；未确定受益份额的，受益人按照相等份额享有受益权。

第四十一条　被保险人或者投保人可以变更受益人并书面通知保险人。保险人收到变更受益人的书面通知后，应当在保险单或者其他保险凭证上批注或者附贴批单。

投保人变更受益人时须经被保险人同意。

第四十二条　被保险人死亡后，有下列情形之一的，保险金作为被保险人的遗产，由保险人依照《中华人民共和国继承法》的规定履行给付保险金的义务：

(一)没有指定受益人，或者受益人指定不明无法确定的；

(二)受益人先于被保险人死亡，没有其他受益人的；

(三)受益人依法丧失受益权或者放弃受益权，没有其他受益人的。

受益人与被保险人在同一事件中死亡，且不能确定死亡先后顺序的，推定受益人死亡在先。

第四十三条　投保人故意造成被保险人死亡、伤残或者疾病的，保险人不承担给付保险金的责任。投保人已交足二年以上保险费的，保险人应当按照合同约定向其他权利人退还保险单的现金价值。

受益人故意造成被保险人死亡、伤残、疾病的，或者故意杀害被保险人未遂的，该受益人丧失受益权。

第四十四条　以被保险人死亡为给付保险金条件的合同，自合同成立或者合同效力恢复之日起二年内，被保险人自杀的，保险人不承担给付保险金的责任，但被保险人自杀时为无民事行为能力人的除外。

保险人依照前款规定不承担给付保险金责任的，应当按照合同约定退还保险单的现金价值。

第四十五条　因被保险人故意犯罪或者抗拒依法采取的刑事强制措施导致其伤残或者死亡的，保险人不承担给付保险金的责任。投保人已交足二年以上保险费的，保险人应当按照合同约定退还保险单的现金价值。

第四十六条　被保险人因第三者的行为而发生死亡、伤残或者疾病等保险事故的，保险人向被保险人或者受益人给付保险金后，不享有向第三者追偿的权利，但被保险人或者受益人仍有权向第三者请求赔偿。

第四十七条　投保人解除合同的，保险人应当自收到解除合同通知之日起三十日内，按照合同约定退还保险单的现金价值。

### 第三节　财产保险合同

第四十八条　保险事故发生时，被保险人对保险标的不具有保险利益的，不得向保险人请求赔偿保险金。

第四十九条　保险标的转让的，保险标的的受让人承继被保险人的权利和义务。

保险标的转让的，被保险人或者受让人应当及时通知保险人，但货物运输保险合同和另有约定的合同除外。

因保险标的转让导致危险程度显著增加的，保险人自收到前款规定的通知之日起三十日内，可以按照合同约定增加保险费或者解除合同。保险人解除合同的，应当将已收取的保险费，按照合同约定扣除自保险责任开始之日起至合同解除之日止应收的部分后，退还投保人。

被保险人、受让人未履行本条第二款规定的通知义务的，因转让导致保险标的危险程度显著增加而发生的保险事故，保险人不承担赔偿保险金的责任。

第五十条　货物运输保险合同和运输工具航程保险合同，保险责任开始后，合同当事人不得解除合同。

第五十一条　被保险人应当遵守国家有关消防、安全、生产操作、劳动保护等方面的规定，维护保险标的的安全。

保险人可以按照合同约定对保险标的的安全状况进行检查，及时向投保人、被保险人提出消除不安全因素和隐患的书面建议。

投保人、被保险人未按照约定履行其对保险标的的安全应尽责任的，保险人有权要求增加保险费或者解除合同。

保险人为维护保险标的的安全，经被保险人同意，可以采取安全预防措施。

第五十二条　在合同有效期内，保险标的的危险程度显著增加的，被保险人应当按照合同约定及时通知保险人，保险人可以按照合同约定增加保险费或者解除合同。保险人解除合同的，应当将已收取的保险费，按照合同约定扣除自保险责任开始之日起至合同解除之日止应收的部分后，退还投保人。

被保险人未履行前款规定的通知义务的，因保险标的的危险程度显著增加而发生的保险事故，保险人不承担赔偿保险金的责任。

第五十三条　有下列情形之一的，除合同另有约定外，保险人应当降低保险费，并按日计算退还相应的保险费：

（一）据以确定保险费率的有关情况发生变化，保险标的的危险程度明显减少的；

（二）保险标的的保险价值明显减少的。

第五十四条　保险责任开始前，投保人要求解除合同的，应当按照合同约定向保险人支付手续费，保险人应当退还保险费。保险责任开始后，投保人要求解除合同的，保险人应当将已收取的保险费，按照合同约定扣除自保险责任开始之日起至合同解除之日止应收的部分后，退还投保人。

第五十五条　投保人和保险人约定保险标的的保险价值并在合同中载明的，保险标的发生损失时，以约定的保险价值为赔偿计算标准。

投保人和保险人未约定保险标的的保险价值的，保险标的发生损失时，以保险事故发生时保险标的的实际价值为赔偿计算标准。

保险金额不得超过保险价值。超过保险价值的，超过部分无效，保险人应当退还相应的保险费。

保险金额低于保险价值的，除合同另有约定外，保险人按照保险金额与保险价值的比例承担赔偿保险金的责任。

第五十六条 重复保险的投保人应当将重复保险的有关情况通知各保险人。

重复保险的各保险人赔偿保险金的总和不得超过保险价值。除合同另有约定外，各保险人按照其保险金额与保险金额总和的比例承担赔偿保险金的责任。

重复保险的投保人可以就保险金额总和超过保险价值的部分，请求各保险人按比例返还保险费。

重复保险是指投保人对同一保险标的、同一保险利益、同一保险事故分别与两个以上保险人订立保险合同，且保险金额总和超过保险价值的保险。

第五十七条 保险事故发生时，被保险人应当尽力采取必要的措施，防止或者减少损失。

保险事故发生后，被保险人为防止或者减少保险标的的损失所支付的必要的、合理的费用，由保险人承担；保险人所承担的费用数额在保险标的损失赔偿金额以外另行计算，最高不超过保险金额的数额。

第五十八条 保险标的发生部分损失的，自保险人赔偿之日起三十日内，投保人可以解除合同；除合同另有约定外，保险人也可以解除合同，但应当提前十五日通知投保人。

合同解除的，保险人应当将保险标的未受损失部分的保险费，按照合同约定扣除自保险责任开始之日起至合同解除之日止应收的部分后，退还投保人。

第五十九条 保险事故发生后，保险人已支付了全部保险金额，并且保险金额等于保险价值的，受损保险标的的全部权利归于保险人；保险金额低于保险价值的，保险人按照保险金额与保险价值的比例取得受损保险标的的部分权利。

第六十条 因第三者对保险标的的损害而造成保险事故的，保险人自向被保险人赔偿保险金之日起，在赔偿金额范围内代位行使被保险人对第三者请求赔偿的权利。

前款规定的保险事故发生后，被保险人已经从第三者取得损害赔偿的，保险人赔偿保险金时，可以相应扣减被保险人从第三者已取得的赔偿金额。

保险人依照本条第一款规定行使代位请求赔偿的权利，不影响被保险人就未取得赔偿的部分向第三者请求赔偿的权利。

第六十一条 保险事故发生后，保险人未赔偿保险金之前，被保险人放弃对第三者请求赔偿的权利的，保险人不承担赔偿保险金的责任。

保险人向被保险人赔偿保险金后，被保险人未经保险人同意放弃对第三者请求赔偿的权利的，该行为无效。

被保险人故意或者因重大过失致使保险人不能行使代位请求赔偿的权利的，保险人可以扣减或者要求返还相应的保险金。

第六十二条 除被保险人的家庭成员或者其组成人员故意造成本法第六十条第一款规定的保险事故外，保险人不得对被保险人的家庭成员或者其组成人员行使代位请求赔偿的权利。

第六十三条　保险人向第三者行使代位请求赔偿的权利时，被保险人应当向保险人提供必要的文件和所知道的有关情况。

第六十四条　保险人、被保险人为查明和确定保险事故的性质、原因和保险标的的损失程度所支付的必要的、合理的费用，由保险人承担。

第六十五条　保险人对责任保险的被保险人给第三者造成的损害，可以依照法律的规定或者合同的约定，直接向该第三者赔偿保险金。

责任保险的被保险人给第三者造成损害，被保险人对第三者应负的赔偿责任确定的，根据被保险人的请求，保险人应当直接向该第三者赔偿保险金。被保险人怠于请求的，第三者有权就其应获赔偿部分直接向保险人请求赔偿保险金。

责任保险的被保险人给第三者造成损害，被保险人未向该第三者赔偿的，保险人不得向被保险人赔偿保险金。

责任保险是指以被保险人对第三者依法应负的赔偿责任为保险标的的保险。

第六十六条　责任保险的被保险人因给第三者造成损害的保险事故而被提起仲裁或者诉讼的，被保险人支付的仲裁或者诉讼费用以及其他必要的、合理的费用，除合同另有约定外，由保险人承担。

## 第三章　保险公司

第六十七条　设立保险公司应当经国务院保险监督管理机构批准。

国务院保险监督管理机构审查保险公司的设立申请时，应当考虑保险业的发展和公平竞争的需要。

第六十八条　设立保险公司应当具备下列条件：

（一）主要股东具有持续盈利能力，信誉良好，最近三年内无重大违法违规记录，净资产不低于人民币二亿元；

（二）有符合本法和《中华人民共和国公司法》规定的章程；

（三）有符合本法规定的注册资本；

（四）有具备任职专业知识和业务工作经验的董事、监事和高级管理人员；

（五）有健全的组织机构和管理制度；

（六）有符合要求的营业场所和与经营业务有关的其他设施；

（七）法律、行政法规和国务院保险监督管理机构规定的其他条件。

第六十九条　设立保险公司，其注册资本的最低限额为人民币二亿元。

国务院保险监督管理机构根据保险公司的业务范围、经营规模，可以调整其注册资本的最低限额，但不得低于本条第一款规定的限额。

保险公司的注册资本必须为实缴货币资本。

第七十条　申请设立保险公司，应当向国务院保险监督管理机构提出书面申请，并提交下列材料：

（一）设立申请书，申请书应当载明拟设立的保险公司的名称、注册资本、业务范围等；

（二）可行性研究报告；

（三）筹建方案；

（四）投资人的营业执照或者其他背景资料，经会计师事务所审计的上一年度财务会计报告；

（五）投资人认可的筹备组负责人和拟任董事长、经理名单及本人认可证明；

（六）国务院保险监督管理机构规定的其他材料。

第七十一条　国务院保险监督管理机构应当对设立保险公司的申请进行审查，自受理之日起六个月内作出批准或者不批准筹建的决定，并书面通知申请人。决定不批准的，应当书面说明理由。

第七十二条　申请人应当自收到批准筹建通知之日起一年内完成筹建工作；筹建期间不得从事保险经营活动。

第七十三条　筹建工作完成后，申请人具备本法第六十八条规定的设立条件的，可以向国务院保险监督管理机构提出开业申请。

国务院保险监督管理机构应当自受理开业申请之日起六十日内，作出批准或者不批准开业的决定。决定批准的，颁发经营保险业务许可证；决定不批准的，应当书面通知申请人并说明理由。

第七十四条　保险公司在中华人民共和国境内设立分支机构，应当经保险监督管理机构批准。

保险公司分支机构不具有法人资格，其民事责任由保险公司承担。

第七十五条　保险公司申请设立分支机构，应当向保险监督管理机构提出书面申请，并提交下列材料：

（一）设立申请书；

（二）拟设机构三年业务发展规划和市场分析材料；

（三）拟任高级管理人员的简历及相关证明材料；

（四）国务院保险监督管理机构规定的其他材料。

第七十六条　保险监督管理机构应当对保险公司设立分支机构的申请进行审查，自受理之日起六十日内作出批准或者不批准的决定。决定批准的，颁发分支机构经营保险业务许可证；决定不批准的，应当书面通知申请人并说明理由。

第七十七条　经批准设立的保险公司及其分支机构，凭经营保险业务许可证向工商行政管理机关办理登记，领取营业执照。

第七十八条　保险公司及其分支机构自取得经营保险业务许可证之日起六个月内，无正当理由未向工商行政管理机关办理登记的，其经营保险业务许可证失效。

第七十九条　保险公司在中华人民共和国境外设立子公司、分支机构，应当经国务院保险监督管理机构批准。

第八十条　外国保险机构在中华人民共和国境内设立代表机构，应当经国务院保险监督管理机构批准。代表机构不得从事保险经营活动。

第八十一条　保险公司的董事、监事和高级管理人员，应当品行良好，熟悉与保险相关的法律、行政法规，具有履行职责所需的经营管理能力，并在任职前取得保险监督管理机构核准的任职资格。

保险公司高级管理人员的范围由国务院保险监督管理机构规定。

第八十二条　有《中华人民共和国公司法》第一百四十六条规定的情形或者下列情形之一的，不得担任保险公司的董事、监事、高级管理人员：

（一）因违法行为或者违纪行为被金融监督管理机构取消任职资格的金融机构的董事、监事、高级管理人员，自被取消任职资格之日起未逾五年的；

（二）因违法行为或者违纪行为被吊销执业资格的律师、注册会计师或者资产评估机构、验证机构等机构的专业人员，自被吊销执业资格之日起未逾五年的。

第八十三条　保险公司的董事、监事、高级管理人员执行公司职务时违反法律、行政法规或者公司章程的规定，给公司造成损失的，应当承担赔偿责任。

第八十四条　保险公司有下列情形之一的，应当经保险监督管理机构批准：

（一）变更名称；

（二）变更注册资本；

（三）变更公司或者分支机构的营业场所；

（四）撤销分支机构；

（五）公司分立或者合并；

（六）修改公司章程；

（七）变更出资额占有限责任公司资本总额百分之五以上的股东，或者变更持有股份有限公司股份百分之五以上的股东；

（八）国务院保险监督管理机构规定的其他情形。

第八十五条　保险公司应当聘用专业人员，建立精算报告制度和合规报告制度。

第八十六条　保险公司应当按照保险监督管理机构的规定，报送有关报告、报表、文件和资料。

保险公司的偿付能力报告、财务会计报告、精算报告、合规报告及其他有关报告、报表、文件和资料必须如实记录保险业务事项，不得有虚假记载、误导性陈述和重大遗漏。

第八十七条　保险公司应当按照国务院保险监督管理机构的规定妥善保管业务经营活动的完整账簿、原始凭证和有关资料。

前款规定的账簿、原始凭证和有关资料的保管期限，自保险合同终止之日起计算，保险期间在一年以下的不得少于五年，保险期间超过一年的不得少于十年。

第八十八条　保险公司聘请或者解聘会计师事务所、资产评估机构、资信评级机构等中介服务机构，应当向保险监督管理机构报告；解聘会计师事务所、资产评估机构、资信评级机构等中介服务机构，应当说明理由。

第八十九条　保险公司因分立、合并需要解散，或者股东会、股东大会决议解散，或者公司章程规定的解散事由出现，经国务院保险监督管理机构批准后解散。

经营有人寿保险业务的保险公司，除因分立、合并或者被依法撤销外，不得解散。

保险公司解散，应当依法成立清算组进行清算。

第九十条　保险公司有《中华人民共和国企业破产法》第二条规定情形的，经国务院保险监督管理机构同意，保险公司或者其债权人可以依法向人民法院申请重整、和解或者破产清算；国务院保险监督管理机构也可以依法向人民法院申请对该保险公司进行重整或者破产清算。

第九十一条　破产财产在优先清偿破产费用和共益债务后，按照下列顺序清偿：

（一）所欠职工工资和医疗、伤残补助、抚恤费用，所欠应当划入职工个人账户的基本养老保险、基本医疗保险费用，以及法律、行政法规规定应当支付给职工的补偿金；

（二）赔偿或者给付保险金；

（三）保险公司欠缴的除第（一）项规定以外的社会保险费用和所欠税款；

（四）普通破产债权。

破产财产不足以清偿同一顺序的清偿要求的，按照比例分配。

破产保险公司的董事、监事和高级管理人员的工资，按照该公司职工的平均工资计算。

第九十二条　经营有人寿保险业务的保险公司被依法撤销或者被依法宣告破产的，其持有的人寿保险合同及责任准备金，必须转让给其他经营有人寿保险业务的保险公司；不能同其他保险公司达成转让协议的，由国务院保险监督管理机构指定经营有人寿保险业务的保险公司接受转让。

转让或者由国务院保险监督管理机构指定接受转让前款规定的人寿保险合同及责任准备金的，应当维护被保险人、受益人的合法权益。

第九十三条　保险公司依法终止其业务活动，应当注销其经营保险业务许可证。

第九十四条　保险公司，除本法另有规定外，适用《中华人民共和国公司法》的规定。

## 第四章　保险经营规则

第九十五条　保险公司的业务范围：

（一）人身保险业务，包括人寿保险、健康保险、意外伤害保险等保险业务；

（二）财产保险业务，包括财产损失保险、责任保险、信用保险、保证保险等保险业务；

（三）国务院保险监督管理机构批准的与保险有关的其他业务。

保险人不得兼营人身保险业务和财产保险业务。但是，经营财产保险业务的保险公司经国务院保险监督管理机构批准，可以经营短期健康保险业务和意外伤害保险业务。

保险公司应当在国务院保险监督管理机构依法批准的业务范围内从事保险经营活动。

第九十六条　经国务院保险监督管理机构批准，保险公司可以经营本法第九十五条规定的保险业务的下列再保险业务：

（一）分出保险；

（二）分入保险。

第九十七条　保险公司应当按照其注册资本总额的百分之二十提取保证金，存入国务院保险监督管理机构指定的银行，除公司清算时用于清偿债务外，不得动用。

第九十八条　保险公司应当根据保障被保险人利益、保证偿付能力的原则，提取各项责任准备金。

保险公司提取和结转责任准备金的具体办法，由国务院保险监督管理机构制定。

第九十九条　保险公司应当依法提取公积金。

第一百条　保险公司应当缴纳保险保障基金。

保险保障基金应当集中管理，并在下列情形下统筹使用：

（一）在保险公司被撤销或者被宣告破产时，向投保人、被保险人或者受益人提供救济；

　　（二）在保险公司被撤销或者被宣告破产时，向依法接受其人寿保险合同的保险公司提供救济；

　　（三）国务院规定的其他情形。

　　保险保障基金筹集、管理和使用的具体办法，由国务院制定。

　　第一百零一条　保险公司应当具有与其业务规模和风险程度相适应的最低偿付能力。保险公司的认可资产减去认可负债的差额不得低于国务院保险监督管理机构规定的数额；低于规定数额的，应当按照国务院保险监督管理机构的要求采取相应措施达到规定的数额。

　　第一百零二条　经营财产保险业务的保险公司当年自留保险费，不得超过其实有资本金加公积金总和的四倍。

　　第一百零三条　保险公司对每一危险单位，即对一次保险事故可能造成的最大损失范围所承担的责任，不得超过其实有资本金加公积金总和的百分之十；超过的部分应当办理再保险。

　　保险公司对危险单位的划分应当符合国务院保险监督管理机构的规定。

　　第一百零四条　保险公司对危险单位的划分方法和巨灾风险安排方案，应当报国务院保险监督管理机构备案。

　　第一百零五条　保险公司应当按照国务院保险监督管理机构的规定办理再保险，并审慎选择再保险接受人。

　　第一百零六条　保险公司的资金运用必须稳健，遵循安全性原则。

　　保险公司的资金运用限于下列形式：

　　（一）银行存款；

　　（二）买卖债券、股票、证券投资基金份额等有价证券；

　　（三）投资不动产；

　　（四）国务院规定的其他资金运用形式。

　　保险公司资金运用的具体管理办法，由国务院保险监督管理机构依照前两款的规定制定。

　　第一百零七条　经国务院保险监督管理机构会同国务院证券监督管理机构批准，保险公司可以设立保险资产管理公司。

　　保险资产管理公司从事证券投资活动，应当遵守《中华人民共和国证券法》等法律、行政法规的规定。

　　保险资产管理公司的管理办法，由国务院保险监督管理机构会同国务院有关部门制定。

　　第一百零八条　保险公司应当按照国务院保险监督管理机构的规定，建立对关联交易的管理和信息披露制度。

　　第一百零九条　保险公司的控股股东、实际控制人、董事、监事、高级管理人员不得利用关联交易损害公司的利益。

　　第一百一十条　保险公司应当按照国务院保险监督管理机构的规定，真实、准确、完整地披露财务会计报告、风险管理状况、保险产品经营情况等重大事项。

　　第一百一十一条　保险公司从事保险销售的人员应当品行良好，具有保险销售所需的专业能力。保险销售人员的行为规范和管理办法，由国务院保险监督管理机构规定。

　　第一百一十二条　保险公司应当建立保险代理人登记管理制度，加强对保险代理人的培训和管理，不得唆使、诱导保险代理人进行违背诚信义务的活动。

第一百一十三条　保险公司及其分支机构应当依法使用经营保险业务许可证，不得转让、出租、出借经营保险业务许可证。

第一百一十四条　保险公司应当按照国务院保险监督管理机构的规定，公平、合理拟订保险条款和保险费率，不得损害投保人、被保险人和受益人的合法权益。

保险公司应当按照合同约定和本法规定，及时履行赔偿或者给付保险金义务。

第一百一十五条　保险公司开展业务，应当遵循公平竞争的原则，不得从事不正当竞争。

第一百一十六条　保险公司及其工作人员在保险业务活动中不得有下列行为：

（一）欺骗投保人、被保险人或者受益人；

（二）对投保人隐瞒与保险合同有关的重要情况；

（三）阻碍投保人履行本法规定的如实告知义务，或者诱导其不履行本法规定的如实告知义务；

（四）给予或者承诺给予投保人、被保险人、受益人保险合同约定以外的保险费回扣或者其他利益；

（五）拒不依法履行保险合同约定的赔偿或者给付保险金义务；

（六）故意编造未曾发生的保险事故、虚构保险合同或者故意夸大已经发生的保险事故的损失程度进行虚假理赔，骗取保险金或者牟取其他不正当利益；

（七）挪用、截留、侵占保险费；

（八）委托未取得合法资格的机构从事保险销售活动；

（九）利用开展保险业务为其他机构或者个人牟取不正当利益；

（十）利用保险代理人、保险经纪人或者保险评估机构，从事以虚构保险中介业务或者编造退保等方式套取费用等违法活动；

（十一）以捏造、散布虚假事实等方式损害竞争对手的商业信誉，或者以其他不正当竞争行为扰乱保险市场秩序；

（十二）泄露在业务活动中知悉的投保人、被保险人的商业秘密；

（十三）违反法律、行政法规和国务院保险监督管理机构规定的其他行为。

## 第五章　保险代理人和保险经纪人

第一百一十七条　保险代理人是根据保险人的委托，向保险人收取佣金，并在保险人授权的范围内代为办理保险业务的机构或者个人。

保险代理机构包括专门从事保险代理业务的保险专业代理机构和兼营保险代理业务的保险兼业代理机构。

第一百一十八条　保险经纪人是基于投保人的利益，为投保人与保险人订立保险合同提供中介服务，并依法收取佣金的机构。

第一百一十九条　保险代理机构、保险经纪人应当具备国务院保险监督管理机构规定的条件，取得保险监督管理机构颁发的经营保险代理业务许可证、保险经纪业务许可证。

第一百二十条　以公司形式设立保险专业代理机构、保险经纪人，其注册资本最低限额适用《中华人民共和国公司法》的规定。

国务院保险监督管理机构根据保险专业代理机构、保险经纪人的业务范围和经营规模，可以调整其注册资本的最低限额，但不得低于《中华人民共和国公司法》规定的限额。

保险专业代理机构、保险经纪人的注册资本或者出资额必须为实缴货币资本。

第一百二十一条　保险专业代理机构、保险经纪人的高级管理人员，应当品行良好，熟悉保险法律、行政法规，具有履行职责所需的经营管理能力，并在任职前取得保险监督管理机构核准的任职资格。

第一百二十二条　个人保险代理人、保险代理机构的代理从业人员、保险经纪人的经纪从业人员，应当品行良好，具有从事保险代理业务或者保险经纪业务所需的专业能力。

第一百二十三条　保险代理机构、保险经纪人应当有自己的经营场所，设立专门账簿记载保险代理业务、经纪业务的收支情况。

第一百二十四条　保险代理机构、保险经纪人应当按照国务院保险监督管理机构的规定缴存保证金或者投保职业责任保险。

第一百二十五条　个人保险代理人在代为办理人寿保险业务时，不得同时接受两个以上保险人的委托。

第一百二十六条　保险人委托保险代理人代为办理保险业务，应当与保险代理人签订委托代理协议，依法约定双方的权利和义务。

第一百二十七条　保险代理人根据保险人的授权代为办理保险业务的行为，由保险人承担责任。

保险代理人没有代理权、超越代理权或者代理权终止后以保险人名义订立合同，使投保人有理由相信其有代理权的，该代理行为有效。保险人可以依法追究越权的保险代理人的责任。

第一百二十八条　保险经纪人因过错给投保人、被保险人造成损失的，依法承担赔偿责任。

第一百二十九条　保险活动当事人可以委托保险公估机构等依法设立的独立评估机构或者具有相关专业知识的人员，对保险事故进行评估和鉴定。

接受委托对保险事故进行评估和鉴定的机构和人员，应当依法、独立、客观、公正地进行评估和鉴定，任何单位和个人不得干涉。

前款规定的机构和人员，因故意或者过失给保险人或者被保险人造成损失的，依法承担赔偿责任。

第一百三十条　保险佣金只限于向保险代理人、保险经纪人支付，不得向其他人支付。

第一百三十一条　保险代理人、保险经纪人及其从业人员在办理保险业务活动中不得有下列行为：

（一）欺骗保险人、投保人、被保险人或者受益人；

（二）隐瞒与保险合同有关的重要情况；

（三）阻碍投保人履行本法规定的如实告知义务，或者诱导其不履行本法规定的如实告知义务；

（四）给予或者承诺给予投保人、被保险人或者受益人保险合同约定以外的利益；

（五）利用行政权力、职务或者职业便利以及其他不正当手段强迫、引诱或者限制投保人订立保险合同；

（六）伪造、擅自变更保险合同，或者为保险合同当事人提供虚假证明材料；

（七）挪用、截留、侵占保险费或者保险金；

（八）利用业务便利为其他机构或者个人牟取不正当利益；

（九）串通投保人、被保险人或者受益人，骗取保险金；

（十）泄露在业务活动中知悉的保险人、投保人、被保险人的商业秘密。

第一百三十二条　本法第八十六条第一款、第一百一十三条的规定，适用于保险代理机构和保险经纪人。

## 第六章　保险业监督管理

第一百三十三条　保险监督管理机构依照本法和国务院规定的职责，遵循依法、公开、公正的原则，对保险业实施监督管理，维护保险市场秩序，保护投保人、被保险人和受益人的合法权益。

第一百三十四条　国务院保险监督管理机构依照法律、行政法规制定并发布有关保险业监督管理的规章。

第一百三十五条　关系社会公众利益的保险险种、依法实行强制保险的险种和新开发的人寿保险险种等的保险条款和保险费率，应当报国务院保险监督管理机构批准。国务院保险监督管理机构审批时，应当遵循保护社会公众利益和防止不正当竞争的原则。其他保险险种的保险条款和保险费率，应当报保险监督管理机构备案。

保险条款和保险费率审批、备案的具体办法，由国务院保险监督管理机构依照前款规定制定。

第一百三十六条　保险公司使用的保险条款和保险费率违反法律、行政法规或者国务院保险监督管理机构的有关规定的，由保险监督管理机构责令停止使用，限期修改；情节严重的，可以在一定期限内禁止申报新的保险条款和保险费率。

第一百三十七条　国务院保险监督管理机构应当建立健全保险公司偿付能力监管体系，对保险公司的偿付能力实施监控。

第一百三十八条　对偿付能力不足的保险公司，国务院保险监督管理机构应当将其列为重点监管对象，并可以根据具体情况采取下列措施：

（一）责令增加资本金、办理再保险；

（二）限制业务范围；

（三）限制向股东分红；

（四）限制固定资产购置或者经营费用规模；

（五）限制资金运用的形式、比例；

（六）限制增设分支机构；

（七）责令拍卖不良资产、转让保险业务；

（八）限制董事、监事、高级管理人员的薪酬水平；

（九）限制商业性广告；

（十）责令停止接受新业务。

第一百三十九条　保险公司未依照本法规定提取或者结转各项责任准备金，或者未依照本法规定办理再保险，或者严重违反本法关于资金运用的规定的，由保险监督管理机构责令限期改正，并可以责令调整负责人及有关管理人员。

第一百四十条　保险监督管理机构依照本法第一百三十九条的规定作出限期改正的决定后，保险公司逾期未改正的，国务院保险监督管理机构可以决定选派保险专业人员和指定该保险公司的有关人员组成整顿组，对公司进行整顿。

整顿决定应当载明被整顿公司的名称、整顿理由、整顿组成员和整顿期限，并予以公告。

第一百四十一条　整顿组有权监督被整顿保险公司的日常业务。被整顿公司的负责人及有关管理人员应当在整顿组的监督下行使职权。

第一百四十二条　整顿过程中，被整顿保险公司的原有业务继续进行。但是，国务院保险监督管理机构可以责令被整顿公司停止部分原有业务、停止接受新业务，调整资金运用。

第一百四十三条　被整顿保险公司经整顿已纠正其违反本法规定的行为，恢复正常经营状况的，由整顿组提出报告，经国务院保险监督管理机构批准，结束整顿，并由国务院保险监督管理机构予以公告。

第一百四十四条　保险公司有下列情形之一的，国务院保险监督管理机构可以对其实行接管：

(一)公司的偿付能力严重不足的；

(二)违反本法规定，损害社会公共利益，可能严重危及或者已经严重危及公司的偿付能力的。

被接管的保险公司的债权债务关系不因接管而变化。

第一百四十五条　接管组的组成和接管的实施办法，由国务院保险监督管理机构决定，并予以公告。

第一百四十六条　接管期限届满，国务院保险监督管理机构可以决定延长接管期限，但接管期限最长不得超过二年。

第一百四十七条　接管期限届满，被接管的保险公司已恢复正常经营能力的，由国务院保险监督管理机构决定终止接管，并予以公告。

第一百四十八条　被整顿、被接管的保险公司有《中华人民共和国企业破产法》第二条规定情形的，国务院保险监督管理机构可以依法向人民法院申请对该保险公司进行重整或者破产清算。

第一百四十九条　保险公司因违法经营被依法吊销经营保险业务许可证的，或者偿付能力低于国务院保险监督管理机构规定标准，不予撤销将严重危害保险市场秩序、损害公共利益的，由国务院保险监督管理机构予以撤销并公告，依法及时组织清算组进行清算。

第一百五十条　国务院保险监督管理机构有权要求保险公司股东、实际控制人在指定的期限内提供有关信息和资料。

第一百五十一条　保险公司的股东利用关联交易严重损害公司利益，危及公司偿付能力的，由国务院保险监督管理机构责令改正。在按照要求改正前，国务院保险监督管理机构可以限制其股东权利；拒不改正的，可以责令其转让所持的保险公司股权。

第一百五十二条　保险监督管理机构根据履行监督管理职责的需要，可以与保险公司董事、监事和高级管理人员进行监督管理谈话，要求其就公司的业务活动和风险管理的重大事项作出说明。

第一百五十三条　保险公司在整顿、接管、撤销清算期间，或者出现重大风险时，国务院保险监督管理机构可以对该公司直接负责的董事、监事、高级管理人员和其他直接责任人员采取以下措施：

（一）通知出境管理机关依法阻止其出境；

（二）申请司法机关禁止其转移、转让或者以其他方式处分财产，或者在财产上设定其他权利。

第一百五十四条　保险监督管理机构依法履行职责，可以采取下列措施：

（一）对保险公司、保险代理人、保险经纪人、保险资产管理公司、外国保险机构的代表机构进行现场检查；

（二）进入涉嫌违法行为发生场所调查取证；

（三）询问当事人及与被调查事件有关的单位和个人，要求其对与被调查事件有关的事项作出说明；

（四）查阅、复制与被调查事件有关的财产权登记等资料；

（五）查阅、复制保险公司、保险代理人、保险经纪人、保险资产管理公司、外国保险机构的代表机构以及与被调查事件有关的单位和个人的财务会计资料及其他相关文件和资料；对可能被转移、隐匿或者毁损的文件和资料予以封存；

（六）查询涉嫌违法经营的保险公司、保险代理人、保险经纪人、保险资产管理公司、外国保险机构的代表机构以及与涉嫌违法事项有关的单位和个人的银行账户；

（七）对有证据证明已经或者可能转移、隐匿违法资金等涉案财产或者隐匿、伪造、毁损重要证据的，经保险监督管理机构主要负责人批准，申请人民法院予以冻结或者查封。

保险监督管理机构采取前款第（一）项、第（二）项、第（五）项措施的，应当经保险监督管理机构负责人批准；采取第（六）项措施的，应当经国务院保险监督管理机构负责人批准。

保险监督管理机构依法进行监督检查或者调查，其监督检查、调查的人员不得少于二人，并应当出示合法证件和监督检查、调查通知书；监督检查、调查的人员少于二人或者未出示合法证件和监督检查、调查通知书的，被检查、调查的单位和个人有权拒绝。

第一百五十五条　保险监督管理机构依法履行职责，被检查、调查的单位和个人应当配合。

第一百五十六条　保险监督管理机构工作人员应当忠于职守，依法办事，公正廉洁，不得利用职务便利牟取不正当利益，不得泄露所知悉的有关单位和个人的商业秘密。

第一百五十七条　国务院保险监督管理机构应当与中国人民银行、国务院其他金融监督管理机构建立监督管理信息共享机制。

保险监督管理机构依法履行职责，进行监督检查、调查时，有关部门应当予以配合。

## 第七章　法律责任

第一百五十八条　违反本法规定，擅自设立保险公司、保险资产管理公司或者非法经营商业保险业务的，由保险监督管理机构予以取缔，没收违法所得，并处违法所得一倍以上五倍以下的罚款；没有违法所得或者违法所得不足二十万元的，处二十万元以上一百万元以下的罚款。

第一百五十九条　违反本法规定，擅自设立保险专业代理机构、保险经纪人，或者未取得经营保险代理业务许可证、保险经纪业务许可证从事保险代理业务、保险经纪业务的，由保险监督管理机构予以取缔，没收违法所得，并处违法所得一倍以上五倍以下的罚款；没有违法所得或者违法所得不足五万元的，处五万元以上三十万元以下的罚款。

第一百六十条　保险公司违反本法规定，超出批准的业务范围经营的，由保险监督管理机构责令限期改正，没收违法所得，并处违法所得一倍以上五倍以下的罚款；没有违法所得或者违法所得不足十万元的，处十万元以上五十万元以下的罚款。逾期不改正或者造成严重后果的，责令停业整顿或者吊销业务许可证。

第一百六十一条　保险公司有本法第一百一十六条规定行为之一的，由保险监督管理机构责令改正，处五万元以上三十万元以下的罚款；情节严重的，限制其业务范围、责令停止接受新业务或者吊销业务许可证。

第一百六十二条　保险公司违反本法第八十四条规定的，由保险监督管理机构责令改正，处一万元以上十万元以下的罚款。

第一百六十三条　保险公司违反本法规定，有下列行为之一的，由保险监督管理机构责令改正，处五万元以上三十万元以下的罚款：

（一）超额承保，情节严重的；

（二）为无民事行为能力人承保以死亡为给付保险金条件的保险的。

第一百六十四条　违反本法规定，有下列行为之一的，由保险监督管理机构责令改正，处五万元以上三十万元以下的罚款；情节严重的，可以限制其业务范围、责令停止接受新业务或者吊销业务许可证：

（一）未按照规定提存保证金或者违反规定动用保证金的；

（二）未按照规定提取或者结转各项责任准备金的；

（三）未按照规定缴纳保险保障基金或者提取公积金的；

（四）未按照规定办理再保险的；

（五）未按照规定运用保险公司资金的；

（六）未经批准设立分支机构的；

（七）未按照规定申请批准保险条款、保险费率的。

第一百六十五条　保险代理机构、保险经纪人有本法第一百三十一条规定行为之一的，由保险监督管理机构责令改正，处五万元以上三十万元以下的罚款；情节严重的，吊销业务许可证。

第一百六十六条　保险代理机构、保险经纪人违反本法规定，有下列行为之一的，由保险监督管理机构责令改正，处二万元以上十万元以下的罚款；情节严重的，责令停业整顿或者吊销业务许可证：

（一）未按照规定缴存保证金或者投保职业责任保险的；

（二）未按照规定设立专门账簿记载业务收支情况的。

第一百六十七条　违反本法规定，聘任不具有任职资格的人员的，由保险监督管理机构责令改正，处二万元以上十万元以下的罚款。

第一百六十八条　违反本法规定，转让、出租、出借业务许可证的，由保险监督管理机构处一万元以上十万元以下的罚款；情节严重的，责令停业整顿或者吊销业务许可证。

第一百六十九条　违反本法规定，有下列行为之一的，由保险监督管理机构责令限期改正；逾期不改正的，处一万元以上十万元以下的罚款：

（一）未按照规定报送或者保管报告、报表、文件、资料的，或者未按照规定提供有关信息、资料的；

（二）未按照规定报送保险条款、保险费率备案的；

（三）未按照规定披露信息的。

第一百七十条　违反本法规定，有下列行为之一的，由保险监督管理机构责令改正，处十万元以上五十万元以下的罚款；情节严重的，可以限制其业务范围、责令停止接受新业务或者吊销业务许可证：

（一）编制或者提供虚假的报告、报表、文件、资料的；

（二）拒绝或者妨碍依法监督检查的；

（三）未按照规定使用经批准或者备案的保险条款、保险费率的。

第一百七十一条　保险公司、保险资产管理公司、保险专业代理机构、保险经纪人违反本法规定的，保险监督管理机构除分别依照本法第一百六十条至第一百七十条的规定对该单位给予处罚外，对其直接负责的主管人员和其他直接责任人员给予警告，并处一万元以上十万元以下的罚款；情节严重的，撤销任职资格。

第一百七十二条　个人保险代理人违反本法规定的，由保险监督管理机构给予警告，可以并处二万元以下的罚款；情节严重的，处二万元以上十万元以下的罚款。

第一百七十三条　外国保险机构未经国务院保险监督管理机构批准，擅自在中华人民共和国境内设立代表机构的，由国务院保险监督管理机构予以取缔，处五万元以上三十万元以下的罚款。

外国保险机构在中华人民共和国境内设立的代表机构从事保险经营活动的，由保险监督管理机构责令改正，没收违法所得，并处违法所得一倍以上五倍以下的罚款；没有违法所得或者违法所得不足二十万元的，处二十万元以上一百万元以下的罚款；对其首席代表可以责令撤换；情节严重的，撤销其代表机构。

第一百七十四条　投保人、被保险人或者受益人有下列行为之一，进行保险诈骗活动，尚不构成犯罪的，依法给予行政处罚：

（一）投保人故意虚构保险标的，骗取保险金的；

（二）编造未曾发生的保险事故，或者编造虚假的事故原因或者夸大损失程度，骗取保险金的；

（三）故意造成保险事故，骗取保险金的。

保险事故的鉴定人、评估人、证明人故意提供虚假的证明文件，为投保人、被保险人或者受益人进行保险诈骗提供条件的，依照前款规定给予处罚。

第一百七十五条　违反本法规定，给他人造成损害的，依法承担民事责任。

第一百七十六条　拒绝、阻碍保险监督管理机构及其工作人员依法行使监督检查、调查职权，未使用暴力、威胁方法的，依法给予治安管理处罚。

第一百七十七条　违反法律、行政法规的规定，情节严重的，国务院保险监督管理机构可以禁止有关责任人员一定期限直至终身进入保险业。

第一百七十八条　保险监督管理机构从事监督管理工作的人员有下列情形之一的，依法给予处分：

（一）违反规定批准机构的设立的；

（二）违反规定进行保险条款、保险费率审批的；

（三）违反规定进行现场检查的；

（四）违反规定查询账户或者冻结资金的；

（五）泄露其知悉的有关单位和个人的商业秘密的；

（六）违反规定实施行政处罚的；

（七）滥用职权、玩忽职守的其他行为。

第一百七十九条　违反本法规定，构成犯罪的，依法追究刑事责任。

## 第八章　附　则

第一百八十条　保险公司应当加入保险行业协会。保险代理人、保险经纪人、保险公估机构可以加入保险行业协会。

保险行业协会是保险业的自律性组织，是社会团体法人。

第一百八十一条　保险公司以外的其他依法设立的保险组织经营的商业保险业务，适用本法。

第一百八十二条　海上保险适用《中华人民共和国海商法》的有关规定；《中华人民共和国海商法》未规定的，适用本法的有关规定。

第一百八十三条　中外合资保险公司、外资独资保险公司、外国保险公司分公司适用本法规定；法律、行政法规另有规定的，适用其规定。

第一百八十四条　国家支持发展为农业生产服务的保险事业。农业保险由法律、行政法规另行规定。

强制保险，法律、行政法规另有规定的，适用其规定。

第一百八十五条　本法自 2009 年 10 月 1 日起施行。

# 附录 2

## 农业保险条例

（2012 年 11 月 12 日中华人民共和国国务院令第 629 号公布根据 2016 年 2 月 6 日《国务院关于修改部分行政法规的决定》修订）

### 第一章 总　则

第一条　为了规范农业保险活动，保护农业保险活动当事人的合法权益，提高农业生产抗风险能力，促进农业保险事业健康发展，根据《中华人民共和国保险法》、《中华人民共和国农业法》等法律，制定本条例。

第二条　本条例所称农业保险，是指保险机构根据农业保险合同，对被保险人在种植业、林业、畜牧业和渔业生产中因保险标的遭受约定的自然灾害、意外事故、疫病、疾病等保险事故所造成的财产损失，承担赔偿保险金责任的保险活动。

本条例所称保险机构，是指保险公司以及依法设立的农业互助保险等保险组织。

第三条　国家支持发展多种形式的农业保险，健全政策性农业保险制度。

农业保险实行政府引导、市场运作、自主自愿和协同推进的原则。

省、自治区、直辖市人民政府可以确定适合本地区实际的农业保险经营模式。

任何单位和个人不得利用行政权力、职务或者职业便利以及其他方式强迫、限制农民或者农业生产经营组织参加农业保险。

第四条　国务院保险监督管理机构对农业保险业务实施监督管理。国务院财政、农业、林业、发展改革、税务、民政等有关部门按照各自的职责，负责农业保险推进、管理的相关工作。

财政、保险监督管理、国土资源、农业、林业、气象等有关部门、机构应当建立农业保险相关信息的共享机制。

第五条　县级以上地方人民政府统一领导、组织、协调本行政区域的农业保险工作，建立健全推进农业保险发展的工作机制。县级以上地方人民政府有关部门按照本级人民政府规定的职责，负责本行政区域农业保险推进、管理的相关工作。

第六条　国务院有关部门、机构和地方各级人民政府及其有关部门应当采取多种形式，加强对农业保险的宣传，提高农民和农业生产经营组织的保险意识，组织引导农民和农业生产经营组织积极参加农业保险。

第七条　农民或者农业生产经营组织投保的农业保险标的属于财政给予保险费补贴范围的，由财政部门按照规定给予保险费补贴，具体办法由国务院财政部门商国务院农业、林业主管部门和保险监督管理机构制定。

国家鼓励地方人民政府采取由地方财政给予保险费补贴等措施，支持发展农业保险。

第八条　国家建立财政支持的农业保险大灾风险分散机制，具体办法由国务院财政部门会同国务院有关部门制定。

国家鼓励地方人民政府建立地方财政支持的农业保险大灾风险分散机制。

第九条　保险机构经营农业保险业务依法享受税收优惠。

国家支持保险机构建立适应农业保险业务发展需要的基层服务体系。

国家鼓励金融机构对投保农业保险的农民和农业生产经营组织加大信贷支持力度。

## 第二章　农业保险合同

第十条　农业保险可以由农民、农业生产经营组织自行投保，也可以由农业生产经营组织、村民委员会等单位组织农民投保。

由农业生产经营组织、村民委员会等单位组织农民投保的，保险机构应当在订立农业保险合同时，制定投保清单，详细列明被保险人的投保信息，并由被保险人签字确认。保险机构应当将承保情况予以公示。

第十一条　在农业保险合同有效期内，合同当事人不得因保险标的的危险程度发生变化增加保险费或者解除农业保险合同。

第十二条　保险机构接到发生保险事故的通知后，应当及时进行现场查勘，会同被保险人核定保险标的的受损情况。由农业生产经营组织、村民委员会等单位组织农民投保的，保险机构应当将查勘定损结果予以公示。

保险机构按照农业保险合同约定，可以采取抽样方式或者其他方式核定保险标的的损失程度。采用抽样方式核定损失程度的，应当符合有关部门规定的抽样技术规范。

第十三条　法律、行政法规对受损的农业保险标的的处理有规定的，理赔时应当取得受损保险标的已依法处理的证据或者证明材料。

保险机构不得主张对受损的保险标的的残余价值的权利，农业保险合同另有约定的除外。

第十四条　保险机构应当在与被保险人达成赔偿协议后10日内，将应赔偿的保险金支付给被保险人。农业保险合同对赔偿保险金的期限有约定的，保险机构应当按照约定履行赔偿保险金义务。

第十五条　保险机构应当按照农业保险合同约定，根据核定的保险标的的损失程度足额支付应赔偿的保险金。

任何单位和个人不得非法干预保险机构履行赔偿保险金的义务，不得限制被保险人取得保险金的权利。

农业生产经营组织、村民委员会等单位组织农民投保的，理赔清单应当由被保险人签字确认，保险机构应当将理赔结果予以公示。

第十六条　本条例对农业保险合同未作规定的，参照适用《中华人民共和国保险法》中保险合同的有关规定。

## 第三章　经营规则

第十七条　保险机构经营农业保险业务，应当符合下列条件：

(一)有完善的基层服务网络；

(二)有专门的农业保险经营部门并配备相应的专业人员；

(三)有完善的农业保险内控制度;

(四)有稳健的农业再保险和大灾风险安排以及风险应对预案;

(五)偿付能力符合国务院保险监督管理机构的规定;

(六)国务院保险监督管理机构规定的其他条件。

除保险机构外,任何单位和个人不得经营农业保险业务。

第十八条　保险机构经营农业保险业务,实行自主经营、自负盈亏。

保险机构经营农业保险业务,应当与其他保险业务分开管理,单独核算损益。

第十九条　保险机构应当公平、合理地拟订农业保险条款和保险费率。属于财政给予保险费补贴的险种的保险条款和保险费率,保险机构应当在充分听取省、自治区、直辖市人民政府财政、农业、林业部门和农民代表意见的基础上拟订。

农业保险条款和保险费率应当依法报保险监督管理机构审批或者备案。

第二十条　保险机构经营农业保险业务的准备金评估和偿付能力报告的编制,应当符合国务院保险监督管理机构的规定。

农业保险业务的财务管理和会计核算需要采取特殊原则和方法的,由国务院财政部门制定具体办法。

第二十一条　保险机构可以委托基层农业技术推广等机构协助办理农业保险业务。保险机构应当与被委托协助办理农业保险业务的机构签订书面合同,明确双方权利义务,约定费用支付,并对协助办理农业保险业务的机构进行业务指导。

第二十二条　保险机构应当按照国务院保险监督管理机构的规定妥善保存农业保险查勘定损的原始资料。

禁止任何单位和个人涂改、伪造、隐匿或者违反规定销毁查勘定损的原始资料。

第二十三条　保险费补贴的取得和使用,应当遵守依照本条例第七条制定的具体办法的规定。

禁止以下列方式或者其他任何方式骗取农业保险的保险费补贴:

(一)虚构或者虚增保险标的或者以同一保险标的进行多次投保;

(二)以虚假理赔、虚列费用、虚假退保或者截留、挪用保险金、挪用经营费用等方式冲销投保人应缴的保险费或者财政给予的保险费补贴。

第二十四条　禁止任何单位和个人挪用、截留、侵占保险机构应当赔偿被保险人的保险金。

第二十五条　本条例对农业保险经营规则未作规定的,适用《中华人民共和国保险法》中保险经营规则及监督管理的有关规定。

## 第四章　法律责任

第二十六条　保险机构不符合本条例第十七条第一款规定条件经营农业保险业务的,由保险监督管理机构责令限期改正,停止接受新业务;逾期不改正或者造成严重后果的,处10万元以上50万元以下的罚款,可以责令停业整顿或者吊销经营保险业务许可证。

保险机构以外的其他组织或者个人非法经营农业保险业务的,由保险监督管理机构予以取缔,没收违法所得,并处违法所得1倍以上5倍以下的罚款;没有违法所得或者违法所得不足 20 万元的，处 20 万元以上 100 万元以下的罚款。

第二十七条　保险机构经营农业保险业务，有下列行为之一的，由保险监督管理机构责令改正，处 10 万元以上 50 万元以下的罚款；情节严重的，可以限制其业务范围、责令停止接受新业务：

（一）编制或者提供虚假的报告、报表、文件、资料；

（二）拒绝或者妨碍依法监督检查；

（三）未按照规定使用经批准或者备案的农业保险条款、保险费率。

第二十八条　保险机构经营农业保险业务，违反本条例规定，有下列行为之一的，由保险监督管理机构责令改正，处 5 万元以上 30 万元以下的罚款；情节严重的，可以限制其业务范围、责令停止接受新业务：

（一）未按照规定将农业保险业务与其他保险业务分开管理，单独核算损益；

（二）利用开展农业保险业务为其他机构或者个人牟取不正当利益；

（三）未按照规定申请批准农业保险条款、保险费率。

保险机构经营农业保险业务，未按照规定报送农业保险条款、保险费率备案的，由保险监督管理机构责令限期改正；逾期不改正的，处 1 万元以上 10 万元以下的罚款。

第二十九条　保险机构违反本条例规定，保险监督管理机构除依照本条例的规定给予处罚外，对其直接负责的主管人员和其他直接责任人员给予警告，并处 1 万元以上 10 万元以下的罚款；情节严重的，对取得任职资格或者从业资格的人员撤销其相应资格。

第三十条　违反本条例第二十三条规定，骗取保险费补贴的，由财政部门依照《财政违法行为处罚处分条例》的有关规定予以处理；构成犯罪的，依法追究刑事责任。

违反本条例第二十四条规定，挪用、截留、侵占保险金的，由有关部门依法处理；构成犯罪的，依法追究刑事责任。

第三十一条　保险机构违反本条例规定的法律责任，本条例未作规定的，适用《中华人民共和国保险法》的有关规定。

### 第五章　附　　则

第三十二条　保险机构经营有政策支持的涉农保险，参照适用本条例有关规定。

涉农保险是指农业保险以外、为农民在农业生产生活中提供保险保障的保险，包括农房、农机具、渔船等财产保险，涉及农民的生命和身体等方面的短期意外伤害保险。

第三十三条　本条例自 2013 年 3 月 1 日起施行。

**附录 3**

# 财政部 农业农村部 银保监会 林草局关于印发
# 《关于加快农业保险高质量发展的指导意见》的通知

财金〔2019〕102 号

各省、自治区、直辖市、计划单列市财政厅(局)、农业农村(农牧、畜牧兽医)厅(委、局)、林草局,各银保监局,新疆生产建设兵团财政局、农业农村局、林草局:

2019 年 5 月 29 日,中央全面深化改革委员会第八次会议审议并原则同意《关于加快农业保险高质量发展的指导意见》(以下简称《指导意见》)。现将《指导意见》印发给你们,请按程序向当地党委和政府报告,并认真遵照执行。

附件:关于加快农业保险高质量发展的指导意见

> 财政部　农业农村部
> 银保监会　林草局
> 2019 年 9 月 19 日

附件:

## 关于加快农业保险高质量发展的指导意见

农业保险作为分散农业生产经营风险的重要手段,对推进现代农业发展、促进乡村产业振兴、改进农村社会治理、保障农民收益等具有重要作用。近年来,在党中央、国务院正确领导下,各地区、各有关部门积极推动农业保险发展,不断健全农业保险政策体系,取得了明显成效。但农业保险发展仍面临一些困难和问题,与服务"三农"的实际需求相比仍有较大差距。为加快农业保险高质量发展,现提出以下意见。

### 一、总体要求

(一)指导思想。以习近平新时代中国特色社会主义思想为指导,全面贯彻党的十九大和十九届二中、三中全会精神,按照党中央、国务院决策部署,紧紧围绕实施乡村振兴战略和打赢脱贫攻坚战,立足深化农业供给侧结构性改革,按照适应世贸组织规则、保护农民利益、支持农业发展和"扩面、增品、提标"的要求,进一步完善农业保险政策,提高农业保险服务能力,优化农业保险运行机制,推动农业保险高质量发展,更好地满足"三农"领域日益增长的风险保障需求。

(二)基本原则。政府引导。更好发挥政府引导和推动作用,通过加大政策扶持力度,强化业务监管,规范市场秩序,为农业保险发展营造良好环境。

市场运作。与农业保险发展内在规律相适应,充分发挥市场在资源配置中的决定性作用,坚持以需求为导向,强化创新引领,发挥好保险机构在农业保险经营中的自主性和创造性。

自主自愿。充分尊重农民和农业生产经营组织意愿，不得强迫、限制其参加农业保险。结合实际探索符合不同地区特点的农业保险经营模式，充分调动农业保险各参与方的积极性。

协同推进。加强协同配合，统筹兼顾新型农业经营主体和小农户，既充分发挥农业保险经济补偿和风险管理功能，又注重融入农村社会治理，共同推进农业保险工作。

（三）主要目标。到 2022 年，基本建成功能完善、运行规范、基础完备，与农业农村现代化发展阶段相适应、与农户风险保障需求相契合、中央与地方分工负责的多层次农业保险体系。稻谷、小麦、玉米 3 大主粮作物农业保险覆盖率达到 70% 以上，收入保险成为我国农业保险的重要险种，农业保险深度（保费/第一产业增加值）达到 1%，农业保险密度（保费/农业从业人口）达到 500 元/人。

到 2030 年，农业保险持续提质增效、转型升级，总体发展基本达到国际先进水平，实现补贴有效率、产业有保障、农民得实惠、机构可持续的多赢格局。

## 二、提高农业保险服务能力

（四）扩大农业保险覆盖面。推进政策性农业保险改革试点，在增强农业保险产品内在吸引力的基础上，结合实施重要农产品保障战略，稳步扩大关系国计民生和国家粮食安全的大宗农产品保险覆盖面，提高小农户农业保险投保率，实现愿保尽保。探索依托养殖企业和规模养殖场（户）创新养殖保险模式和财政支持方式，提高保险机构开展养殖保险的积极性。鼓励各地因地制宜开展优势特色农产品保险，逐步提高其占农业保险的比重。适时调整完善森林和草原保险制度，制定相关管理办法。

（五）提高农业保险保障水平。结合农业产业结构调整和生产成本变动，建立农业保险保障水平动态调整机制，在覆盖农业生产直接物化成本的基础上，扩大农业大灾保险试点，逐步提高保障水平。推进稻谷、小麦、玉米完全成本保险和收入保险试点，推动农业保险"保价格、保收入"，防范自然灾害和市场变动双重风险。稳妥有序推进收入保险，促进农户收入稳定。

（六）拓宽农业保险服务领域。满足多元化的风险保障需求，探索构建涵盖财政补贴基本险、商业险和附加险等的农业保险产品体系。稳步推广指数保险、区域产量保险、涉农保险，探索开展一揽子综合险，将农机大棚、农房仓库等农业生产设施设备纳入保障范围。开发满足新型农业经营主体需求的保险产品。创新开展环境污染责任险、农产品质量险。支持开展农民短期意外伤害险。鼓励保险机构为农业对外合作提供更好的保险服务。将农业保险纳入农业灾害事故防范救助体系，充分发挥保险在事前风险防预、事中风险控制、事后理赔服务等方面的功能作用。

（七）落实便民惠民举措。落实国家强农惠农富农政策，切实维护投保农民和农业生产经营组织利益，充分保障其知情权，推动农业保险条款通俗化、标准化。保险机构要做到惠农政策、承保情况、理赔结果、服务标准、监管要求"五公开"，做到定损到户、理赔到户，不惜赔、不拖赔，切实提高承保理赔效率，健全科学精准高效的查勘定损机制。鼓励各地因地制宜建立损失核定委员会，鼓励保险机构实行无赔款优待政策。

## 三、优化农业保险运行机制

（八）明晰政府与市场边界。地方各级政府不参与农业保险的具体经营。在充分尊重保险机构产品开发、精算定价、承保理赔等经营自主权的基础上，通过给予必要的保费补贴、大灾赔付、提供信息数据等支持，调动市场主体积极性。基层政府部门和相关单位可以按照有关规定，协助办理农业保险业务。

（九）完善大灾风险分散机制。加快建立财政支持的多方参与、风险共担、多层分散的农业保险大灾风险分散机制。落实农业保险大灾风险准备金制度，增强保险机构应对农业大灾风险能力。增加农业再保险供给，扩大农业再保险承保能力，完善再保险体系和分保机制。合理界定保险机构与再保险机构的市场定位，明确划分中央和地方各自承担的责任与义务。

（十）清理规范农业保险市场。加强财政补贴资金监管，对骗取财政补贴资金的保险机构，依法予以处理，实行失信联合惩戒。进一步规范农业保险市场秩序，降低农业保险运行成本，加大对保险机构资本不实、大灾风险安排不足、虚假承保、虚假理赔等处罚力度，对未达到基本经营要求、存在重大违规行为和重大风险隐患的保险机构，坚决依法清退出农业保险市场。

（十一）鼓励探索开展"农业保险+"。建立健全保险机构与灾害预报、农业农村、林业草原等部门的合作机制，加强农业保险赔付资金与政府救灾资金的协同运用。推进农业保险与信贷、担保、期货（权）等金融工具联动，扩大"保险+期货"试点，探索"订单农业+保险+期货（权）"试点。建立健全农村信用体系，通过农业保险的增信功能，提高农户信用等级，缓解农户"贷款难、贷款贵"问题。

## 四、加强农业保险基础设施建设

（十二）完善保险条款和费率拟订机制。加强农业保险风险区划研究，构建农业生产风险地图，发布农业保险纯风险损失费率，研究制定主要农作物、主要牲畜、重要"菜篮子"品种和森林草原保险示范性条款，为保险机构产品开发、费率调整提供技术支持。建立科学的保险费率拟订和动态调整机制，实现基于地区风险的差异化定价，真实反映农业生产风险状况。

（十三）加强农业保险信息共享。加大投入力度，不断提升农业保险信息化水平。逐步整合财政、农业农村、保险监督管理、林业草原等部门以及保险机构的涉农数据和信息，动态掌握参保农民和农业生产经营组织相关情况，从源头上防止弄虚作假和骗取财政补贴资金等行为。

（十四）优化保险机构布局。支持保险机构建立健全基层服务体系，切实改善保险服务。经营政策性农业保险业务的保险机构，应当在县级区域内设立分支机构。制定全国统一的农业保险招投标办法，加强对保险机构的规范管理。各地要结合本地区实际，建立以服务能力为导向的保险机构招投标和动态考评制度。依法设立的农业互助保险等保险组织可按规定开展农业保险业务。

（十五）完善风险防范机制。强化保险机构防范风险的主体责任，坚持审慎经营，提升风险预警、识别、管控能力，加大预防投入，健全风险防范和应急处置机制。督促保险机构严守财务会计规则和金融监管要求，强化偿付能力管理，保证充足的风险吸收能力。加强保险机构公司治理，细化完善内控体系，有效防范和化解各类风险。

## 五、做好组织实施工作

（十六）强化协同配合。各地区、各有关部门要高度重视加快农业保险高质量发展工作，加强沟通协调，形成工作合力。财政部会同中央农办、农业农村部、银保监会、国家林草局等部门成立农业保险工作小组，统筹规划、协同推进农业保险工作。有关部门要抓紧制定相关配套措施，确保各项政策落实到位。各省级党委和政府要组织制定工作方案，成立由财政部门牵头，农业农村、保险监管和林业草原等部门参与的农业保险工作小组，确定本地区农业保险财政支持政策和重点，统筹推进农业保险工作。

(十七)加大政策扶持。优化农业保险财政支持政策，探索完善农业保险补贴方式，加强农业保险与相关财政补贴政策的统筹衔接。中央财政农业保险保费补贴重点支持粮食生产功能区和重要农产品生产保护区以及深度贫困地区，并逐步向保障市场风险倾斜。对地方优势特色农产品保险，中央财政实施以奖代补予以支持。农业农村、林业草原等部门在制定行业规划和相关政策时，要注重引导和扶持农业保险发展，促进保险机构开展农业保险产品创新，鼓励和引导农户和农业生产经营组织参保，帮助保险机构有效识别防范农业风险。

(十八)营造良好市场环境。深化农业保险领域"放管服"改革，健全农业保险法规政策体系。研究设立农业保险宣传教育培训计划。发挥保险行业协会等自律组织作用。加大农业保险领域监督检查力度，建立常态化检查机制，充分利用银保监会派出机构资源，加强基层保险监管，严厉查处违法违规行为，对滥用职权、玩忽职守、徇私舞弊、查处不力的，严格追究有关部门和相关人员责任，构成犯罪的，坚决依法追究刑事责任。

# 附录4

## 中央财政农业保险保费补贴管理办法

### 第一章 总 则

第一条 为加强农业保险保费补贴资金管理，提升农业保险数据信息服务水平，加快农业保险高质量发展，完善农业支持保护制度，助力乡村振兴，服务保障国家粮食安全，根据《中华人民共和国预算法》及其实施条例、《农业保险条例》、《金融企业财务规则》等规定，制定本办法。

第二条 本办法所称中央财政农业保险保费补贴，是指财政部对地方政府引导有关农业保险经营机构(以下简称承保机构)开展的符合条件的农业保险业务，按照保费的一定比例，为投保农户、农业生产经营组织等提供补贴。本办法所称承保机构，是指保险公司以及依法设立并开展农业保险业务的农业互助保险等保险组织。本办法所称农业生产经营组织，是指农民专业合作社、农业企业以及其他农业生产经营组织。

第三条 农业保险工作遵循政府引导、市场运作、自主自愿、协同推进的原则。农业保险保费补贴工作实行财政支持、分级负责、预算约束、政策协同、绩效导向、惠及农户2的原则。

(一)财政支持。财政部门履行牵头主责，从发展方向、制度设计、政策制定、资金保障等方面推进农业保险发展，通过保费补贴、机构遴选等多种政策手段，发挥农业保险机制性工具作用，督促承保机构依法合规展业，充分调动各参与方积极性，推动农业保险高质量发展。

(二)分级负责。财政部根据预算管理相关规定，加强对地方农业保险保费补贴工作的指导和监督。省级财政部门对本地区农业保险保费补贴工作负总责，省以下地方财政部门按照属地原则各负其责。

(三)预算约束。各级财政部门应综合考虑农业发展、财政承受能力等实际情况，适应农业保险业务发展趋势和内在规律，量力而行、尽力而为，合理确定本地区农业保险发展优先顺序，强化预算约束，提高财政预算管理水平。

(四)政策协同。各级财政部门加强与农业农村、保险监管、林草等有关单位以及承保机构的协同，推动农业保险保费补贴政策与其他农村金融和支农惠农政策有机结合，促进形成农业保险健康发展的长效机制。

(五)绩效导向。突出正向激励，构建科学合理的综合绩效评价指标体系，强化绩效目标管理，做好绩效运行监控，开展绩效评价和结果应用。

(六)惠及农户。各级财政部门会同有关方面聚焦服务3"三农"，确保农业保险政策精准滴灌，切实提升投保农户政策获得感和满意度。

### 第二章 补贴政策

第四条 中央财政提供保费补贴的农业保险(以下简称补贴险种)标的为关系国计民生和

粮食、生态安全的主要大宗农产品，以及根据党中央、国务院有关文件精神确定的其他农产品；对地方优势特色农产品保险，通过以奖代补政策给予支持。鼓励各省、自治区、直辖市、计划单列市(以下统称省)结合本地实际和财力状况，对符合农业产业政策、适应当地"三农"发展需求的农业保险给予一定的保费补贴等政策支持。

第五条　中央财政补贴险种的保险标的主要包括：

(一)种植业。稻谷、小麦、玉米、棉花、马铃薯、油料作物、糖料作物、天然橡胶、三大粮食作物(稻谷、小麦、玉米)制种。

(二)养殖业。能繁母猪、育肥猪、奶牛。

(三)森林。公益林、商品林。

(四)涉藏特定品种。青稞、牦牛、藏系羊。

第六条　对中央财政补贴险种的保费，中央财政、省级4财政按照保费的一定比例提供补贴，纳入补贴范围的中央单位承担一定比例保费。省级财政平均补贴比例表示为(25%+a%)，以保费规模为权重加权平均计算。中央单位平均承担比例表示为(10%+b%)，以保费规模为权重加权平均计算。中央单位指纳入中央财政农业保险保费补贴范围的新疆生产建设兵团、北大荒农垦集团有限公司、广东农垦集团公司、中国融通资产管理集团有限公司、中国储备粮管理集团有限公司、中国农业发展集团有限公司和大兴安岭林业集团公司。

第七条　对中央财政补贴险种的保费，中央财政承担补贴比例如下：

(一)种植业保险保费。当a≥0时，中央财政对中西部地区和东北地区(不含大连市)补贴45%，对东部地区补贴35%；当a<0时，中央财政对中西部地区和东北地区(不含大连市)补贴(45%+a%×1.8)，对东部地区补贴(35%+a%×1.4)。当b≥0时，中央财政2022年对中央单位补贴65%，2023年对中央单位补贴60%，2024年起对中央单位补贴55%；当b<0时，中央财政2022年对中央单位补贴(65%+b%×6.5)，2023年对中央单位补贴(60%+b%×6)，2024年起对中央单位补贴(55%+b%×5.5)。

(二)养殖业保险保费。当a≥0时，中央财政对中西5部地区补贴50%，对东部地区补贴40%；当a<0时，中央财政对中西部地区补贴(50%+a%×2)，对东部地区补贴(40%+a%×1.6)。当b≥0时，中央财政2022年对中央单位补贴70%，2023年对中央单位补贴65%，2024年起对中央单位补贴60%；当b<0时，中央财政2022年对中央单位补贴(70%+b%×7)，2023年对中央单位补贴(65%+b%×6.5)，2024年起对中央单位补贴(60%+b%×6)。

(三)森林保险保费。当a≥0时，中央财政对各省公益林补贴50%、商品林补贴30%；当a<0时，中央财政对各省公益林补贴(50%+a%×2)、商品林补贴(30%+a%×1.2)。当b≥0时，中央财政对大兴安岭林业集团公司公益林补贴70%、商品林补贴50%；当b<0时，中央财政对大兴安岭林业集团公司公益林补贴(70%+b%×7)、商品林补贴(50%+b%×5)。

(四)涉藏特定品种保险保费。对于青稞、牦牛、藏系羊保险保费，当a≥0时，中央财政补贴40%；当a<0时，中央财政补贴(40%+a%×1.6)。中央单位参照执行。

第八条　对地方优势特色农产品保险，中央财政每年安排一定资金给予奖补支持，结合各省和新疆生产建设兵团农业保险保费补贴综合绩效评价结果和地方优势特色农产品保险保费规模加权分配。

各省和新疆生产建设兵团农业保险保费补贴综合绩效6评价结果权重为20%。在综合绩效评价结果整体权重下，按照综合绩效评价得分由高到低的顺序，将各省划分为 4 档，第一档 10 个省、第二档 10 个省、第三档 8 个省，其余省归为第四档。第一、二、三档分别分配综合绩效评价结果整体奖补资金总额的 50%、35%、15%，每一档内各省平均分配；第四档不予分配综合绩效评价结果奖补资金。

上一年度省级财政给予补贴、符合保险原则的地方优势特色农产品保险保费规模权重为 80%。各省和新疆生产建设兵团所获地方优势特色农产品保险奖补资金不得高于该省所获大宗农产品中央财政农业保险保费补贴资金规模。所获大宗农产品中央财政农业保险保费补贴低于 1000 万元的省，不得享受地方优势特色农产品保险奖补政策。假设中央财政安排当年地方优势特色农产品保险奖补资金为 A，某省上一年度省级财政给予补贴、符合保险原则的地方优势特色农产品保险保费规模在全国占比为 $\theta\%$，该省综合绩效评价得分属于第 n 档，该省所获大宗农产品中央财政农业保险保费补贴资金规模为 B，则该省当年所获地方优势特色农产品保险奖补资金 M 可表示为：①当 n=1 时，$M=A\times80\%\times\theta\%+A\times20\%\times50\%\div10$；②当 n=2 时，$M=A\times80\%\times\theta\%+A\times20\%\times35\%\div10$；③当 n=3 时，$M=A\times80\%\times\theta\%+A\times20\%\times15\%\div8$；④当 n=4 时，$M=A\times780\%\times\theta\%$。以上当且仅当 $M\leq B$ 且 $B\geq1000$ 万元时成立，否则 M 取零。省级财政每年可从中央财政安排当地地方优势特色农产品保险奖补资金中提取一定比例的资金，统筹用于完善大灾风险分散机制、加强信息化建设等农业保险相关工作，具体用途由省级财政决定。省级财政每年提取金额不得超过当年中央财政安排当地奖补资金的 20%。

第九条　鼓励省级财政部门结合实际，对不同险种、不同区域实施差异化的农业保险保费补贴政策，加大对重要农产品、规模经营主体、产粮大县、脱贫地区及脱贫户的支持力度。

## 第三章　保险方案

第十条　承保机构应当公平、合理拟订农业保险条款和费率。保险费率应当按照保本微利原则厘定，综合费用率不高于 20%。属于财政给予保费补贴险种的保险条款和保险费率，承保机构应当在充分听取各地人民政府财政、农业农村、林草部门和农户代表以及财政部各地监管局(以下简称监管局)意见的基础上拟订。

第十一条　补贴险种的保险责任应当涵盖当地主要的自然灾害、重大病虫鼠害、动物疾病疫病、意外事故、野生动 8 物毁损等风险；有条件的地方可稳步探索将产量、气象等变动作为保险责任。

第十二条　补贴险种的保险金额，主要包括：

(一)种植业保险。原则上为保险标的生长期内所发生的物化成本，包括种子、化肥、农药、灌溉、机耕和地膜等成本。对于 13 个粮食主产省(含大连市、青岛市)产粮大县的三大粮食作物，保险金额可以覆盖物化成本、土地成本和人工成本等农业生产总成本(完全成本)；如果相应品种的市场价格主要由市场机制形成，保险金额也可以体现农产品价格和产量，覆盖农业种植收入。

(二)养殖业保险。原则上为保险标的的生产成本，可包括部分购买价格或饲养成本，具体由各省根据养殖业发展实际、地方财力状况等因素综合确定保险金额。

(三)森林保险。原则上为林木损失后的再植成本，包括灾害木清理、整地、种苗处理与施肥、挖坑、栽植、抚育管理到树木成活所需的一次性总费用。鼓励各省和承保机构根据本地农户的支付能力，适当调整保险金额。对于超出上述标准的部分，应当通过适当方式予以明确，由此产生的保费，有条件的地方可以结合实际，提供一定的补贴，或由投保人承担。农业生产总成本、单产和价格(地头价)数据，以相关部门认可的数据或发展改革委最新发布的《全国农产品成本9收益资料汇编》为准。

第十三条　各省财政部门应当会同有关部门，指导承保机构逐步建立当地农业保险费率调整机制，合理确定费率水平。中国农业再保险股份有限公司(以下简称中国农再)应当适时发布农业保险风险区划和风险费率参考。

第十四条　承保机构应当合理设置补贴险种赔付标准，维护投保农户合法权益。补贴险种不得设置绝对免赔，科学合理设置相对免赔，省级财政部门负责监督。

第十五条　补贴险种的保险条款应当通俗易懂、表述清晰，保单上应当明确载明农业保险标的位置和农户、农业生产经营组织、地方财政、中央财政等各方承担的保费比例及金额。

## 第四章　预算管理

第十六条　农业保险保费补贴资金实行专项管理、分账核算。财政部承担的保费补贴资金，列入年度中央预算。省级财政部门承担的保费补贴资金，由省级财政预算安排，省级以下财政部门承担的保费补贴资金，由省级财政部门负责监督落实，并向财政部报送《农业保险保费补贴资金到位承诺函》。中央单位向财政部报送《农业保险保费承担资金到位承诺函》。

第十七条　农业保险保费补贴资金实行专款专用、据实结算。各地保费补贴资金当年出现结余的，抵减下年度预算；如下年度不再为补贴地区，中央财政结余部分全额返还财政部。

第十八条　省级财政部门及有关中央单位应于每年3月31日前，编制当年保费补贴资金申请报告，报财政部，并抄送对口监管局。同时，对上年度中央财政农业保险保费补贴资金进行结算，编制结算报告(含用于申报奖补资金的地方优势特色农产品保险保费规模)，送对口监管局审核，并抄送财政部。中央单位不同省的业务由业务所在地监管局审核。当年资金申请和上年度资金结算报告需分别报送，报告内容主要包括：

(一)保险方案。包括补贴险种的承保机构、经营模式、保险品种、保险费率、保险金额、保险责任、补贴区域、投保面积、单位保费、总保费等相关内容。

(二)补贴方案。包括农户自缴保险比例及金额、各级财政补贴或中央单位承担的比例及金额、资金拨付与结算等相关情况。

(三)保障措施。包括工作计划、组织领导、监督管理、承保、查勘、定损、理赔、防灾防损等相关措施。

(四)生产成本收益数据。包括相关部门认可的农业生产成本收益数据等相关内容。非完全成本保险或种植收入保11险品种，保险金额超过物化成本的，应当进行说明，并测算地方各级财政应承担的补贴金额。

(五)相关表格。省级财政部门及有关中央单位应填报上年度中央财政农业保险保费补贴资金结算表，当年中央财政农业保险保费补贴资金测算表；监管局对上年度资金结算情况进行审核后，填报中央财政农业保险保费补贴资金监管局确认结算表。

(六)其他材料。财政部要求、地方财政部门和监管局认为应当报送或有必要进行说明的材料。

（七）地方优势特色农产品保险数据。各省和新疆生产建设兵团应填报上一年度省级财政给予补贴、符合保险原则的地方优势特色农产品保险情况表；监管局对上年度地方优势特色农产品保险情况进行审核后，填报地方优势特色农产品保险情况监管局确认表。

第十九条　承保机构应加强对承保标的的核验，对承保理赔数据的真实性负责。地方财政部门及有关中央单位对报送材料的真实性负责，在此基础上监管局履行审核职责。监管局重点审核但不限于上年度中央财政补贴资金是否按规定用途使用、承保机构是否按照本办法规定报送保单级数据、市县各级财政保费补贴是否到位、承保机构是否收取农户保费以及承保理赔公示等情况。监管局可根据各地实际情况以及国家有关政策规定，适当扩大审核范围。原则上，监管局应当在收到结算材料后 1 个月内，出具审核意见报财政部，并抄送相关财政部门或中央单位。省级财政部门及有关中央单位应当在收到监管局审核意见后 10 日内，根据审核意见向财政部报送补贴资金结算材料（含用于申报奖补资金的地方优势特色农产品保险保费规模），并附监管局审核意见。

第二十条　省级财政部门和新疆生产建设兵团财政局根据实际情况，对照农业保险保费补贴综合绩效评价指标进行自评，形成上年度农业保险保费补贴综合绩效评价报告，并提供必要的佐证材料。省级财政部门和新疆生产建设兵团财政局对报送材料和数据的真实性负责，自评材料于每年 4 月 15 日前报送财政部，抄送对口监管局。监管局对省级财政部门和新疆生产建设兵团财政局的自评材料进行复核，于每年 5 月 15 日前将复核结果报送财政部。财政部结合日常工作掌握、客观数据、监管局复核结果等情况，组织对省级财政部门和新疆生产建设兵团财政局上报的自评材料进行复评，形成最终考核结果。综合绩效评价报告内容主要包括：

（一）各项综合绩效评价指标完成情况。对照各项三级绩效指标的指标释义和评价标准，逐项填写全年实际完成情况并计算分值。

（二）未完成绩效指标的原因和改进措施。对未完成绩效指标的原因逐条进行分析，书面作出说明并提出改进措 13 施。

（三）相关表格。省级财政部门和新疆生产建设兵团财政局应填报农业保险保费补贴综合绩效评价表；监管局审核后，填报农业保险保费补贴综合绩效监管局确认表。（四）其他材料。财政部要求、地方财政部门和监管局认为应当报送或有必要进行说明的材料。

第二十一条　省级财政部门及有关中央单位应加强和完善预算编制工作，根据补贴险种的投保面积、投保数量、保险金额、保险费率和保费补贴比例等情况，填报中央财政农业保险保费补贴资金测算表，测算下一年度各级财政应当承担的保费补贴资金并编制报告，于每年 8 月 20 日前上报财政部，并抄送对口监管局。

第二十二条　对未按上述规定时间报送补贴资金申请材料的地区，财政部和监管局不予受理，视同该年度该地区（单位）不申请中央财政农业保险保费补贴。

第二十三条　对于省级财政部门和中央单位报送的保费补贴预算申请，符合本办法规定条件的，财政部给予保费补贴支持。

第二十四条　财政部在收到省级财政部门按照本办法规定报送的材料以及监管局审核意见后，结合预算安排和已预拨保费补贴资金等情况，清算上年度并拨付当年剩余保费补贴资金。有关中央单位的保费补贴资金，按照相关预算管 14 理规定执行。地方各级财政部门在向承保机构拨付保费补贴资金时，应当要求承保机构提供保费补贴资金对应业务的保单级数据。保单级数据至少保存 10 年，由省级财政部门确定保单级数据的留存主体。相关保单级数据要做到可核验、可追溯、可追责。对以前年度中央财政补贴资金结余较多的地区，省级财政部门及有关中央单位应当进行说明。对连续两年结余资金较多且无特殊原因的省及中央单位，财政部将根据预算管理相关规定，结合当年中央财政收支状况、地方或中央单位实际执行情况等，收回中央财政补贴结余资金，并酌情扣减当年预拨资金。

第二十五条　地方财政部门应当根据农业保险承保进度及签单情况，及时向承保机构拨付保费补贴资金，不得拖欠。具体资金拨付方式由省级财政部门自主决定。原则上，财政部门在收到承保机构的保费补贴资金申请后，要在一个季度内完成审核和资金拨付工作，超过一个季度仍未拨付的，相关财政部门应向省级财政部门书面说明。省级财政部门在申请中央财政保费补贴时，要将相关说明一并报财政部。有关中央单位参照执行。

第二十六条　承保机构在与中国农再进行数据交换时，应当将收取农户保费情况及已向财政部门提交资金申请的 15 各级财政补贴到位情况一并交换。中国农再收到各地拖欠保费补贴资金情况后，应当向财政部报告。对拖欠承保机构保费补贴较为严重的地区，财政部将通过适当方式公开通报，下达督办函进行督办。整改不力的，财政部将按规定收回中央财政补贴，取消该地区农业保险保费补贴资格，并依法依规追究相关人员责任。

第二十七条　省级财政部门应掌握保费补贴资金的实际使用情况，及时安排资金支付保费补贴。对中央财政应承担的保费补贴资金缺口，省级财政部门及有关中央单位可在次年向财政部报送资金结算申请时一并提出。

第二十八条　保费补贴拨付按照预算管理体制和国库集中支付制度有关规定执行。

## 第五章　机构管理

第二十九条　财政部依托中国农再建设全国农业保险数据信息系统（以下简称信息系统）。承保机构应当将农业保险核心业务系统与中国农再对接，及时、完整、准确报送农业保险数据信息。信息系统与各省财政部门、监管局共享，适时扩大至有关方面和市县财政部门。信息系统属地数据真实性由当地财政部门负责监督。监管局可依托信息系统审核农业保险相关 16 数据。中国农再可接受省级财政部门委托，根据省级财政部门需要，拓展信息系统功能。

第三十条　信息系统应当要求承保机构填报以下信息，承保机构应当按要求进行填报：

（一）农业保险保单级数据；

（二）农户保费缴纳情况；

（三）各级财政保费补贴到位情况；

（四）保险标的所属村级代码；

（五）财政部门要求填报的其他情况。

第三十一条　中国农再应当于每年 3 月 10 日前对承保机构年度数据报送质量进行评价，并将评价结果反馈财政部和对应省级财政部门。评价结果用于但不限于农业保险保费补贴综合绩效评价。中国农再应当对承保机构传送的数据，与土地确权、生猪生产等数据进行技术核实，并将核实结果报财政部并反馈省级财政部门，抄送对口监管局。

第三十二条　省级财政部门和相关中央单位应当根据有关规定，建立健全补贴险种承保机构遴选、考核等相关制度，按照公平、公正、公开和优胜劣汰的原则，公开遴选承保机构，提高保险服务水平与质量。补贴险种承保机构应当满足财政部关于政策性农业保险承保机构遴选管理工作的有关要求。

第三十三条　承保机构要履行社会责任，把社会效益放在首位，兼顾经济效益，不断提高农业保险服务水平与质量：

（一）服务"三农"全局，统筹社会效益与经济效益，积极稳妥做好农业保险工作；

（二）加强农业保险产品与服务创新，合理拟定保险方案，改善承保工作，满足日益增长的"三农"保险需求；

（三）发挥网络、人才、管理、服务等专业优势，迅速及时做好灾后查勘、定损、理赔工作；

（四）加强宣传公示，促进农户了解保费补贴政策、保险条款及工作进展等情况；

（五）强化风险管控，预防为主、防赔结合，协助做好防灾防损工作，通过再保险等有效方式分散风险；

（六）其他惠及农户的相关工作。

第三十四条　承保机构应当按照财政部有关规定，及时、足额计提农业保险大灾风险准备金，逐年滚存，逐步建立应对农业大灾风险的长效机制。

第三十五条　承保机构应当于每年5月31日前将上一年度农业保险大灾风险准备金提取、使用情况报告同级财政部门，省级财政部门汇总后于6月30日前报财政部。

第三十六条　地方财政部门或承保机构不得引入保险中介机构为农户与承保机构办理中央财政补贴险种合同签订等有关事宜。中央财政补贴险种的保费或保费补贴，不得用18于向保险中介机构支付手续费或佣金。

## 第六章　保障措施

第三十七条　各省应当结合本地财政状况、农户承受能力等情况，制定保费补贴方案。鼓励各省和承保机构采取有效措施，加强防灾减损工作，防范逆向选择与道德风险。鼓励各省根据有关规定，对承保机构的展业、承保、查勘、定损、理赔、防灾防损等农业保险工作给予支持。

第三十八条　各省和承保机构应当因地制宜确定具体投保模式，坚持尊重农户意愿与提高组织程度相结合，积极发挥农业生产经营组织、乡镇农林财工作机构、村民委员会等组织服务功能，采取多种形式组织农户投保。承保机构一般应当以单一投保人（农户）为单位出具保险单或保险凭证，保险单或保险凭证应发放到户。由农业生产经营组织、乡镇农林财工作机构、村民委员会等单位组织农户投保的，承保机构可以以村为单位出具保险单，制订投保清单，详细列明投保农户的投保信息，并由投保农户或其授权的直系亲属签字确认。

第三十九条　允许设立补贴险种协保员，协助承保机构开展承保、理赔等工作。每村结合实际需要可以设协保员一19名，由承保机构和村民委员会协商确定，并在本村公示。承保机构应当与协保员签订书面合同，约定双方权利义务。

承保机构可以向协保员支付一定费用，具体标准由双方协商确定，但原则上不得超过当地公益性岗位的平均报酬。承保机构应当加强对协保员的业务培训，对协保员的协办行为负责。乡镇及以上农业保险协办业务由县级及以上财政部门另行规定。

第四十条 各省和承保机构应当结合实际，研究制定查勘定损工作标准，对定损办法、理赔起点、定损流程、赔偿处理等具体问题予以规范，切实维护投保农户合法权益。

第四十一条 承保机构应当在与被保险人达成赔偿协议后 10 日内，将应赔偿的保险金支付给被保险人。农业保险合同对赔偿保险金期限有约定的，承保机构应当按照约定履行赔偿保险金义务。承保机构原则上应当通过财政补贴"一卡通"、银行转账等非现金方式，直接将保险赔款支付给投保农户。如果投保农户没有财政补贴"一卡通"和银行账户，承保机构应当采取适当方式确保将赔偿保险金直接赔付到户。

第四十二条 承保机构在确认收到农户、农业生产经营组织自缴保费后方可出具保险单。承保机构应当按规定在村（组）显著位置或企业公示栏，或通过互联网等方式，将惠 20 农政策、承保情况、理赔结果、服务标准和监管要求进行公示，做到公开透明。

## 第七章 绩效管理和监督检查

第四十三条 省级财政部门应当按照全面实施预算绩效管理有关规定，科学设置绩效目标，开展绩效运行监控，建立和完善农业保险保费补贴绩效评价制度，并将其与完善农业保险政策、遴选承保机构等工作有机结合。省级财政部门应于每年 5 月 31 日前，填报中央财政下达农业保险保费补贴预算时所附区域绩效自评表，将上年度农业保险保费补贴区域绩效自评结果报财政部，抄送对口监管局。

第四十四条 财政部将适时对农业保险保费补贴工作进行监督检查，对农业保险保费补贴资金使用情况和效果进行评价。地方各级财政部门应当建立健全农业保险保费补贴资金执行情况动态监控机制，定期或不定期自查本地区农业保险保费补贴工作，监管局应当定期或不定期抽查，有关情况及时报告财政部。

第四十五条 禁止以下列方式骗取农业保险保费补贴：

（一）虚构或者虚增保险标的，或者以同一保险标的进 21 行多次投保；

（二）通过虚假理赔、虚列费用、虚假退保、截留或者代领或者挪用赔款、挪用经营费用等方式，冲销投保农户缴纳保费或者财政补贴资金；

（三）其他骗取农业保险保费补贴资金的方式。

第四十六条 对于地方财政部门、中央单位、承保机构以任何方式骗取保费补贴资金的，财政部及监管局将责令其改正并追回相应保费补贴资金，视情暂停其中央财政农业保险补贴资格，监管局可向财政部提出暂停补贴资金的建议；情节严重的，依法依规予以处罚。

在地方优势特色农产品保险奖补资金申请中，经财政部审核，存在将不符合要求的地方优势特色农产品保险品种纳入申报范围且保费规模达到或超过 1000 万元的省，暂停该省当年参与地方优势特色农产品保险奖补政策资格。各级财政部门、监管局及其工作人员在农业保险保费补贴资金管理工作中，存在违反本办法规定以及其他滥用职权、玩忽职守、徇私舞弊等违法违规行为的，依法追究相应责任；涉嫌犯罪的，依法移送有关机关处理。

## 第八章 附 则

第四十七条 各省和承保机构应当根据本办法规定，在收到本办法 6 个月内制定和完善相关实施细则。省级财政部门应当在实施细则中明确相关部门、单位和承保机构在农业保险数据真实性和承保标的核验、理赔结果确认、保费补贴资金申请审核等环节中的职责，报送财政部，抄送对口监管局。中央财政农业保险保费补贴政策实施期暂定 5 年，政策到期后，财政部将根据相关法律、行政法规和党中央、国务院有关要求，结合农业保险发展需要进行评估，根据评估结果作出调整。

第四十八条  对未纳入中央财政农业保险保费补贴和地方优势特色农产品保险奖补政策支持范围，但享有地方财政资金支持的农业保险业务，参照本办法执行。

第四十九条  本办法自 2022 年 1 月 1 日起施行。《财政部关于加大对产粮大县三大粮食作物农业保险支持力度的通知》(财金〔2015〕184 号)、《财政部关于印发〈中央财政农业保险保险费补贴管理办法〉的通知》(财金〔2016〕123 号)、《财政部关于修订〈中央财政农业保险保险费补贴管理办法〉的通知》(财金〔2019〕36 号)、《财政部关于开展中央财政对地方优势特色农产品保险奖补试点的通知》(财金〔2019〕55 号)、《财政部关于扩大中央财政对地方优势特色农产品保险以奖代补试点范围的通知》(财金〔2020〕54 号)同时废止，其他有关规定与本办法不符的，以本办法为准。

**附录5**

# 关于加强政策性农业保险承保机构遴选管理工作的通知

财金〔2020〕128号

各省、自治区、直辖市、计划单列市财政厅(局)、农业农村(农牧、畜牧兽医)厅(委、局)、新疆生产建设兵团财政局、农业农村局，有关保险公司，中国农业再保险股份有限公司：

为贯彻落实《关于加快农业保险高质量发展的指导意见》(财金〔2019〕102号)精神，进一步加强政策性农业保险承保机构管理，优化农业保险市场布局，提升农业保险服务质量，提高财政资金使用效益，现就加强政策性农业保险承保机构遴选管理工作有关事项通知如下。

## 一、全面开展政策性农业保险承保机构遴选

(一)政策性农业保险是指由各级政府提供保费补贴的农业保险。承保机构是指保险公司及依法设立并开展农业保险业务的农业互助保险等保险组织。

(二)各地开展政策性农业保险业务，应按照客观公正、公平竞争、诚实信用的原则，通过公开遴选确定承保机构。对于承保机构在当地首创的农业保险产品，可给予首创承保机构不少于3年的创新保护期，保护期内由首创承保机构独家经营。

(三)公开遴选方式可以参照《中华人民共和国政府采购法》《中华人民共和国招标投标法》规定的有关方式确定。

## 二、加强对承保机构遴选工作的组织领导

(四)省级财政、农业农村等相关部门负责具体组织实施承保机构遴选工作(以下简称组织实施部门)。纳入中央财政保费补贴范围的中央单位，可依法自主遴选承保机构。

(五)组织实施部门可以自行或者选择代理机构办理承保机构遴选事宜，也可以委托地市级政府相关部门遴选承保机构。承保机构的县级分支机构可以参加上级政府部门组织的本县级区域的承保机构遴选工作。

(六)鼓励组织实施部门建立承保机构遴选评审专家库，并从中随机抽取评审专家。

## 三、推动提升承保机构服务能力

(七)承保机构遴选突出以服务能力、合规经营能力、风险管控能力为基本导向和前提，坚持规范有序、适度竞争。承保机构遴选评审应以绩效评价结果为基础，落实好中央财政补贴资金文件所附的《中央对地方农业保险保险费补贴整体绩效目标申报表》有关要求。

(八)在满足绩效评价要求的前提下，承保机构应保持相对稳定，一经确定有效期原则上不少于3年。每个县级行政区域承保机构数量原则上不超过3家；确需超过3家的不得超过5家，具体条件和程序由省级财政会同农业农村等相关部门制定。

(九)各地要注重加强承保机构资质管理，从满足以下基本条件的保险机构中遴选承保机构：

1. 具有完善的农业保险大灾风险分散机制；

2. 具有完善的基层服务网络；

3. 信息化建设满足业务管理要求，能够按要求与中国农业再保险股份有限公司(以下简称

中国农再)约定分保业务信息系统进行对接；

4. 参加农业保险再保险体系改革试点，承保机构总公司已与中国农再签署当期有效的《政策性农业保险再保险标准协议》，双方可协商对有关条款进行调整；

5. 对于本通知印发后开业的承保机构，总公司开业时间需在5年以上(含)，存在重组、更名或新设主体依法受让相关业务的，可以原主体开业时间为准；

6. 财政部规定的其他条件。

(十)承保机构确定后，组织实施部门应当在相关门户网站或媒体上公告遴选结果，并与承保机构订立书面合同。组织实施部门应当督促承保机构严格按照书面合同约定和财政预算安排确认保费收入。对于未按照书面合同约定和财政预算安排确认保费收入的承保机构，应当依法依规取消其参与遴选的资格。

(十一)本通知自2021年1月1日起实施，通知印发前已经确定承保机构的，可继续按原合同约定执行。

财政部
农业农村部
2020年12月16日

# 保险机构简称全称对照表

| 保险机构简称 | 保险机构全称 |
|---|---|
| 安诚财险 | 安诚财产保险股份有限公司 |
| 安华保险 | 安华农业保险股份有限公司 |
| 安信农险 | 上海安信农业保险股份有限公司 |
| 北部湾财险 | 北部湾财产保险股份有限公司 |
| 诚泰财险 | 诚泰财产保险股份有限公司 |
| 大地财险 | 中国大地财产保险股份有限公司 |
| 大家财险 | 大家财产保险股份有限公司 |
| 国任财险 | 国任财产保险股份有限公司 |
| 国寿财险 | 中国人寿财产保险股份有限公司 |
| 国元农险 | 国元农业保险股份有限公司 |
| 华农财险 | 华农财产保险股份有限公司 |
| 黄河财险 | 黄河财产保险股份有限公司 |
| 锦泰财险 | 锦泰财产保险股份有限公司 |
| 平安财险 | 中国平安财产保险股份有限公司 |
| 人保财险 | 中国人民财产保险股份有限公司 |
| 太平财险 | 太平财产保险有限公司 |
| 太平洋产险 | 中国太平洋财产保险股份有限公司 |
| 泰山财险 | 泰山财产保险股份有限公司 |
| 天安财险 | 天安财产保险股份有限公司 |
| 燕赵财险 | 燕赵财产保险股份有限公司 |
| 阳光财险 | 阳光财产保险股份有限公司 |
| 阳光农险 | 阳光农业相互保险公司 |
| 永安财险 | 永安财产保险股份有限公司 |
| 浙商财险 | 浙商财产保险股份有限公司 |
| 中航安盟 | 中航安盟财产保险有限公司 |
| 中华财险 | 中华联合财产保险股份有限公司 |
| 中再产险 | 中国财产再保险有限责任公司 |
| 中原农险 | 中原农业保险股份有限公司 |
| 中煤财险 | 中煤财产保险股份有限公司 |
| 紫金财险 | 紫金财产保险股份有限公司 |